JN331374

学問の神様
太宰府
DA ZAI FU
国宝
梵鐘
麒麟
太宰府政庁跡
都督府古趾
戒壇院
観世音寺
太宰府
よかとこ
マップ
市役所
太宰府
展示館
梅ヶ枝餅
まほろば号
西鉄二日市駅

大学的福岡・太宰府ガイド
――こだわりの歩き方

西高辻信宏・赤司善彦・高倉洋彰　編

昭和堂

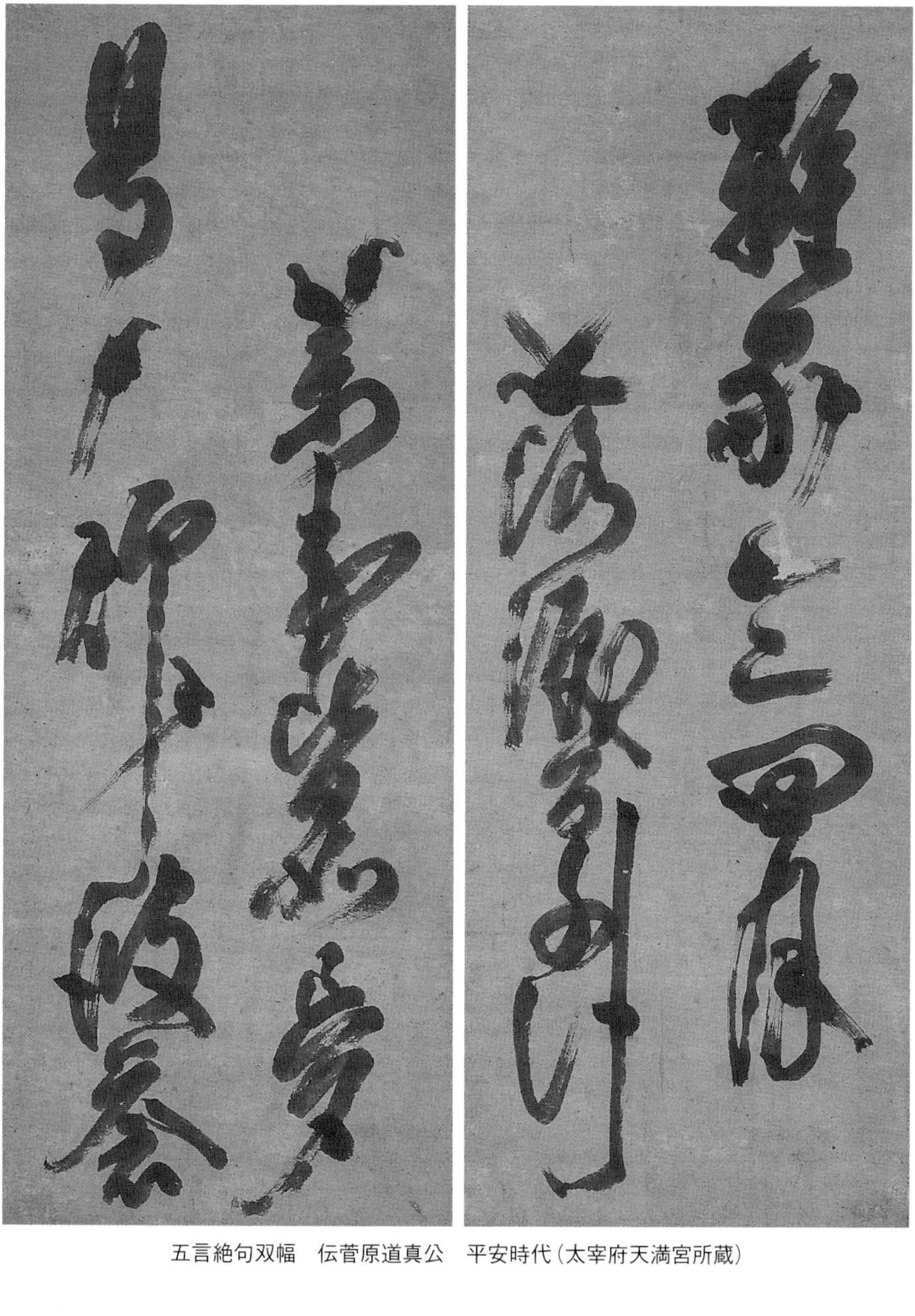

五言絶句双幅　伝菅原道真公　平安時代（太宰府天満宮所蔵）

太宰府天満宮御本殿（太宰府天満宮写真提供）

福岡県指定文化財　御神牛（太宰府天満宮写真提供）

濁手枝垂梅交皿　14代酒井田柿右衛門（太宰府天満宮所蔵）

天神人形（太宰府天満宮所蔵）

神幸式絵巻（嘉永本）樹光寺円心写（太宰府天満宮所蔵）

千灯明（太宰府天満宮写真提供）

九州国立博物館のエントランス

九州国立博物館の外観（夜景）

九州国立博物館のボランティア活動

大宰府鬼瓦（九州国立博物館蔵）

観世音寺講堂（財団法人古都大宰府保存協会写真提供）

戒壇院（財団法人古都大宰府保存協会写真提供）

大宰府政庁跡〔上〕大宰府政庁遠景〔下〕(太宰府市写真提供)

大学的福岡・太宰府ガイド　目次

見返しイラスト作成 平川知佳

西都大宰府から古都大宰府へ

重松　敏彦

1　はじめに―西都大宰府と古都大宰府―

ここでのテーマは「西都大宰府から古都大宰府へ」である。最初に、これについて若干の説明を加えておこう。ここでいう「西都大宰府」とは、古代の大宰府をさすこととする。ただ、六国史(1)を検索してみると、大宰府を「西都」と呼んだ例は確認できないが、類似し

（1）奈良時代から平安時代にかけて編さんされた官撰による六部の歴史書。『日本書紀』『続日本紀』『日本後紀』『続日本後紀』『日本文徳天皇実録』『日本三代実録』をいう。

写真1　霧立ち渡る大野山

た用例として大宰府を「西府」と呼んでいる場合がある。また、菅原道真が大宰府に左遷された後に作った漢詩をまとめた『菅家後集』は別名『西府新詩』とも呼ばれる。道真といえば、漢詩「不出門」のなかで、「都府の楼」という表現を用いており、これは「都督府（大宰府の唐風呼称）の楼閣（あるいは楼門か）」の意である。西都大宰府は、こうした用例を念頭におきつつ、古代の大宰府を表現したものととらえたい。

一方、「古都大宰府」は、その古代大宰府が現代に甦った姿をさすこととしたい。これはもちろん、いわゆる古都保存法(2)を意識してのことである。太宰府については、古都の指定は最終的に見送られることになるが、現代に遺された遺跡や景観は、まさに「古都」と呼ぶに相応しいものである。

たとえば、雨上がりの大宰府政庁跡に立って、北方の四王寺山（大野山）を望むと、時に霧の立ちなびく山影を見ることができる。奈良時代のはじめ、大伴旅人は大宰帥《だざいのそち》に任じられて、大宰府へと赴任してきた。そして旅人はこの地で最愛の妻を亡くすことになるのである。『万葉集』に収められた

大野山霧立ちわたるわが嘆く息嘯《おきそ》の風に霧たちわたる

（巻五―七九九番）

（大意：大野山に霧が立ち渡る、わたしが悲しみ嘆くため息の風に霧が立ち渡る）

という歌は、当時、筑前守（筑前国の長官）として同じくこの地にあった山上憶良が、

（2）「古都における歴史的風土の保存に関する特別措置法」の略称。昭和四十一（一九六六）年に施行された法律。京都市、奈良市、鎌倉市など八市、一町、一村が古都に指定されている。

旅人になりかわって、妻を亡くした嘆きの思いを詠んだものともいわれている。先にふれた四王寺山（大野山）の情景は、この歌の世界そのものであり、あたかも一三〇〇年の時を越えて甦った風景を見るようである。

このように本稿は、古代大宰府のありようと、それが現代にどのようにつながっているのかを考えてみようという試みである。

2　西都大宰府の成り立ち

大宰府、それは「日本律令国家の外交・軍事の一翼を担い、かつ西海道を統轄した、当時としては最大の地方官衙《かんが》（役所）」と定義することができるだろう。『万葉集』では、大宰府は「遠の朝廷」とも呼ばれている。大宰府政庁跡（都府楼跡とも称される）はその中心となる施設で、現状では建物跡や回廊跡に礎石を配し（本来存在した礎石も含まれている）、その位置が復元されており、往時の壮大な姿を偲ぶことができる。ここでは、平城宮跡第一次大極殿、朱雀門のような三次元（立体）復元は行われていないが、その南東に隣接する大宰府展示館で、後述する第Ⅲ期政庁の一〇〇分の一復元模型をみることができる。

ところで、大宰府はいつできたのか、という単純な問いに答えることも容易ではない。大宰府の成立、終焉について、当時の史料は黙して語らないからである。そのなかで、昭和四十三年（一九六八）から始まった大宰府史跡の発掘調査は、それまで知られていなかった事実の数々を明らかにしてきた。その意味で、この調査はまさに古都大宰府の原点となったといえる。その成果についてはのちにふれようと思うが、これによって大宰府政庁跡を中心とする大宰府史跡(3)は見事に現代に甦ったのである。

大宰府が名実ともに成立するのは大宝元年（七〇一）の大宝律令の制定・施行による、という現在の通説的な考え方は支持できるものと思う。ただ、そこに至るまでの間にどのような道筋が辿れるのか、という点が重要である。こうした大宰府の成立過程を考えるに際しては、いくつかのアプローチが想定される。たとえば、大宰府の前身とされている、いわゆる「那津官家」、あるいはまた筑紫大宰、筑紫総領に着目してみるというのがひとつであり、また大宰府の果たした役割に注目してみるというのがいまひとつである。ここでは後者に注目してみよう。

古代の大宰府には（1）対外的機能、（2）軍事的機能、（3）管内支配機能の三つの役割があったとされ、概説書の類においても必ずといってよいほどふれられている。一方で、大宰府の職務を知ることができる史料としては養老職員令《しきいんりょう》大宰府条がある。職員令とは中央・地方における各官司の役職と定員、およびその職務を定めたものである。律令制下における各官司の役割は、まずは長官の職務に集約されると考えられるから、ここにみえる帥の職務は当然、先述した（1）～（3）の役割を反映しているはずなのだが、実際には必ずしもそうとはいえないところがある。そこで、さしあたり比較のために国守（諸国の長官、これは養老職員令大国条にみえる）の職務も含めて考えてみると実に興味深いことに気づく。つまり、大宰帥と国守の職務には共通する部分が多い、というより国守のもっている職務はすべて大宰帥にもあって、字句に至るまで完全に一致しているが、帥にはその末尾に「蕃客《ばんきゃく》」「帰化」「饗讌《きょうえん》」という職務が付け加えられている。また養老職員令大国条に

（3）大宰府史跡とは、大宰府跡（これに大宰府政庁跡が含まれる）、水城跡、大野城跡、大宰府学校院跡、観世音寺境内及び子院跡などを総称していう。

よると、この三つのうち「蕃客」「帰化」は壱岐、対馬、日向、大隅、薩摩という南部九州諸国および離島に付与されていることも知られる。「蕃客」とは外国使節のことで、それをきちんと管理・監督することを意味していると思う。「帰化」は、天皇の徳を慕って日本に渡来し定住することをいうが、これもまた「帰化」を願って来る人々の管理・監督を意味すると考える。また「饗讌」とは、外国使節に対する饗宴、宴会、すなわちパーティのことだろう。注目したいのはこれらの職務がいずれも（1）対外的機能に関わると考えられる点である。このように（1）については、大宰帥の職務の中にその規定が存在することが知られるが、これに対して残る（2）、（3）については必ずしも明確とはいえないのである。そこで、これらの役割は歴史的に大宰府に付与されてきたものであり、明確な形では法制化されなかった、とする考え方が示されている。[4] では、これらの役割は、いつごろ付与されたのだろうか。（1）対外的機能では天武・持統朝における外国使節の動向と「筑紫」の関係に注目すべきと思う。史料を整理してみると、この時期に日本に来航した外国使節の多くは京へ赴くことなく、この「筑紫」の地で饗応を受けて帰国の途についており、日本古代対外関係史上、筑紫がきわめて特殊な位置を占めたといってよい。しかも天武二年（六七三）に筑紫大郡がみえ、

写真2　水城跡（猿渡克己氏撮影）

（4）　八木充「那津官家と筑紫大宰」（古都大宰府を守る会編『大宰府の歴史』1、西日本新聞社、一九八四年）。

持統朝に入ると筑紫小郡、筑紫館（のちに大宰府鴻臚館と呼ばれるようになる）がみえるなど、迎接のための施設が登場する。すでに（1）のうち、外国使節に対する饗応（「饗讌」）という役割が付与されていたことが推測できる。さらに外国使節の管理・監督に関わる「蕃客」という職務を加味して考えると、（1）はもう少し遡って考えることができるかもしれない。

ついで（2）軍事的機能が付与されたのはやはり、天智二年（六六三）の白村江戦敗北後と考えられる。翌年、対馬島・壱岐島・筑紫国に防人・烽を置き、また筑紫に水城を築造し、さらに同四年八月には百済人憶礼福留らを筑紫国に派遣して大野城・椽《き》城（基肄《きい》城）を築造させたことが知られるから、こうした防人の把握・配備、烽、また山城の管理などが、（2）の具体的内容として想定されるであろう。

最後に（3）管内支配機能については、遅くとも天武朝までには付与されていた、と推定する説がある。[5] これを検討する指標としては、これまで人事権、財政上の権限などが想定されているが、人事の問題をとりあげてみると、律令制下の大宰府は大宝二年（七〇二）、管内諸国島の掾・目・史生および郡司について、本来は中央政府の太政官・式部省が有していた銓擬権《せんぎけん》（官人を選任して推薦する権利）を委譲されている。これについては、従前、筑紫総領がもっていた評司（郡司の前身）に対する銓擬権が復活したものとする説[6]もあり、こうしたあり方は評が成立する孝徳朝まで遡らせて考えることができるかもしれない。「那津官家」にみられるとされる大宰府の西海道総管の歴史的前提[7]を考慮すると、さらに遡ることも考えられるだろう。大宰府はこうしたプロセスを踏みながら、さらに筑紫大宰や筑紫総領のあり方を収斂しつつ、律令制下の大宰府へと展開していったのであろう。

（5）八木充「筑紫における大宰府の成立」（『大宰府政庁跡』九州歴史資料館、二〇〇二年）。

（6）早川庄八「律令制の成立」（同『天皇と古代国家』講談社、二〇〇〇年）。

（7）酒井芳司「那津官家修造記事の再検討」（『日本歴史』七二五、二〇〇八年）

3　いまに甦る古都大宰府の姿

すでに述べたように大宰府政庁跡は現在、平面復元され、史跡公園として整備されている。普段は三々五々訪れる人たちが礎石に腰掛けたりして、しばし周囲の景色に見とれながら憩いのひとときを過ごす場所でもある政庁跡。しかし、その西側には幾本もの桜の木が植えられており、春には満開の花を咲かせる。この時期には、花見客が多く訪れ、政庁跡が最も騒がしくなる季節である。また小学生、中学生の遠足の姿や修学旅行の生徒たち、さらに時にはイベントにわき上がることもあるなど、政庁跡はわたしたちにさまざまな表情をみせてくれる。そして、その背後に聳える四王寺山（大野山）をも包み込んだ景観は、まさに古都大宰府の原点ともいえる。

この大宰府政庁跡の平面復元は、昭和四十三年（一九六八）に開始された発掘調査の成果に基づいている。ただ、この発掘調査は偶然に始まったものではない。

大正十年（一九二一）、史蹟名勝天然紀念物保存法により大宰府跡・水城跡が国の史跡に指定され、翌十一年には筑前国分寺跡・国分瓦窯跡、さらに昭和七年（一九三二）に大野城跡が国の史跡に指定された。ついで昭和二十五年（一九五〇）、文化財保護法が公布、文化財保護委員会が設置され、大宰府跡、水城跡、大野城附四王寺跡は、昭和二十八年三月三十一日付をもって特別史跡に変更されることとなった。しかし、特別史跡に格上げされたものの、大宰府の全体像を解明するためにはこれまでの点的な指定ではなく、史跡を面

写真3　四王寺山岩屋城跡から望む大宰府政庁跡（猿渡克己氏撮影）

的にとらえた広範囲の指定が必要であるとの認識も高まりはじめていた。昭和三十八年（一九六三）、地元の不動産会社が観世音寺地区の大型宅地開発計画を立案した。四王寺山中腹に住宅街がベルト状に形成される計画で、本来の大野城跡・大宰府政庁跡の一体的な景観が分断されることにもなりかねない事態に、福岡県教育委員会、および文化財保護委員会は、学界の協力を得て指定地域の大幅な拡張を急ぐこととなった。

昭和四十年（一九六五）、文化財保護委員会は学校院跡・観世音寺境内の新指定と大宰府跡の追加指定を含めた史跡指定拡張計画の検討を始め、翌年には大宰府史跡の大幅な追加指定計画を発表した。大宰府政庁跡およびその後背地を含む約一二〇ヘクタールを指定域とするもので、旧来の約一二ヘクタールに比して一〇倍、全国的にも初めてとなる広域指定であった。これ以降、太宰府は開発か、あるいは史跡の保存か、をめぐって大きく揺れ動いていく。このことは史跡の所在する地域住民の生活をも含めて、史跡のありかたを根本的に問うものとして太宰府を全国的に注目させることになった。そして、昭和四十五年（一九七〇）九月二十一日、特別史跡大宰府跡の追加指定、および大宰府学校院跡、観世音寺境内及び子院跡の新たな史跡指定が告示された。指定拡張発表から実に四年後のことであった。

こうしてみると、発掘調査が開始された昭和四十三年は、まさにこの大宰府史跡をめぐっての開発か保存かの議論の渦中にあったといえる。したがってこの調査は、次のような使命を負うことになった。史跡の保存のために遺構の状況を具体的に示し、その価値を明示すること、および今後遺跡を保存、整備、活用するための基礎資料をえること、の二つである。

第1次調査は南門跡・中門跡から開始され、そこで三期にわたる遺構が確認された。現在では、この三期の遺構を下層から順に、第Ⅰ期、第Ⅱ期、第Ⅲ期と呼んでいる。このことはふたつの意味で定説を覆す画期的な成果となった。第一には、当時、地表にあった礎石は大宰府創建以来のものとみなされていたが、いま述べたようにその下層から二時期の遺構が確認されたことである。さらに第二に、史料によれば大宰府は天慶四年（九四一）、藤原純友の乱によって焼き討ちにあったことがみえ、それ以降は再建されなかったと考えられていた。しかし、調査の結果、第Ⅲ期の下層から焼土層が確認されたことによって、第Ⅲ期建物は純友の乱後、十世紀後半に再建されたものであり、それが現状の礎石であることが明らかとなったのである。以後、四〇年以上にわたって、この大宰府政庁跡をはじ

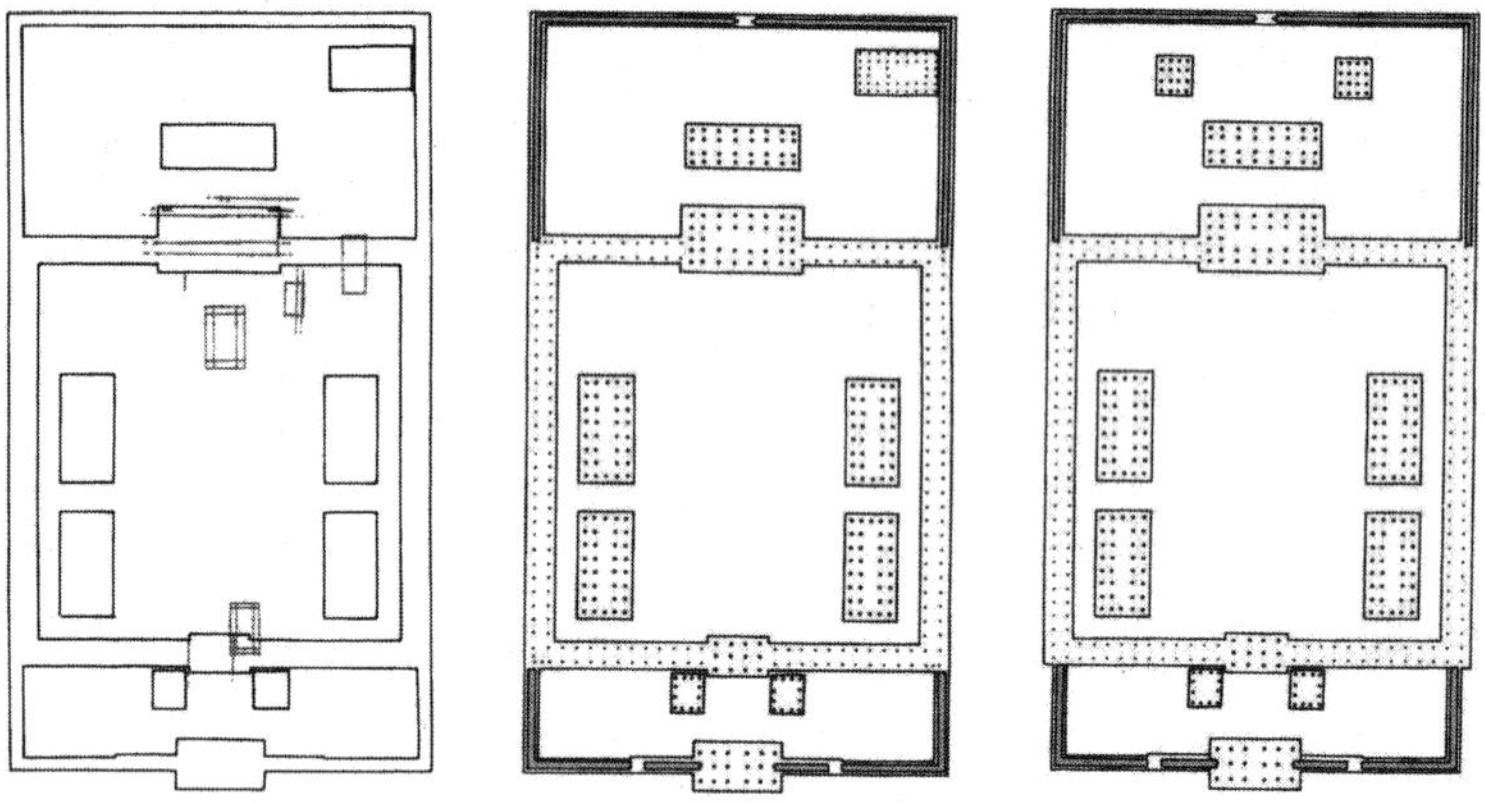

図1　大宰府政庁建物期別変遷図

め、その周辺官衙域、水城跡、大野城跡、観世音寺境内及び子院跡などの発掘調査が継続的に実施されている。調査によって明らかとなった大宰府政庁跡の時期的移り変わりは次のようにまとめることができる。

第Ⅰ期　七世紀後半（天智朝？）～八世紀第１四半期

第Ⅱ期　八世紀第１四半期～十世紀前半（天慶四（九四一）年）

第Ⅲ期　十世紀半ば～十二世紀前半

現在の政庁跡の建物群は、このうち第Ⅲ期の配置にもとづいて復元整備されているのである。そしてくりかえしふれてきたように、これらの発掘調査による成果は、現代に甦った古都大宰府の姿をとらえる原点ということができるのである。

おわりに——古都大宰府のいま——

二十一世紀を迎えてはや十数年、いま、太宰府では大きな発見が相次いでいる。西鉄二日市駅操車場跡地で確認された「客館」跡か、と推定される二棟の大型建物遺構はそのひとつであろう。また、国分松本遺跡で出土した、日本最古の「戸籍」に関わると推定される木簡は、古代大宰府の歴史のみならず、日本の歴史を考えるうえでもきわめて重要な、まさに第一級の資料であることはいうまでもない。これらのできごとは、近くに身を置く者にとってはまさに驚きの連続であった。

一方、大宰府条坊跡の発掘調査も地道にかつ着実に進められている。その成果として、平城京や平安京のように条坊も含めた復元模型を作成することができるような素材が集積されつつある。平成二十五年（二〇一三）十月には、宝満山が国の史跡に指定された。宝満山は太宰府市と筑紫野市にまたがる山であるが、古代大宰府と密接な関係をもつ信仰の山であるとともに、山岳信仰のあり方を考えるうえで重要な遺跡と位置づけられている。

太宰府は、現在もこのような新たな衣を纏いつつ、わたしたちに古都大宰府の姿を垣間見せてくれるのである。

column

大宰府の鬼瓦

赤司　善彦

「大君《おおきみ》の遠《とお》の朝廷《みかど》」と詠まれた古代の大宰府。そのシンボルとでもいえるのが重要文化財の鬼瓦である。大宰府の中枢であった大宰府政庁は奈良時代初頭に整備拡充されたが、それまでの板葺きから瓦葺きの屋根へと建て替えられた時に使われたものである。発掘調査ではなく、大正一一年頃に大宰府政庁跡の北西の台地の畑で地元の方によって偶然に発見された。この鬼瓦は台形状の輪郭の中に魔物の顔がレリーフされたものである。全体の印象は、仁王さまのような顔立ちで激しい怒りに満ちている。眼はカッと見開いてこちらを鋭く睨《にら》み付け、眉間には深いシワを刻む。そのため眉もつり上がり、逆立っている。そして、噛みつかんばかりに開いた口に歯牙を剥きだしにしている。優しさなどみじんもない憤怒《ふんぬ》の相である。残念ながらこの鬼瓦は顔の右側下半分が欠けている。しかし、それが逆に凄みを醸し出しているようでもある。

ところで、大宰府関連遺跡の水城跡や大野城跡、そして観世音寺などでは同じ原型の鬼瓦が用いられている。さらには、その系統にある鬼瓦が九州各地の寺院や官衙から出土する。このデザインは大宰府の権威が及ぶ範囲で使われていることになり、いわば九州限定の大宰府デザインだったということになる。興味深いのは、これらの鬼瓦は風雨にさらされて摩耗した状態で出土している。ところが、この鬼瓦だけは表面の保存状態がすこぶる良い。その理由として、鬼瓦が屋根に葺かれてから時を経ずして落下し、それが政庁域の外に大切に埋められたために、欠損はあるものの表面に傷みがなかったのではないか、と根拠なく考えている。

さて日本で初めて鬼瓦が使われたのは七世紀前半の斑鳩寺（法隆寺若草伽藍）である。ただし、蓮華《れんげ》文様という蓮の花を真上から見たデザインであった。鬼の全身像や顔だけの鬼瓦が盛んに作られるようになるのは奈良時

写真　重要文化財 鬼瓦（太宰府市都府楼跡出土）

代になってからであるが、顔だけを全面にあしらった鬼面文は、日本では大宰府の鬼瓦が最古である。

ではどのようにしてそのデザインは生み出されたのか。形状が台形で周縁に珠文を巡らした鬼面の鬼瓦は、朝鮮半島の新羅に多くみられる。そのため大宰府政庁の鬼瓦は新羅に倣って制作されたものと考えられている。確かに形状やデザインは似ている。しかし、彼の地の鬼瓦は獅子を彷彿させ、また平面的な造形なのに対して、大宰府の鬼瓦は人の表情に近くしかも立体的である。つまり形状は新羅の間接的な影響を受けて、大宰府の職人の手によって新たに生み出されたものといえる。

仏教美術の専門家は、その表現が奈良時代前半の粘土などで造形する塑像仏に大変近いことから、この鬼瓦の制作を主導的に担ったのは、この地の優れた手腕を持った仏師《ぶっし》（仏像や仏具を作る人）ではないかと推測している。憤怒相といわれる静かな怒りを表した仏像に通じるところがあり、眼がいくぶん下向きであることも、この説を補強している。この鬼面の緻密な表現と力強く量感豊かな仕上がりは、粘土のような柔らかい素材を盛りつけて造形することに普段から慣れている職人であって初めて表現可能だったのであろう。

さて鬼瓦は建物の除災・招福・魔除けのために、屋根から外に向かってその顔を顕示するものである。災いをもたらす悪鬼を追い払うためには、より凄みを利かせなければならない。現在、この鬼瓦は九州国立博物館で展示される事が多いが、その「にらみ」は今でも健在である。ただし、魔除けや招福の威力は定かでない。

〔参考文献〕

井形進「大宰府式鬼瓦小考」『九州歴史資料館研究論集』二八　二〇〇三年
九州歴史資料館『日本の鬼瓦』開館二〇周年記念特別展示

第1部

古代の大宰府を掘る

国際都市大宰府の景観
—大宰府、その先進性と辺境性—

赤司　善彦

「だざいふ」といえば学問の神様、菅原道真を祀る太宰府天満宮を思い浮かべる人が圧倒的だろう。道真は、大宰府の権帥（長官代理）として都より赴任したが、二年と経たず薨去《こうきょ》した。このとき道真の墓所を祀った廟が天満宮の始まりである。道真は蟄居《ちっきょ》中に遠く都府楼（大宰府政庁）の甍《いらか》を眺め、観世音寺の鐘の響きに耳を傾けていたことが漢詩「不出門」に歌われている。

　大宰府とは「おおみこともちのつかさ」とも読み、大君の御言（命令）を捧持《ほうじ》して地方を支配する行政官の役所という意味である。[1] 大宰府の組織や役割が確立したのは七世紀末

（1）「だざいふ」の標記　古代の律令制によって設置された官司を指し示す場合には「大宰府」、地名に由来する場合には「太宰府」の用語を用いる。

図1　大宰府政庁の整備（九州国立博物館提供）

頃とされ、八世紀初頭の大宝律令施行後に本格的に整備された。古代を通じて西海道諸国を統括し、外交と対外防衛の前線を担った大宰府の遺跡は、太宰府市を中心にした約九七〇ヘクタールの広大な面積が特別史跡や史跡として保存されている。

　史跡の保存をはかるために、一九六八年から大宰府史跡の発掘調査を実施して地下の様子を明らかにしてきた。その結果、大宰府政庁の規模と構造を明らかにすることができた。政庁の遺構は大きく三つの時期（Ⅰ期～Ⅲ期）にわたって存続していたことが判明し、とりわけ七世紀後半の政庁第Ⅰ期の様相が分かったことは大きな成果となった[2]。また、政庁周辺の役所群とさらに都市大宰府のひろがりも明らかになってきた。

　現在これらの成果をもとにして大宰府史跡は歴史公園として整備され、周囲に残された自然景観とともに太宰府特有の歴史的景観が形成されている。この地表をめくると、史料では伺えない地下に埋もれた大宰府の姿が浮かびあがるのである。さあ奈良時代まで掘り下げてみよう。

（2）九州歴史資料館編『大宰府政庁跡』吉川弘文館　二〇〇二年

1 大宰府長官の官舎

ここは、今から一三〇〇年ほど前の大宰府政庁にほど近い場所だ。天平二（七三〇）年の正月に大宰府の長官（帥）である大伴旅人邸の庭園では、万葉集に歌われた「梅花の宴」が催された[3]（第2部「梅花の交わり」に詳しい）。外来の香りを放つ梅の花を愛でながら歌を詠むのだ。宴が進み興にのって歌を詠むことはあっても、歌を詠むために宴を開くのは日本で初めての試みだ。しかも、舶来の梅との取り合わせである。

琴の調べをのせた梅が咲き誇る庭で、次々に歌を披露し酒を酌み交わすのびやかな宴は、日頃の鬱屈を和らげた楽しいひとときだったことだろう。中国古代の曲水の宴に見られる風雅を見事に結実させた。大陸文化の薫りがする大宰府の地なればこその賜である。しかし、大宰府は都から一月は優にかかる「天《あま》ざかる鄙《ひな》」の地でもある。散る梅の花に、辺境にある自分を重ねた歌も詠まれた。梅花の宴こそ大宰府の先進性と辺境性が交錯しつつ見事に花開いた文化だといえる。

図2　梅花の宴（製作者 山村延燁、九州国立博物館提供）

（3）『梅花の宴』都府楼一一号（財）古都大宰府を守る会（現・（財）古都太宰府保存協会）一九八六年

さて、この梅花の宴が開かれた長官の館はどこにあったのだろうか。万葉集に収められた旅人の歌には「吾が丘の」あるいは「岡傍には」の語句が認められる。おそらく丘の上あるいはその傍らに居宅が構えられていたのだろう。当時の規定で大宰府の長官クラスの貴族に与えられる敷地の面積や、官位による都での宮殿との位置関係を参考にすると、大宰府政庁の東側にある月山丘陵に接した月山地区官衙と呼んでいる一郭が、長官宅ではないかと推測できる。この敷地は外郭線が完全な四角形とならずにあえて月山丘陵を取り込んだ形状となっている。どうも丘陵を強く意識した意図があるのだ。この横に接して石積みの溝が流れ、底も石敷きの立派な造りをしている。単なる排水溝ではなさそうだ。

石敷き溝は最近飛鳥京で発見された苑池遺構のように、庭園に関わることが多い。もちろん、大宰府で庭園遺構はまだ発見されていないので、その確定は今後追求しなければならない。

2　大宰府政庁

大伴旅人が大宰府の長官だった時代（七二四～七三〇年頃）、官舎の周辺は役所施設の建設ラッシュが幾分落ち着いた頃であろう。官舎のある地域から北西側に目を向けると、そこには大宰府政庁の堂々たる殿舎が建つ。東を月山丘陵、西を蔵司丘陵そして背後には大野城南麓の丘陵地帯によって三方を囲まれ、南に向かって開かれた地形である。そこに大宰府政庁の敷地が東西一一〇m、南北二一五mほどの範囲に収まっている。

図3　南門復元模型（『大宰府復元』九州歴史資料館1998）

南側は白い築地塀が高く走っている。そのため中をうかがうことは出来ない。もちろん、庶民はこの辺りに近づいただけですぐに追い払われる。とにかく厳重な警備がしかれていた。当時、大宰府には西海道各国の軍団の兵士が大宰府政庁を守衛し、治安維持にあたっていた。政庁の垣を越した者には杖刑一〇〇回が処せられるほど重要視されていた。

さて、築地塀の中央には大宰府政庁の正門である南門が建っている。高さ一八m、基壇を伴う礎石建ちの朱の柱、緑の連子窓、そして二層の瓦葺屋根である。さて、南門へと向い内部に入ってみよう。通常門の扉は一つだが、この門には三つの扉が付き、それぞれに階段がある。左右に比べ中央の扉がやや大きい。現在の太宰府天満宮の楼門は近世に建てられた門であるが、同じく三間三戸と神社建築としては全国的にも珍しい。大宰府では、建築的な伝統が続いているのかもしれない。さて、門の中にはいるとさらにその先には中門がある。この中門を通ると回廊が東西に延び、四角い空間が空だけ残して外界と遮断している。そこは床面に石を敷き詰めた広場で、東西二棟ずつの建物が並ぶ。奥には周囲より一mほど高い基壇に、寄せ棟の大きな建物が建つ。これが正殿である。屋根の先端は蓮花文様の軒丸瓦と忍冬唐草文軒平瓦が葺かれ、鬼瓦がみごとである。その造形は、周囲を威嚇する魔物の顔が立体感豊かに表現さ

図4　南門イラスト（九州国立博物館提供）

れている。悪霊がこの建物に近づくことを決して許さない顔である。

これらの建物群は、当時最先端だった中国風建築で、真北に建物の軸線を合わせて正殿・中門・南門が中軸線上に並び、これを回廊とさらに築地塀で区画している。まさに国家の威厳をかけた堂々たる建築である。この異国風の瓦葺きで礎石建ちの建築は都の大きな寺院の一部で導入されていた。極楽浄土を視角的に見せようと荘厳されたのである。官衙で導入されたのは藤原宮（六九四〜七一〇年）の大極殿院や朝堂院が最初である。その後、七一〇年に遷都した平城宮で本格化した。平城宮の建設が終わった段階で、都以外で初めて採用されたことになる。都の宮殿は天皇の即位や元日朝賀などの国家的な儀式を行う特別な場であった。当時の外交など政治の要請が建築に反映されている。大宰府政庁の場合も、西海道の国司を集めた元日朝賀の儀や、賓客《ひんきゃく》の謁見などの儀式、あるいは饗宴が執り行われたことの傍証と考えられる。

3　大宰府の都市計画

都は平城宮と平城京というように、中枢となる宮とその外側の街区からなり、全体で京と称した。条坊《じょうぼう》は縦横の碁盤目状に道路を通らせる都市計画に基づいた街割りである。農村風景とは異なる人工の空間を形成させることで、天皇と国家の権威を内外に示す舞台装置となった。この都にみられる条坊が大宰府にも存在したことを故九州大学教授鏡山猛が指摘した。「観世音寺文書」などの条坊呼称の記録や古代の条里制の痕跡を地図で復元して、方一町（一〇九ｍ）を条坊単位とした南北二二条、東西左右郭それぞれ一二坊の大宰府条坊案が示された[4]。

この大宰府条坊案は、文献記録が少ないことから、九州歴史資料館や太宰府市教育委員会・筑紫野市教育委員会の発掘調査のデータを綿密に検討することによって、その実態が明らかになってきている。どういうことかというと、条坊制の区画の痕跡は、東西あるいは南北の溝が発掘調査されることで確認できる。直線的な人工の溝は区画溝や道路側溝である。交差点の場合は溝がT字状に接続することで分かる。また残りがよければ、溝に沿って道路遺構や場合によっては牛車の轍《わだち》痕跡が発見されることもある。

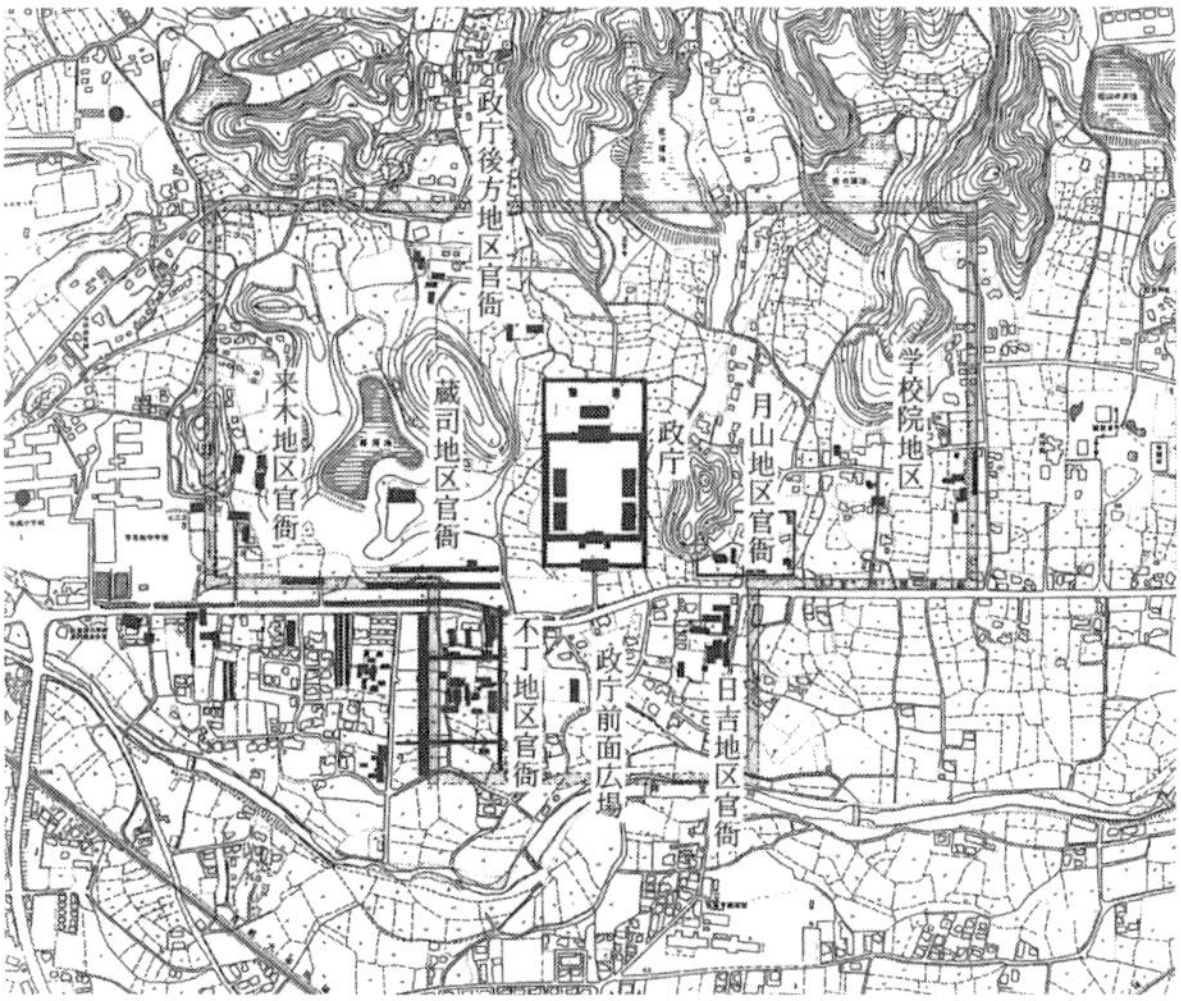

図5　大宰府政庁と周辺の官衙（『大宰府市史　通史編1』太宰府市 2005）

大宰府の配置をみてみると、大宰府政庁を最も北側の中央に配置し、周辺に大宰府の官衙（役所）群が配置され、これを府庁域と呼んでいる[5]。そのおおよその範囲は図5のように逆凸字状となっていた。府庁域内には、蔵司地区や月山地区、官人養成機関である学校院地区などの役所や機関が配置されていた。これらに関しては都市計画のような街路はな

（4）　鏡山猛『大宰府遺跡』考古学ライブラリー　ニューサイエンス社　一九七九年

（5）　石松好雄「太宰府府庁域考」『太宰府古文化論叢』上巻　吉川弘文館一九八三年

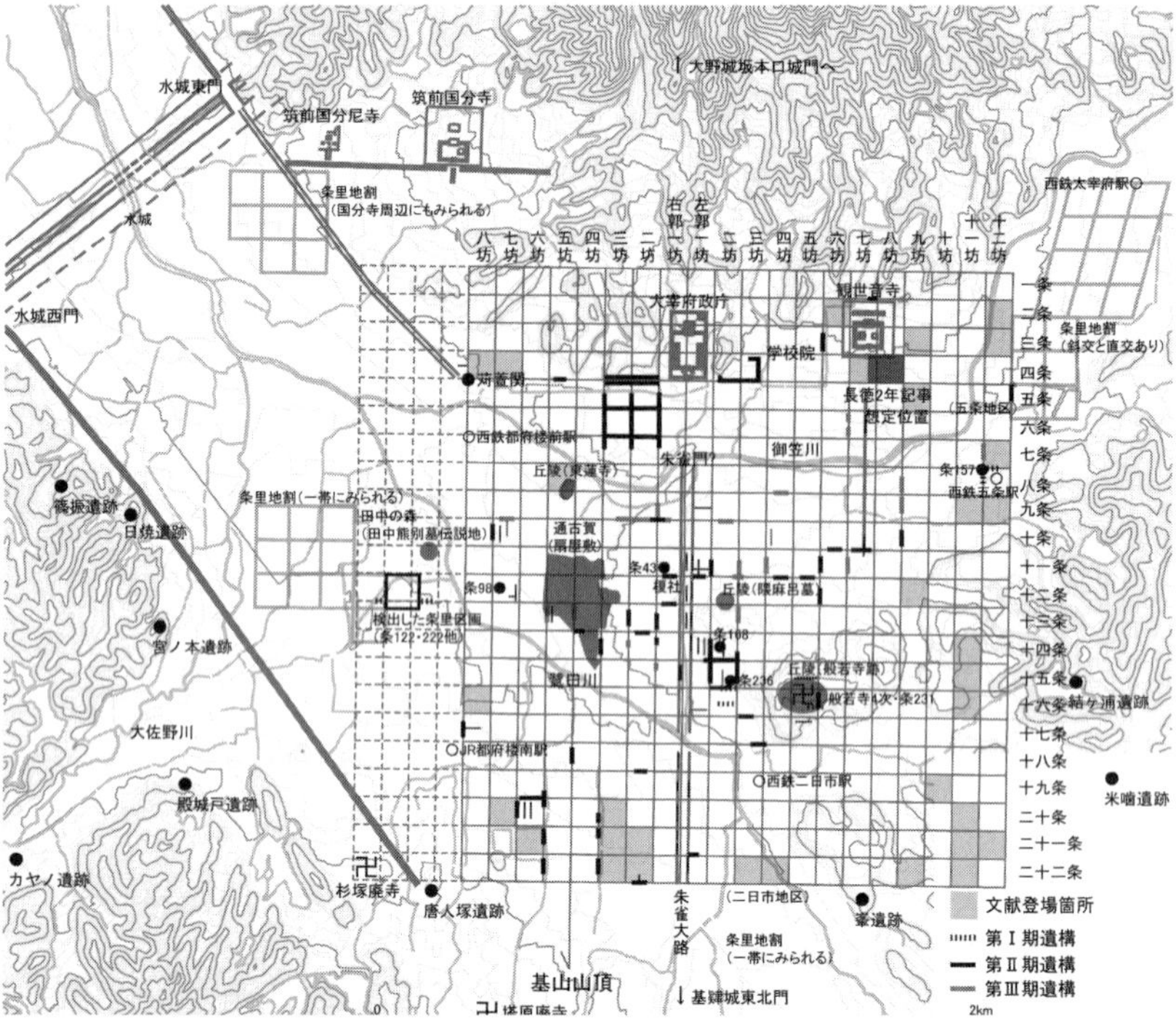

図6　大宰府条坊制（井上信正「大宰府条坊の基礎的考察」『年報大宰府学』第５号　太宰府市市史資料室、2011年３月）

く、それぞれが独立して分散的に配置されていたようである。また、この府庁域に隣接して、東側には、府の大寺であった観世音寺が立ち並んでいた。

ところで府庁域の南に突出した部分は広場となる。かつて、南限である御笠川の河床からは大きな礎石が発見されている。そのため、このあたりに南大門が想定されるのである。南大門からさらに南側一帯は、当時の街が広がっていたものと思われる。現在では太宰府市と筑紫野市の市域となって宅地化が進んでいるが、空から眺めてみると東西方向や南北方向に走る大宰府時代の区画痕跡を確認することができる。

こうした地図上での確認だけでなく、発掘調査で溝や柵・あるいは道路などの境界・区画遺構が確実に把握できている。その結果、政庁Ⅱ期には、政庁前の南大門から南に向って幅三六m、長さ約二㎞にわたる朱雀大路が延びていることが判明している。この大路を挟んだ左右には南北溝や東西溝からなる方形区画が多数認められる。これらが条坊の区割り遺構とみてまちがいないのだが、近年は、一マス九〇mの方眼上にこれらの区画遺構が合致することから、九〇m四方の方格地割りによる条坊区画が考えられるようになってきた。古代に宮都で用いられた測量用の物差しの単位である大尺という尺度に直すと二五〇尺(一尺〇・三五m前後)のきりの良い整数となる。また、その施工時期が政庁第Ⅰ期新段階(七世紀末頃)まで遡るという考え方もある。[6] いずれにせよ奈良時代の大伴旅人の眼前には、現在の京都に見られるような碁盤の目のように区画された計画的な都市景観が広がっていたのは間違いない。なお、条坊対象地域は、すべての土地を平坦にするのではなく、般若寺が造営された二日市の丘陵が残されるなど、一部は計画だけで、地形はそのまま利用していたことになる。

(6) 井上信正「太宰府条坊区画の成立」『考古学ジャーナル』五八八 ニュー・サイエンス社 二〇〇九年

4　大宰府の客館

　このように古代の大宰府では都市的な街づくりがなされていたことは確かだ。都市の実像はどのようなものだったのだろうか。奈良時代前半は政庁周辺と朱雀大路沿いに居宅的な大型建物のエリアが形成されている。八世紀後半から平安時代になると、建物は広範囲に広がるが、それでも朱雀大路沿いの卓越性は変わらないようである。

図7　大宰府政庁遠景（太宰府市提供）

二〇一一年一二月には、現在の西鉄二日市駅付近にあって、朱雀大路に隣接した地点で大型建物跡二棟が発見された。八世紀の新羅土器、佐《さ》波理《はり》（錫と銅の合金）の匙《さじ》や椀《わん》、さらには中国陶磁の香炉《こうろ》なども出土している。大宰府政庁に迎え入れた外国使節のための「客館」であることが判明した。

　都市整備は朱雀大路や政庁周辺に注がれ、対外交渉の窓口としての視覚的効果を優先したことはまちがいない。ほとんど住民のいなかった場所を新たに開発し、徐々に政治都市が姿を現したのである。大宰府に出現した人工の巨大な都市は、自然の中の集落景観しか見たことのなかった当時の人々にとって想像もつかない光景だったにちがいない。長さ二㎞で幅広い直線道路の朱雀大路に人々は腰を抜かしたはずである。さらにいえばその先にある朱色の高層建築の政庁は、現代になおせば、東京スカイツリーのような圧倒的な迫力だったと思われる。まさしく国家権力の象徴だったのである。

ここでは役所に通う役人とそれに付随する住人、さらには各地から徴用された役夫や商人などを合わせると千人単位での居住者を数えることができるという。まさに『続日本紀』神護景雲三年（七六九）に「大宰府言。此府人物殷繁。天下之一都会也。」と、奈良の都と同じ賑わいのある都会であると自ら述べているとおりである。なによりも、住民はたまに目にする新羅人使節の一行に驚きながら、大宰府の国際性を如実に意識したにちがいない。

5　中央と大宰府

九州は、『古事記』・『日本書紀』では「筑紫」の名称で登場する。本来の筑紫は、現在の福岡県筑紫野市あたりを本貫地とした豪族の勢力範囲で、六世紀までには九州北部の広い範囲までを版図におさめていた。ヤマト王権にとっては、その筑紫の権益に強い関心があったために、九州全体を筑紫と呼称したのである。東京の人々が九州を博多の名で括ってしまうことと同じである。筑紫は古来より大陸・朝鮮半島との通交の要であり、古えより独自にそれらの国と交渉を持っていた。ヤマト王権もこの筑紫の勢力を通じて対外交渉を行っていた。ヤマト王権にとって、権力基盤を維持するための資源確保や、奢侈品の獲得を朝鮮半島からあるいは半島を通じて中国から輸入する必要があったからである。しかし、五二七年の筑紫君磐井の乱と『日本書紀』が伝えるように、ヤマト王権によって磐井は駆逐された。ただちに磐井の子葛子が「糟屋屯倉」を献上して服属し、その後は九州北部に八ヶ所の新たな王権の直轄地である屯倉《みやけ》が設置されたのである。

このようにヤマト王権は、六世紀に筑紫から地域勢力を一掃し、そこに屯倉という直轄地を置くことができた。七世紀になると大宰府の前身である「筑紫大宰」の名称が『日本書紀』に登場するようになる。筑紫に楔を打ち込むように筑紫大宰を九州に派遣して直接支配に乗り出したことが、大宰府設置の前史であろう。これによってヤマト王権も中国や朝鮮半島との対外交渉を独占できることになったのである。

ところで、日本は白村江の敗戦によって、唐や新羅の侵攻に備えると同時に、東アジア世界で発言力を確保する必要があった。この七世紀の緊迫する東アジアの国際情勢に対応するために、それまでの寄せ集めの豪族軍ではなく指揮命令が統一された常備軍を整備する必要から、中央集権国家を目指すこととなる。一方で国境という国の範囲が支配者層の中で意識され、そのために当然ながら国境地域の統治が急務となった。同時に海外の使節の出入国を管理するための国家機関を設置する必要性が生まれた。これが律令制のもとで整備された「大宰府」という官司の本質である。(7)

古代を通じて、大宰府は国境警備に伴う軍事機能を強化し、また、外交使節の応対など対外交渉の拠点を維持する財政基盤を整えるために、九州を統括したと考えることができ

(7) ブルース・バートン　NHKブックス『国境の誕生　大宰府から見た日本の原形』日本放送出版協会　二〇〇一年

図8　大宰府航空写真（太宰府市提供）

る。

6 国際都市大宰府の終わり

海外の使節は直ちに都へ迎え入れるのではなく、一旦、大宰府に留めて事情聴取を行い、その結果によっては大宰府で応接した後に帰国させるなど、二段階の外交システムを採用していたのである。その直接の受入れ窓口となったのが、博多湾に設けられた大宰府鴻臚《こうろ》館《かん》である。鴻臚館の最初の記録は六八八年で、「筑紫館《つくしのむろつみ》」の名称で呼ばれていた。これが後に「鴻臚館」と呼ばれるようになる。本来は使節の応接といった外交の場であったが、九世紀以降に新羅や唐の商人が頻繁に来日するようになると、彼らは公式の使節と同様に、鴻臚館に入り許可を受けて交易を行った。その結果、鴻臚館は外国使節の滞在・応接という外交の場から、商取引の交易の場へとその性格を変えた。事実、鴻臚館跡の発掘調査では、九世紀以降になると貿易品としての陶磁器が大量に出土する傾向にある。

さてこの鴻臚館も一〇四七年の放火の記録を最後に史料から消えていく。発掘調査でも十一世紀中頃に廃絶したことが明らかなことから、記事に記された火災で焼失し再建されなかったと思われる。鴻臚館と交替するように、東の海岸部にある博多地域では、この頃より大量の中国陶磁器が出土するなど、新たな動きが出現する。交易活動に従事する勢力も大宰府の官人から、南宋出身の貿易商へと交替したのである。国際都市としての大宰府の終焉であり、国際都市博多の誕生であった。

多くの市民でにぎわう大宰府政庁跡

column

木簡は語る①　国郡島名木簡

酒井　芳司

古代の木簡は、文書、帳簿、付札《つけふだ》、習書《しゅうしょ》など様々な用途に使われ、古代の役人たちは、その使い道にあわせて多様な形に木材（九割以上は杉・檜などの針葉樹）を加工して木簡を製作した。これらのうち、付札と呼ばれる木簡は、長方形に加工した木材の一端、もしくは両端の左右辺から切り込みを入れた形のものである。この切り込みは、税として納められた物品に、ひもでくくりつけやすくするための工夫である。付札には地名や物品名、数量、納入した人物名などが墨書されている。付札はさらに、物品を納めた側が取り付けた荷札、物品を受領した側が管理のために付けた整理用付札に分けられる。

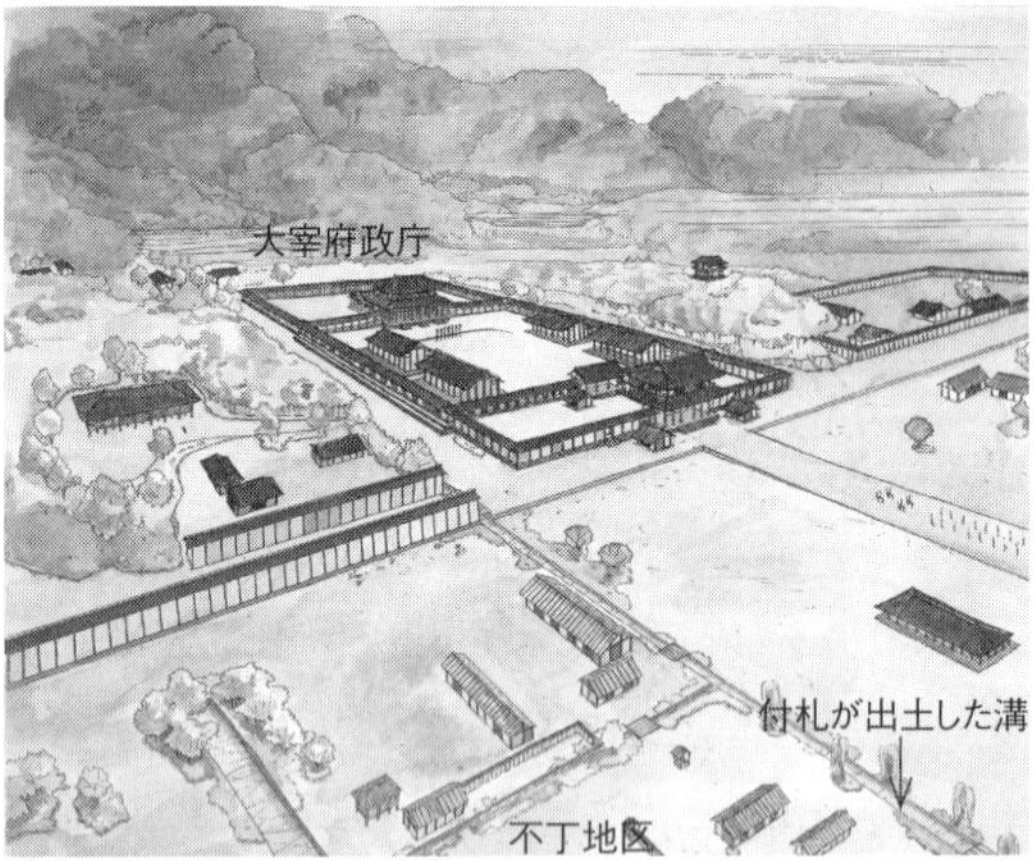

図1　大宰府政庁と周辺官衙復元図（九州歴史資料館蔵）

　さて、奈良・平安時代において中央政府は、国司を日本列島に置いた六〇余りの国に派遣して直接に支配していた。ただし、西海道《さいかいどう》と呼ばれた九州地方の九国三島については、国司も派遣するが、中央政府と国司との間に大宰府を置き、大宰府が中央政府の命令を受けつつ、九州全域を統治していた。その具体的な事実として、西海道の税、すなわち特産物の調《ちょう》、労役奉仕の代わりに布などを納めた庸《よう》については、いったん大宰府にすべて納め、一部を中央政府の命令によって大宰府が都に送ることになっていた。

付札は税の物品とともに生産地から納入先へと移動し、物品を最終的に消費する際にはずされて廃棄される。したがって、大宰府では西海道各地から納められた税の物品に付けられていた付札がたくさん出土する。もっとも多くの付札が発見されたのが、大宰府政庁跡の西南に隣接する不丁《ふちょう》地区の東端を限る南北溝である。出土した一八六点の木簡のうち、文字が判読できないものも含めて七〇点が付札であり、すべて八世紀半ば以前のものである。

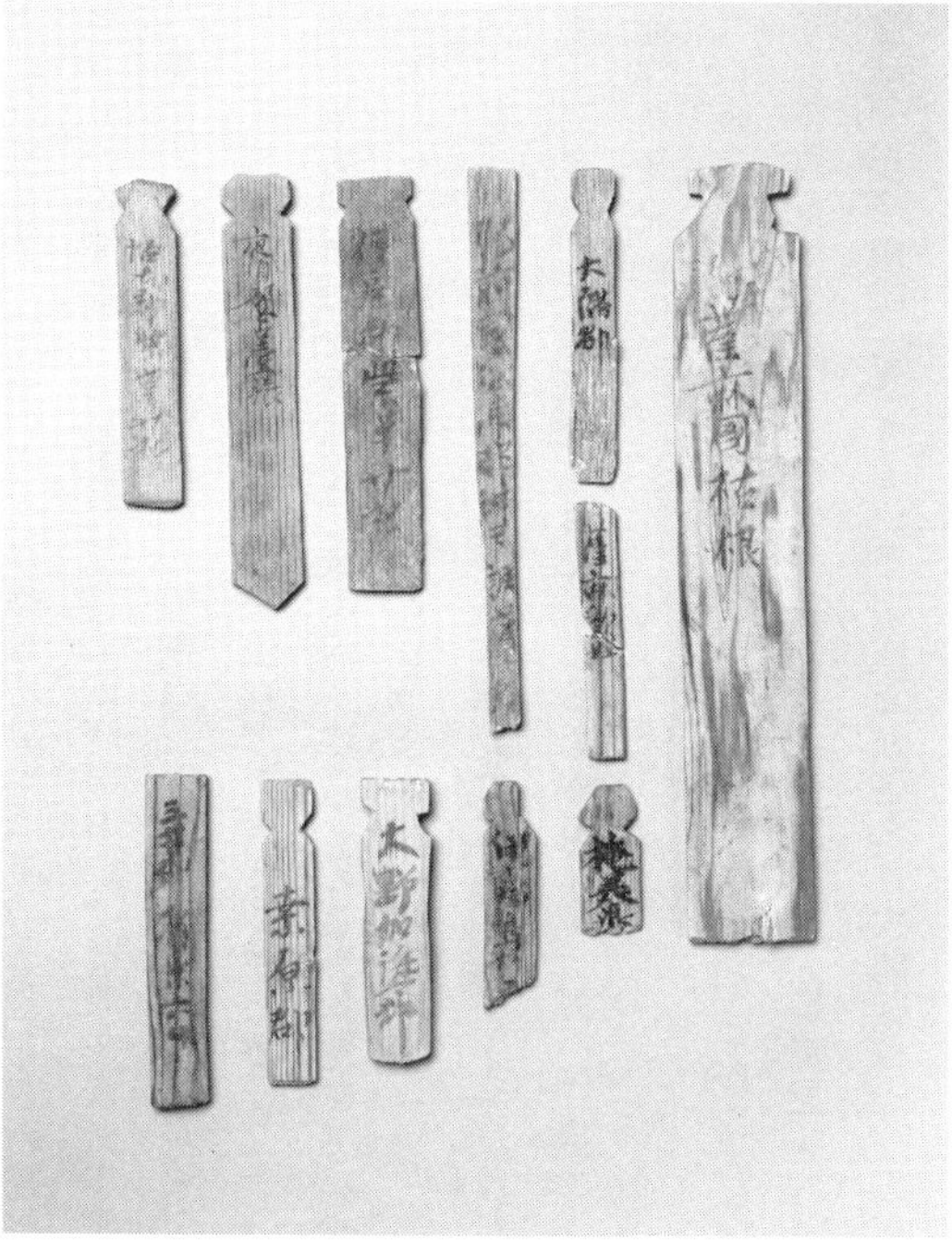
写真1　大宰府史跡出土の付札（九州歴史資料館蔵）

不丁地区出土の付札を検討すると、以下のことがわかる。まず、筑前国内の郡名がある付札は大半が紫草《むらさき》の付札で、「郡名＋物品名＋量」という書式のものが多く、大きさも近い。糟屋郡の付札は筆跡と切り込みの形の類似、上端から切り込みまでの長さが短いという共通性があり、怡土《いと》郡（糸島郡）の付札は切り込みの形や上端をとがらせる点に共通性がある。加麻《かま》郡（嘉麻市）は下端をややとがらせるという独自の調整を行い、岡賀《おか》郡（遠賀郡）は他郡と共通した書式のほか、「・岡賀郡全・一編十根」という独自の書式でも作る。上端をとがらせるのは怡土郡とも共通する。つまり、筑前国では大きさや書式の統一に規制がかかりつつも、作り方の細部においては郡ごとに特徴があり、郡の役人が作成に関わっていることがわかる。その際、郡の役所において大宰府が指導して作成させた可能性と、納入の際に大宰府において郡の役人が作成した可能性がある。

　豊後国・肥後国・薩摩国の付札は、書式が一定しておらず、物品名や数量が書かれていないものが多い。大きさも多様である。同じ郡でも様々な形と大きさがある。これらは付札の作成にあたった郡、または郡以下のレベルの役人の個性が際立ち、大宰府や国ごとの規制は働いていない。薩摩のみは「薩摩頴娃」のように国名が記載されたものがあるという特徴をもつ。

　大隅国の付札や南島（掩美島＝奄美大島・伊藍島＝沖永良部島か）は大きさ、切り込みの形と位置、上端部の整え方などに共通性がある。これらの作成には、郡や南島の人びとではなく、大宰府や大隅国が関与している可能性がある。

　以上より、付札は郡が主体となって作成したものが多く、郡が税の納入に責任を持ったことがわかる。したがって、これらは整理用付札ではなく、荷札である。筑前国は大宰府が直轄統治していたため、大宰府の規制が行き渡り、規格が統一されている。成立が遅れた大隅国（七一三年成立）や南島からの物品には郡や島レベルでは荷札が付けられず、大宰府や大隅国が付けたのだろう。また、薩摩国以外では国名が記されず、郡名のみが表記される。蔵司西《くらつかさにし》地区で出土した七世紀末の久須評《くすのこおり》（豊後国玖珠郡）の荷札も同様である。これは大宰府の前身である七世紀の筑紫大宰《つくしのおおみこともちのつかさ》や筑紫総領《つくしのそうりょう》が、後に郡の役人となる地域豪族を直接に支配下に置いており、八世紀以降も郡の人事権を掌握し、とくに筑前・筑後・豊前・豊後・肥前・肥後が大宰府の直接的な経済・軍事基盤であり続けたことと関係があるだろう。

　このように、大宰府史跡出土の付札を研究することによって、古代国家の西海道支配の実態や、地域社会の様子などを知ることができるのである。

城塞都市大宰府

赤司　善彦

はじめに

今から一三〇〇年前の七世紀、朝鮮半島では百済・新羅・高句麗による領土争いが激化し、ついには中国（隋）までも争いに介入しはじめることとなった。六六〇年に百済が滅亡すると、日本はただちに百済救援のための大軍を送った。しかし、朝鮮半島西部の白村江で唐の水軍に壊滅させられてしまった。六六三年の白村江の戦いである。この敗北によって、日本は唐と新羅を敵に回してしまい外交関係は完全に破綻したかにみえた。ところが、敗戦後、唐や朝鮮半島の諸国から日本へ使節の派遣が相次ぎ、直接的な唐・新羅に対する脅威はなくなった。ただし、日本は使節外交を新羅との間で再開されたが、唐と新羅に対する警戒心は決して解かず、守りをより強固にしようとした。

『日本書紀』によれば、敗戦の翌年に、対馬・壱岐両島と北部九州の沿岸部を中心に防《さき》人《もり》と烽《とぶひ》を配置し、同時に九州北部の筑紫に水城《みずき》を築造。翌年には瀬戸内への関門である長門と、筑紫に大野城・椽（基肄《きい》）城と、さらに二年後には近畿の高安《たかやす》城と瀬戸内の屋嶋《やしま》城さらには最前線の対馬に城を築いたと記す[1]。戦略としては、まず防人による海浜警備と、通信網となる烽火《のろし》の体制を整えたのである。次に城を築造し太宰府地域に内陸の防衛拠点を形成し、さらには対馬から瀬戸内そして畿内の王都に至るまでの陸路・海路に多重防御線を敷いたと解釈できる。この天智朝期に仮想敵国の侵攻を防ぐための国防策が矢継ぎ早に実施され、まだ白村江海戦敗戦の傷が癒えないまま、九州北部は防衛の最前線に立たされることになったのである。

1　大野城と基肄城の周辺地形

筑紫の防衛拠点は、防人が配置された海岸部ではなく、博多湾沿岸より一〇kmほど南に入った太宰府市周辺が選ばれた。なぜ水際ではなく内陸部だったのか。実はこれら古代山

（1）『日本書紀』には次の記述がある。
六六四年　於對馬嶋壱岐嶋筑紫國等置防與烽　又於筑紫築大堤名曰水城
六六五年秋八月　遣達率答本春初築城長門国、遣達率憶礼福留達率四比福夫於筑紫国大野及椽二城

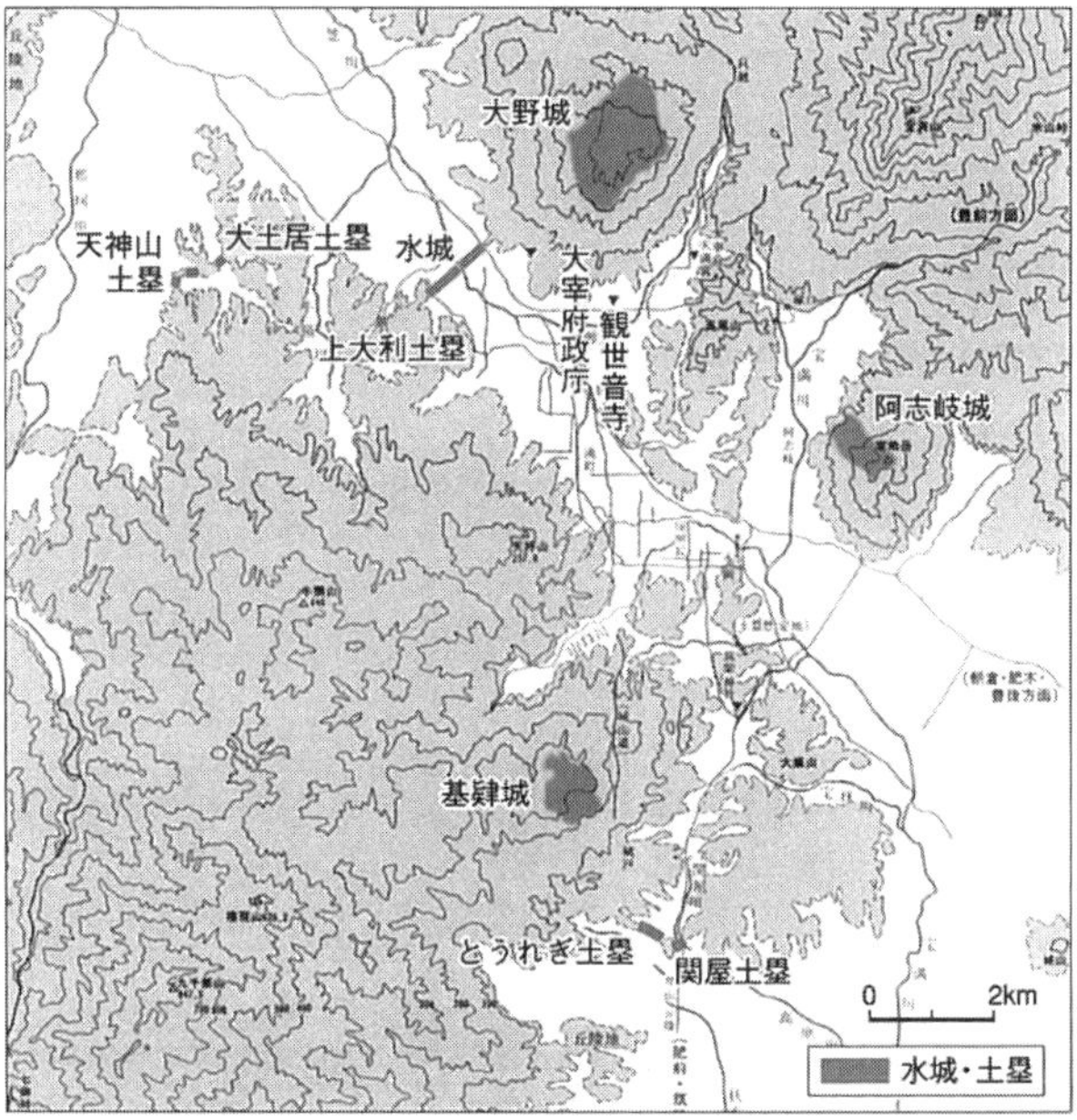

図1　古代山城と大宰府配置図（「特別史跡大野城跡」パンフレット　大野城市　2010）

城によって囲まれた地点は、八世紀以降に内外の関門を管理し、さらには西海道を統轄した大宰府政庁が造営された場所である。つまり、この地域に大宰府の前身官衙を防御する目的で水城や大野城・基肄城を築城したことが考えられる。なにより防御に適した自然地形があった。

　この太宰府の地形を俯瞰すると、まわりを山並みによって囲まれた盆地状の地形となっている。まさしく天然の要害である。平地部分には福岡平野と南に広がる筑後平野を結んだ、幅一・二〜一・五㎞の狭長な低地が形成されている。このくびれ部分を一文字に塞ぐようにして長大な水城が築かれている。水城の東側は大野城のある四王寺山丘陵へと接続する。ここより東南へは原川（宝満川水系）を挟んで三郡山から連なる笹尾山や宮地岳が雁行形に並ぶ。この宮地岳の西側山腹で阿志岐《あしき》城が発見されている。

次に水城の西側の先には標高一〇五五ｍの脊振《せふり》山を主峰とする脊振山地が聳えている。南方には、脊振山地から派生する権現山と基山が連なっている。この基山に基肄城が築城されている。このように太宰府地域周辺の自然地形を防御に利用して軍事拠点が配置されているのである。

2　水城跡

福岡市から佐賀や熊本などの九州各地へ向かう場合には、福岡平野南端に築かれた水城を必ず通過する。そのため九州縦貫自動車道や国道三号線、県道三一号線そしてＪＲ鹿児島線・西鉄大牟田線などの主要な交通網と、御笠川によって水城は寸断されている。現在では、迂回せずに水城の全体を通して歩くことは不可能である。

水城は全長一・二㎞、幅約八〇ｍの基底部のテラスの上に、二段築成の本体土塁が築かれている。高さ一三ｍ、全て人工の盛土である。室町時代にここを訪れた連歌師の宗祇が「いわばよこたわれる山のごとし。」と喩えている。[2] 現在もうっそうとした木立に包まれたその姿を、自然の丘陵と思いこんでいる人も多い。

水城は『日本書紀』に「大堤を築きて水を貯えしむ」と記されている。その貯水方法をめぐってはダム貯水説や、外濠説、あるいは単なる土塁説などが議論されていた。発掘調査の結果、博多湾側（外側）で幅六〇ｍの濠が確認され、木樋と呼ぶ導水管も発見され、外濠説で決着がついた。

（2）『筑紫道記《つくしみちのき》』は宗祇が文明十二年（一四八〇）に著した博多・大宰府の紀行文で、水城について「越え過ぐるままに大きなる堤あり。いわばよこたわれる山のごとし。天智天皇のつかせ給ひけるとなん……」と記している。

水城を特徴づける濠は、中央と両側では二〇m近い比高差がある。そのため、水を貯めるためには、数カ所で堰のような構造が必要となる。貯水は中央を貫流する御笠川から取水する他に、内濠に集めた水を木樋で外濠に導くのである。木樋は長さ八〇m、大人も屈めば通られるほどの大きさである。巨大なヒノキを加工した板材を用いている。この木樋は電気探査等により水城の四ヵ所で確認できている。(3)

図2　水城跡（九州国立博物館提供）

図3　水城模型（九州国立博物館提供）

土塁は板の間に土を入れて突き固める版築工法によって築いている。この土塁は、発掘調査の時にクワを打ち込んでも強く跳ね返り火花が飛び散るほど強固に締まっている。また、基底部の下層には、湿地が広がっていた。そのためここでは、湿地土の上に青葉のついた木枝を敷き詰めて、さらに土を敷き踏み固めることを繰り返しているのである。こうして土中の水分が枝葉によって抜けて固く締まるのである。これを軟弱だった地盤を安定させる敷葉《しきば》（敷粗朶《しきそだ》）工法という。古代の中国や朝鮮半島でため池や堤を築く土木技術である。発掘調査では、空気に触れて酸化するまでのほんの数秒は葉が緑色のままである。

（3）　九州歴史資料館『大宰府史跡』平成七年度発掘調査概報　一九九六

この古代の技術によって、一三五〇年もの間、水城は崩れることがなかった。

さて、土塁には東西二カ所に門が付設されている。西門は、博多湾に設けられた海外からの使節の迎賓館である鴻臚館《こうろかん》と直線道路で結ばれている。建物は三期に変遷している。Ｉ期（七世紀後半）は掘立柱型式の門で、門柱に横木を渡した冠木《かぶき》門と考えられ、間口が狭く防御に適した堅牢な門であった。Ⅱ期（八世紀前半）は、幅が二・五倍に拡張され、礎石式の瓦葺きの八脚《はっきゃく》門に建て替えられる。Ⅲ期（九世紀代）は二階建ての楼門と思われる。このようにⅡ期以降は壮麗な造りの門へと建て替えられている。防御機能よりは外国使節の頻繁な受け入れに対応したのではないかと考えられる。[4]

3　大野城跡

水城とともに一連の防衛ラインを担っていたのが四王寺山中に築城された大野城である。福岡市から車や電車で南に向かうと左手（東）に迫ってくる山がある。これが標高四一〇ｍの四王寺山である。山頂に登ると北は博多湾、南は天候に恵まれると有明海まで見通せ、眼下に大野城市・太宰府市・筑紫野市の町並みが広がる。四王寺山が通常の山容と違うのは、北側へと開口する谷を城が取り込んでいるため、外側は急峻だが内側はすり鉢状をなしている点である。

外郭線は自然の地形を利用した土塁を巡らせている。その土塁の総延長は六・五㎞以上

（4）　九州歴史資料館『水城跡』二〇〇九

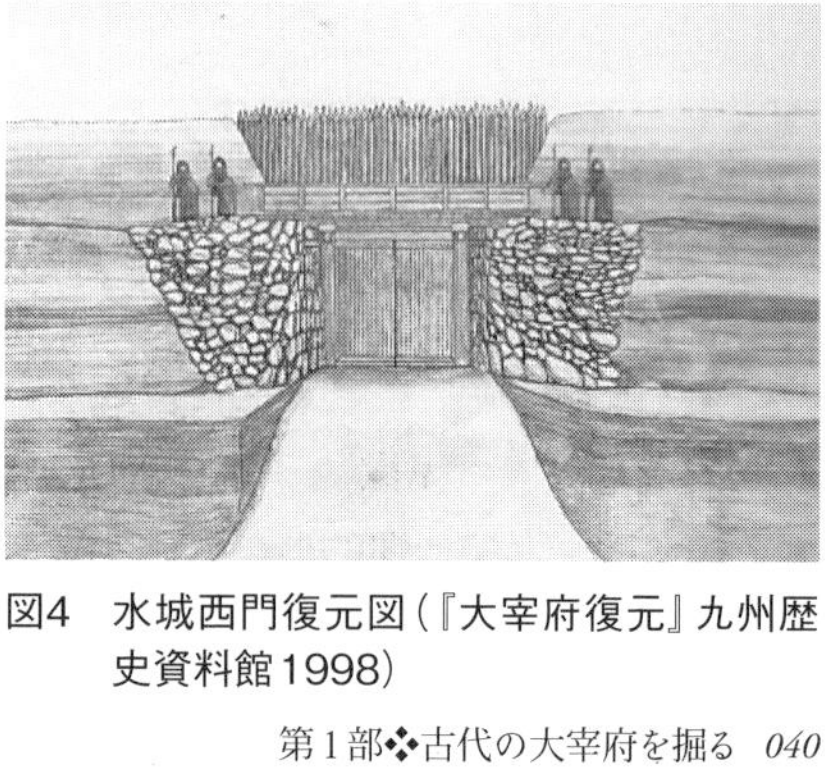
図4　水城西門復元図（『大宰府復元』九州歴史資料館1998）

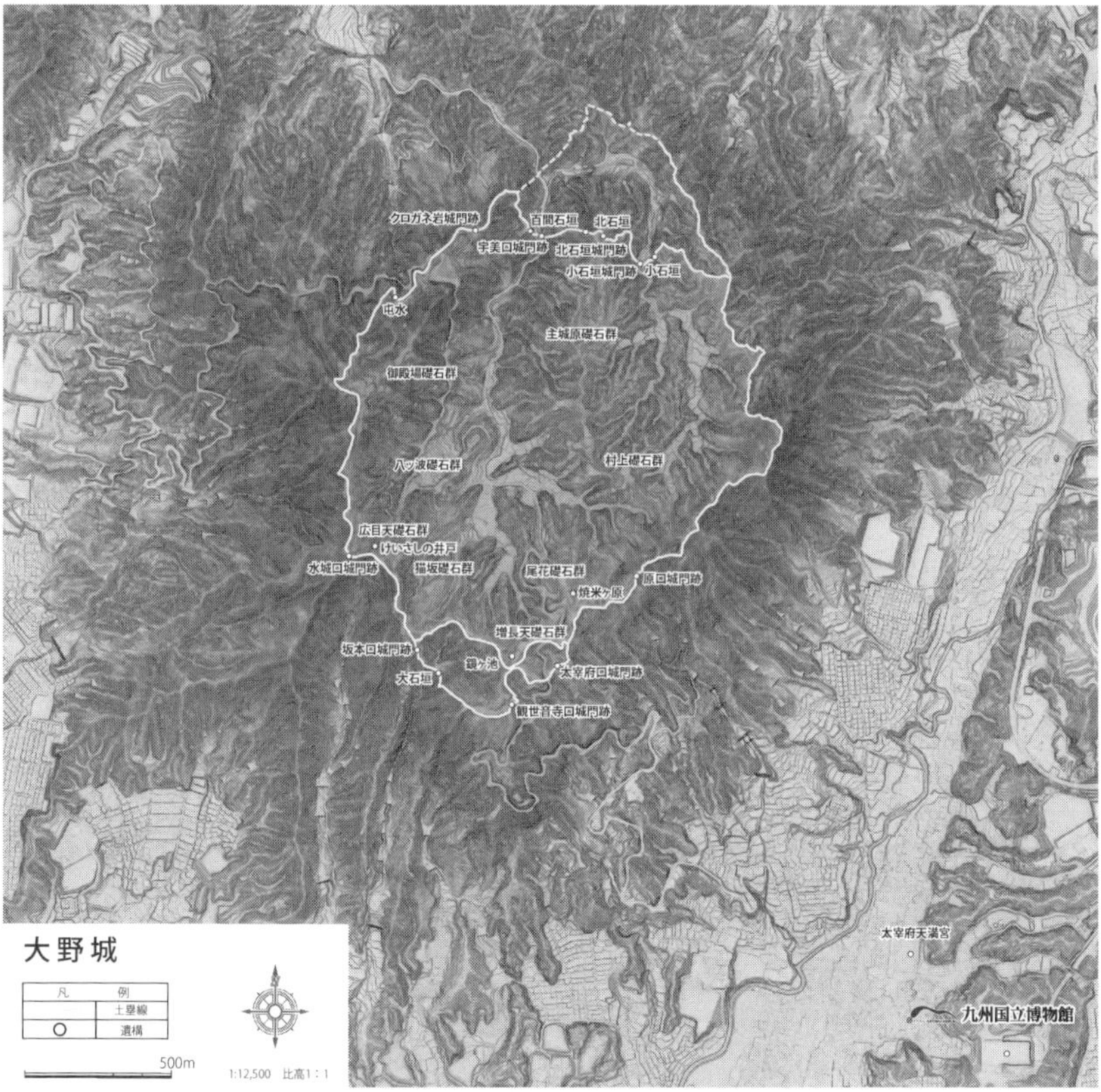

図5　大野城全体図（九州国立博物館提供）

である。日本では最大規模で、朝鮮半島でもこのような大きな山城はあまり築かれていない。(5)さて、城壁は基礎部分の盛土と、その上部に版築による硬く締まった土塁を築くことを基本としている。古代山城の特徴は山の険しい地形を最大限に利用して効果的な防御を施すことが特徴である。そのため城壁は防御に弱い場所を中心に構築される。谷筋には斜面や尾根などと異なり比較的登坂しやすく、また流水の影響を受けるので、土を固めた土塁ではなく、石積みによる石塁(6)（石垣や小石垣というように固有名詞では石垣が用いられている）が築かれている。大野城には、百間石垣・水の手口石垣など五ヶ所の石垣が知られている。このうち最も規模が大きい百間石垣は、北の要として強固な守りの姿を今日に伝えている。百間石垣はその名前の通り、全長が約一八〇mに復元できる。

図6　大野城百間石垣（筆者撮影）

城の内外に通じる城門は、二〇〇五年以降に新たな城門遺構が四ヶ所も発見されている。その結果北半の土塁で四ヶ所、南半に五ヶ所の計九ヶ所の城門が判明している。大野城の正門にあたる先述した百間石垣に隣接していた宇美口城門は、門礎の一部が保存されているだけで、詳細は全く不明である。これに対して南側の太宰府側からの出入口である太宰府口城門は、発掘調査によって構造と変遷が明らかである。水城西門と同じく、大きく三期にわたって門の建物が建て替えられている。築城時のⅠ期は掘立柱建物で間口が五m以上と他の城門と比較して広いのが特徴的である。奈

（5）　亀田修一「日韓古代山城比較試論」『考古学研究』四二-三　考古学研究会一九九五・徐程錫「百済山城が日本「朝鮮式山城」に与えた影響―大野城を中心に―」『歴史と談論』湖西史学会　二〇一三

（6）　大野城の石塁は「百間石垣」や「小石垣」などのように石垣の名称が付けられている。

良時代前半にⅡ期の建物に建て替えられる。屋根が重層になる門で、軍事的というよりは権威の象徴となる性格に変化しているようである。屋根には大宰府政庁と同じ鬼瓦が用いられている。これは水城西門も同じである。大宰府政庁Ⅱ期の建設と連動して造営されたと考えられている。(7)

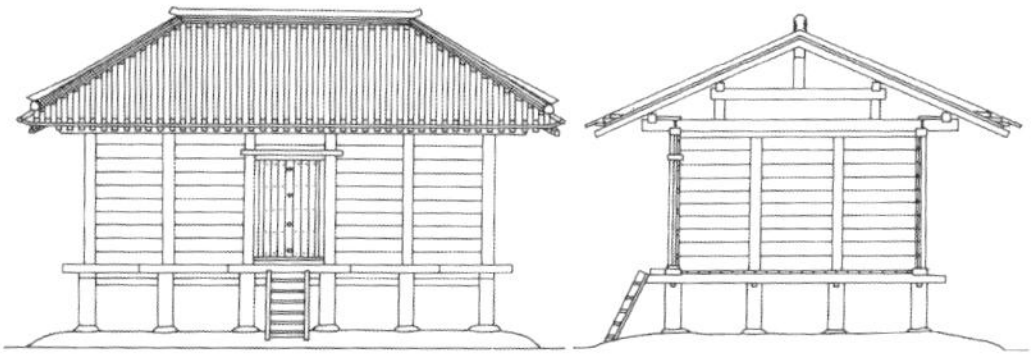

図8　大野城倉庫想定図（特別史跡大野城跡　環境整備事業実施報告書Ⅲ　福岡県教育委員会1974）

図7　軸受金具（九州歴史資料館提供）

なお、この太宰府口城門第Ⅰ期に用いられたコウヤマキの木柱が残存していた。「孚石部」の文字が刻まれていることが明らかになった。また年輪年代測定法で近年検討したところ、六五〇年の伐採であることが判明した。『日本書紀』には六六五年に築くとあることから、この年を築城完成年とすると、一五年前に築城準備がされていたことになる。しかも、コウヤマキの年輪の変動パターンが平城宮出土のコウヤマキと合致していることから、近畿地方で伐採されそれが九州まで運ばれた可能性がある。(8)

この他、大野城の城壁北辺で新たに発見された北石垣城門は、前面に高さ一・五mの石垣を築いている。門に入るにはハシゴを懸けて登る必要がある。そのため韓国では「懸門《けんもん》」と呼ばれ、防御性の高い形式である。また、門礎には鉄製の軸受金具がはまっ

(7)　福岡県教育委員会『特別史跡大野城跡』Ⅶ　太宰府口城門発掘調査概報　一九九一

(8)　赤司善彦・光谷拓実「大野城の築城年代再考—太宰府口城門出土木柱の年輪年代の測定から—」『東風西声』九州国立博物館　二〇一三年

た状態で発見された。扉下部にはめ込んだ丸いキャップのような金具をこの上部に被せ、扉を回転させる構造となっている。

さて城内には各所で礎石建物跡の礎石を見つけられる。図8のような高床倉庫がそのほとんどを占めている。重量物を収納できるように床を支える柱が多く、日本の高温多湿な気候や虫・カビなどを避け保存するのにはこうした高床が適している。五〇棟を超える倉庫は七世紀後半から九世紀にかけて、幾度か拡大されていったのである。

この倉庫のあり方は古代日本の国・郡に設置された稲の備蓄倉庫と構造や規模がよく似ている。大野城に蓄得られた膨大な米は、海外との戦への備えだけではなく、災害や疫病などの非常事態に対応する財源を大宰府が独自に確保しようとしていたのではないだろうか。奈良時代に入ると外交が安定したことで、ほとんどの古代山城が廃絶させられる。大野城の場合には大宰府の管轄下にあり、対外防備だけでなく九州地域の安定化のための備蓄基地という役割もあったようである。

4 基肄城跡と阿志岐山城

基肄城は大宰府政庁のほぼ真南におよそ七㎞離れて位置し、北側土塁の一部が福岡県筑紫野市にあるが、そのほとんどが佐賀県基山《きやま》町に属している。山城は脊振《せふり》山塊から北東に延びる標高四〇〇m前後の二峰にまたがり、谷を取り込んで土塁を巡らせている。その延長は約四㎞におよぶ。基山の西側は広い範囲で斜面をなしており、草すべりで歓声を上げ

図9　基肄城（「発掘が語る遠の朝廷 大宰府」九州歴史資料館　1988）

る家族連れの行楽地として知られている。土塁は大野城に比較すると、残存状況も良くその高まりを確認することができる。

土塁線は谷部に至ると石塁へと変わる。基肄城の防御正面にあたる南側の谷部には長さ二六m、高さ八・五mの石塁が築かれている。基底部には大きな通水溝が設けられている。長さ九・五m、高さ一・四m、幅一mの通水溝で、現在でも大人が通ることもできる大きさである。その構築法は終末期古墳の羨道《せんどう》部を思わせる造りで、花崗岩の粗い切石を横積みした側壁の上に、天井石を架けている。床面も平石を敷いている。他に例を見ない規模の水門である。近年石塁の保存修理事業で、新しく三つの規模の小さな通水溝が発見されている。この石塁に隣接して南門があったと考えられるが、谷水によって破壊されている。その他にも三ヶ所で城門跡が確認されている。

さて、城内には現在四〇棟以上の建物が想定されるようである。[9] すべて大野城と同じ総柱礎石建物で米倉の用途が考えられる。また、大宰府政庁前面の区画溝からは、基肄

図10　基肄城水門（筆者撮影）

（9）『基山町史資料編』基山町　二〇一一年

図11　阿志岐山城の城壁（筆者撮影）

城に備蓄した稲穀を諸国に分かち与えるよう命じた八世紀代の木簡《もっかん》が出土している。(10) 古代山城は奈良時代以降には内政のための備蓄倉庫にも利用されていたことを示している。

また、基肄城の東麓には水城を小規模にしたような土塁が二カ所に認められる。これを関屋《せきや》土塁・とうれぎ土塁と呼ぶ。丘陵と丘陵の間を土塁で塞ぎ、内部を貫流する川に水門も設けられていた可能性もあるが、すでに大半が失われている。肥前・筑後から大宰府に通じる交通路を遮断しているのである。

基肄城は今後の調査の進展で、築城技術や、その後の利用形態の上で同時期に築城された大野城との微細な差異とその意味が明らかになると期待される。

ところで一九九九年に大宰府の東方で発見された筑紫野市の阿志岐城は、標高三三八mの宮地岳西側山腹にあって、二つの谷を取り込んだ列石線が確認されている。(11) 土塁下部の列石は張り出した基底石の上に一・二段の切石積みである。前面の平野部で官衙遺構が検出されており、万葉集に詠まれた「蘆城駅家《あしきのうまや》」の名との関連性が指摘されている。米ノ山峠を越えて筑豊地方さらには豊前地方へ最短距離で通じる要所である。詳細は不明だが、大宰府に近く、大野城・基肄城とは指呼の位置にある。

(10)　木簡には「為班給筑前筑後肥等國遣基肄城稲穀随大監正六上田中朝・・」と記されている。『大宰府史跡』昭和六一年度発掘調査概報　九州歴史資料館　一九八七年

(11)　『阿志岐城跡』筑紫野市文化財調査報告書九二　筑紫野市教育委員会　二〇〇八年

5　扶余と大宰府の羅城

大野城・基肄城の築城にあたった百済人の億礼福留《おくらいふくる》は、兵法によく通じた軍事官僚であった。これらの配置は百済最後の都である扶余《ふよ》の羅城《らじょう》が念頭にあったと考えられる。羅城は、古代の中国や韓国で都市を囲んだ城壁のことである。扶余は、主要交通路を遮断した東羅城や、扶蘇山城や青山城の間を繋ぐ六km以上の城壁が半月形に取り囲み、錦江《きんこう》（白馬江）の自然の防御戦と合わせて都の防御戦が形成されている。大宰府の場合も大野城・基肄城・阿志岐の古代山城や水城によって、羅城があったのではないかと議論されている。それぞれの古代山城を繋ぐ城壁は確認されていないが、扶余の羅城と築造工法などの共通する要素が多いのは事実である。古代に日本では平城京・平安京に羅城門という名称はあるが、羅城は未確認である。大宰府に、都や主要都市を護るこの羅城があったとすれば、大宰府は当時から都のような重要な場所だったことになる。

column

木簡は語る②　軍団と兵士

松川　博一

大宰府が九州全域を治めていた奈良・平安時代、当時の軍制の基本は、主に農民から徴発された兵士で構成される軍団制であった。軍団兵士は、軍事教練に参加するとともに、交替で国府や兵庫などの重要施設の守備に当たった。大宰府政庁跡やその周辺からは、この軍団や兵士にかかわる木簡や印章が出土している。

大宰府が所在した筑前国には、四つの軍団が置かれ、多い時には四千人の兵士が配された。しかし、その軍団名は、当時の歴史書や法令集に記録がなく長らく不明であった。ところが、二つの軍団印の発見により、その名称が明らかとなる。ひとつは、明治三十二年（一八九九）に現在の太宰府市立水城小学校から出土した銅印「遠《お》賀《か》団印」、もうひとつは昭和二年（一九二七）に大宰府政庁跡の北西の桑畑から掘り出された銅印「御笠《みかさ》団印」である。この二印は、他に遺例がない奈良時代の軍団印として重要文化財に指定され、東京国立博物館に所蔵されている。この発見により、筑前四軍団のうち、二つの軍団名が明らかとなった。さらに御笠団については、大宰府政庁跡出土の木簡の削り屑の中に「御笠団生ア羊」と書かれたものがあり、「生ア（壬生部《みぶべ》）羊」という一兵士の名前を確認できる（写真1）。

大宰府政庁跡出土の木簡の中には、他に軍団の基本単位である「隊」やその兵員数を示す「五十」（「五十長」は隊正の意）、さらに兵士の配備・守衛を意味する「守当」と書かれた木簡や「□百長」と書かれた木簡の削り屑がみ

写真1　木簡削屑「御笠団生部羊」（九州歴史資料館蔵）

つかっている。これらは、軍団の職階や配備を示す特殊な表現である。正倉院文書をみていくと、統領する兵員数に呼応して軍団の指揮官である校尉《こうい》・旅帥《りょすい》・隊正《たいせい》を「二百長」「百長」「五十長」と言い表していたことが確認できる。これらの木簡も断片的なものではあるが、大宰府において軍団に関わる事務が行われていた可能性を示す貴重な史料である。

国郡名を記した木簡が大量に出土した大宰府政庁の西前面域である不丁地区からも軍団兵士に関わる木簡が出土している。

①（表）三団兵士□□□（役カ）宗形マ刀良早マ赤猪
（裏）□二人［

②（表）兵士合五十九人　□　□二人　兵士□三人
定役五十四　□□（筑前カ）兵士卌一
筑後兵士廿三
（裏）天平六年四月廿一日

写真2　木簡①
表面「兵士合五十九人」

木簡②
裏面「天平六年四月廿一日」

木簡①は、三つの軍団もしくは第三番目の軍団を示す「三団」の兵士として宗形《むなかた》部《べ》刀良《とら》と日下《くさか》部《べ》赤猪《あかい》の二人の兵士の名前がみえる。木簡②は、大宰府に上番していた兵士五十九人の内訳を記したものと考えられる（写真２）。その中に、筑前国の兵士の他に筑後国の兵士が含まれている。筑前国以外の兵士が「定役」として大宰府に上番していることを示している。

大宰府は対外防衛に備える前線であるとともに、西海道支配の拠点でもあった。そのことから、大宰府政庁をはじめとした役所、有事に備えて大量の武器武具を保管する兵庫や西海道の調庸物を納める府庫など、重要な施設が多く所在した。その守衛には、大宰府が所在する筑前国の軍団兵士だけではなく、筑後・豊前・豊後・肥前・肥後の六国の郡司子弟や兵士が大宰府に上番してそれに当たっていたと考えられる。木簡②はそのことを証す史料として重要である。彼らは大宰府の常備軍であり、いわば「遠の朝廷」の衛士ともいえる存在である。

最後に日本最古の戸籍関係木簡として全国的にも注目された太宰府市国分松本遺跡出土の木簡について言及したい。同遺跡は筑前国分寺跡と同尼寺跡の間のやや南に位置する大宰府条坊範囲外の遺跡である。その戸籍関係木簡には、「竺紫前国嶋評」（のちの筑前国志麻郡）の「戸主建ア（建部）身麻呂」の戸口である「得□□（麻呂）」が「兵士」であったことを示す記述がみえる。この木簡は、「進大弐」の冠位や「評」の表記により天武天皇十四年（六八五）から大宝元年（七〇一）の間に書かれたものとされることから、大宝律令の施行以前に「兵士」が存在したことを示す貴重な史料である。

〔参考文献〕

九州歴史資料館編『大宰府政庁跡』吉川弘文館、二〇〇二年。

九州歴史資料館編『特別展　大宰府—その栄華と軌跡—』九州歴史資料館、二〇一〇年。

松川博一「大宰府軍制の特質と展開—大宰府常備軍を中心に—」『九州歴史資料館論集』三七、二〇一二年。

髙橋学「国分松本遺跡出土の木簡」『都府楼』四四号、二〇一二年。

鎮護国家の寺・観世音寺

高倉　洋彰

1　観世音寺式伽藍配置をとる寺院

観世音寺の堂塔は一塔一金堂型式で、回廊内の西に東面する金堂と東に塔を配し、そのふたつが向きあう形をとる点に特徴があり、観世音寺式伽藍配置（図1）とよばれている。[1]古代の寺院の伽藍配置は、中世以降のそれとは異なり、多様ではありながらいくつかのパ

（1）　一塔一金堂式のなかでも西側に置かれた金堂が東面する特徴がある観世音寺式伽藍配置は、一塔三金堂式の飛鳥寺式伽藍配置、それを一塔二金堂式に簡略化した川原寺式伽藍配置をさらに簡略化した伽藍配置と考えられている。

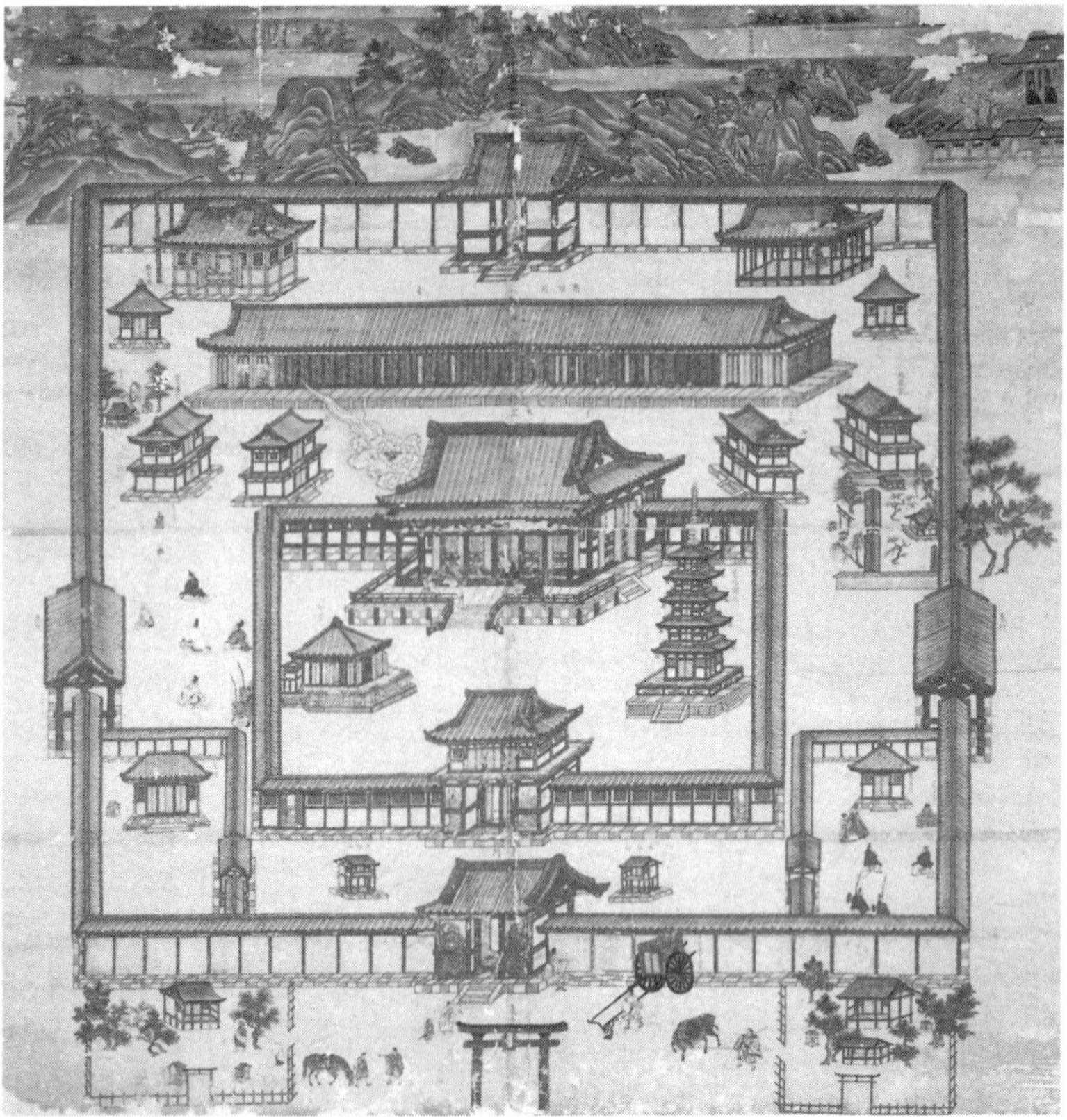

図1　観世音寺伽藍絵図

縦165.2cm、横161.9cm。軸木の墨書から、大永6年（1526）の制作だと考えられているが、描かれた伽藍の姿は調査成果によく合致しており、古絵図を写した可能性が考えられる。

ターンにまとめられ、飛鳥寺式伽藍配置や川原寺式伽藍配置のようにそれぞれのパターンの伽藍配置にまとめられている。ただ、飛鳥寺式伽藍配置や川原寺式伽藍配置が飛鳥寺および川原寺の一寺に限られるのに対し、観世音寺式・法隆寺式・法起寺式・薬師寺式・四天王寺式の各伽藍配置は各地の寺院にみられる。しかしながらパターンを共通させる因子が何であるのかは解明されていない。ただ例外的に、川原寺式の簡略形とされる観世音寺式伽藍配置（図２）だけは官寺特有の伽藍配置として知られている。

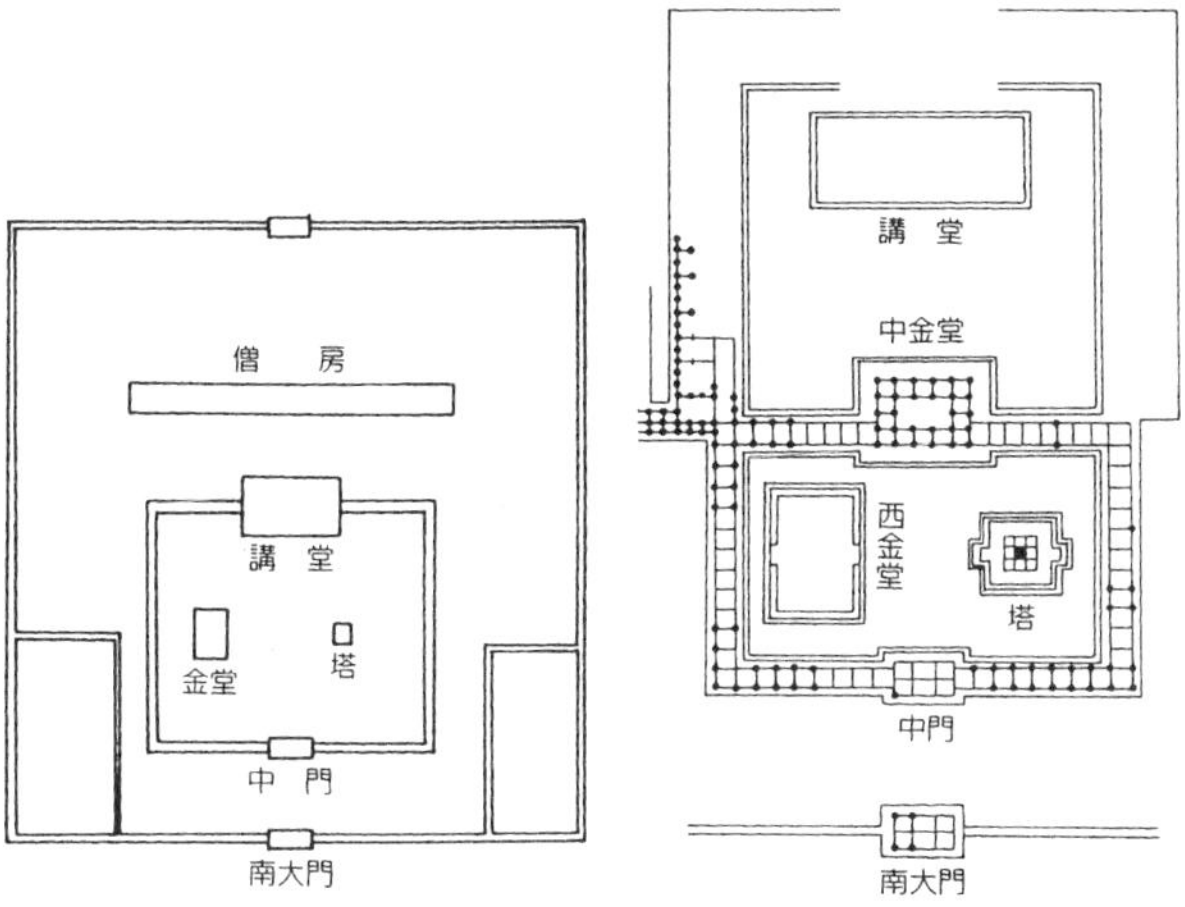

図2　観世音寺式伽藍配置（左）と川原寺式伽藍配置（右）

　観世音寺式伽藍配置は福岡県太宰府市の観世音寺を標式とする。その観世音寺式伽藍配置をとる寺院が宮城県多賀城市の多賀城廃寺にみられ、両寺が大宰府と多賀城という都を境に日本列島の東西端に置かれた重要官衙に付属する寺院であることが官寺特有の伽藍配置という評価を生み、近年多賀城廃寺の寺名も観世音寺であった可能性が強くなってきたこと(2)などもあって、鎮護国家の伽藍配置としての評価が定まってきている(3)。

　現在、観世音寺式伽藍配置をとる、あるいは推定される古代寺院として次の一五寺

（２）　須田勉「古代地方行政機関の整備と画期―初期長屋王政権の対地方政策をめぐって」『日本考古学』一五号、日本考古学協会、二〇〇三年で須田氏は、山王遺跡から出土した「観音寺」銘墨書土器を根拠に、「多賀城廃寺は筑紫観世音寺に対する陸奥観世音寺なのである」とし、前身の郡山廃寺もまた陸奥観世音寺としている。大宰府観世音寺は筑紫観世音寺と表現されることが多く、私は平城京の薬師寺に対して下野薬師寺というように平城京に所在する観世音寺に対しての筑紫観世音寺と考えていたが、須田氏のご指摘のように日本の東西端にある観世音寺の分別としての陸奥観世音寺と筑紫観世音寺であろう。

（３）　菱田哲郎「古代日本における仏教の普及」『考古学研究』二五巻三号、考古学研究会、二〇〇五年、高倉洋彰・貞清世里「鎮護国家の伽藍配置」『日本考古学』三〇号、日本考古学協会、二〇一〇年

が知られている。[4] 東からみると、

①　秋田県秋田市鵜ノ木　　秋田城付属Ⅰ・Ⅱ期寺院
②　山形県酒田市堂の前　　堂の前廃寺（出羽四天王寺）
③　宮城県多賀城市高崎　　多賀城廃寺（陸奥観世音寺）
④　宮城県仙台市太白区郡山　　郡山廃寺（陸奥観世音寺）
⑤　福島県いわき市平下大越　　夏井廃寺
⑥　滋賀県大津市穴太　　穴太廃寺（後期穴太廃寺創建寺院）
⑦　滋賀県大津市滋賀里　　崇福寺
⑧　和歌山県日高郡日高川町鐘巻　　道成寺
⑨　鳥取県倉吉市駄経寺町　　大御堂廃寺
⑩　岡山県真庭市上水田　　英賀廃寺
⑪　広島県府中市元町　　伝吉田寺
⑫　福岡県京都郡みやこ町　　上坂廃寺
⑬　福岡県太宰府市観世音寺　　観世音寺（筑紫観世音寺）
⑭　熊本県熊本市陳内　　陳内廃寺
⑮　鹿児島県薩摩川内市国分寺町　　薩摩国分寺

になる（図3）。

これらの寺院の多くは七世紀代に創建されている。もっとも古期に位置付けられるのは崇福寺⑦で、天智天皇が近江大津京に遷都した六六七年の翌年の創建と考えられている。白村江の敗戦にともない列島内部の軍事基地化のなかでの遷都であることや、天智天皇が

（4）　高倉・貞清註（3）論文

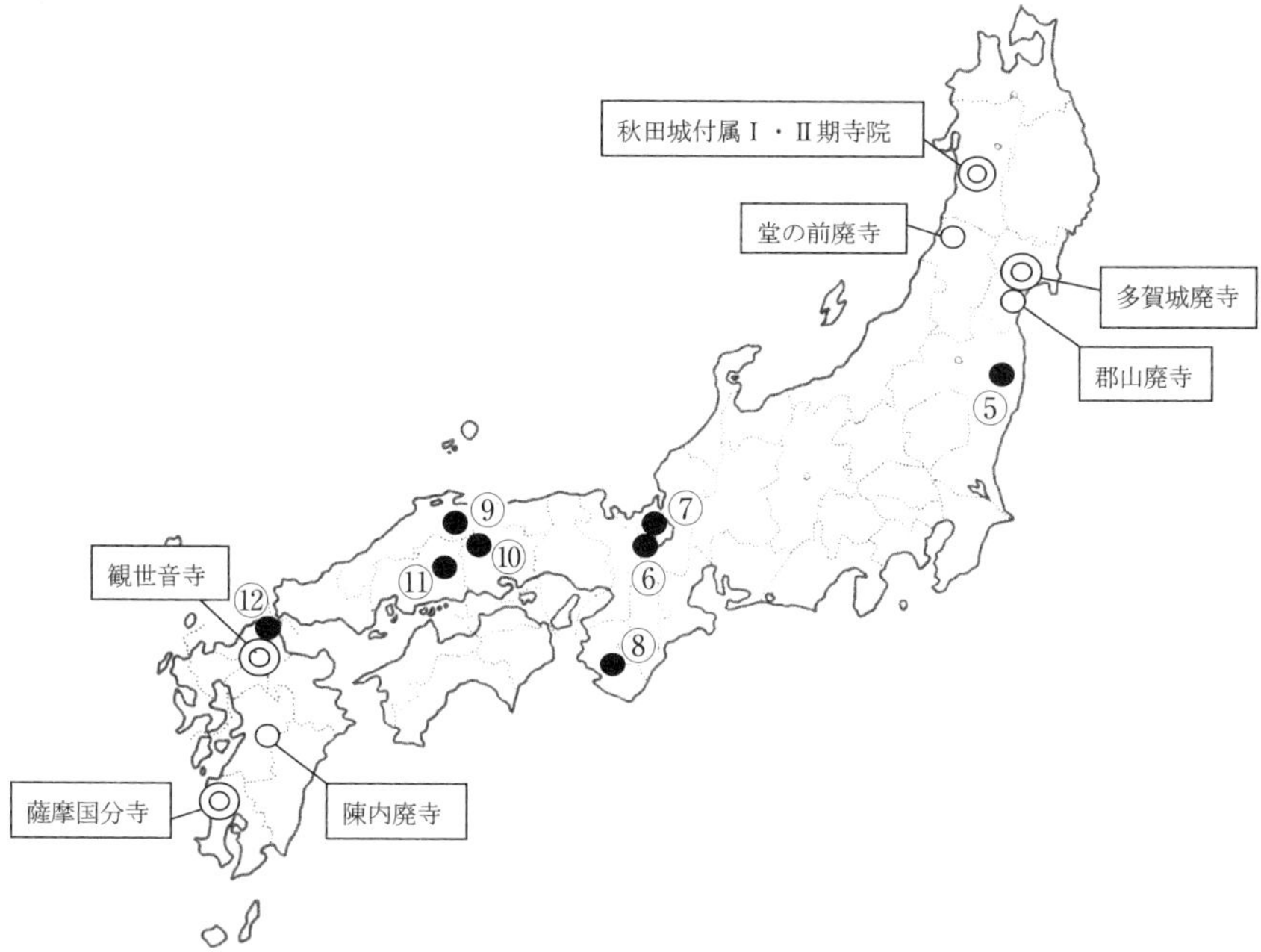

図3　國の拠点に配された観世音寺式伽藍配置の寺院（◎は東西南北端を守護する寺院、○はその前身または後身）

母帝の斉明天皇の追福のために大慈大悲で衆生を救う観世音菩薩の名前を冠する観世音寺を発願したものの、建設途中でその性格に鎮護国家の寺院としての役割が加わり、それにともなって観世音菩薩のなかでも剣と羂索で辟邪するいわば武闘派の不空羂索観世音菩薩へと本尊に変更があったため完成（供養）が遅れた[5]ことからすれば、崇福寺⑦さらに穴太廃寺（後期穴太廃寺創建寺院）⑥の大津京での建立が仏法による王城守護であることは明らかとなる。

そこで図3をみると、

（5）　錦織亮介「観世音寺と不空羂索観音菩薩像」『仏教芸術』一〇八号、毎日新聞社、一九七六年

観世音寺式伽藍配置をとる寺院は近江大津京とともに、日本列島の東西端である東北（郡山廃寺④・夏井廃寺⑤）と九州（観世音寺⑬・上坂廃寺⑫・陳内廃寺⑭）、そして中国地方（大御堂廃寺⑨・英賀廃寺⑩・伝吉田寺⑪）に分布していることがわかるが、それは意味があることであろう。

2　分布の特徴と意味

まず東端の様相をみておこう。東北で最初に建立される観世音寺式伽藍配置の寺院は郡山廃寺④である。郡山廃寺は、蝦夷対策前線基地である多賀城の前身の多賀柵（陸奥国府）と考えられる郡山遺跡のⅡ期官衙に付属している。Ⅱ期官衙の政庁正殿北側の池は蝦夷の服属儀礼に使用されたと考えられているように、軍事施設であると同時に行政機能をもつ官衙である郡山遺跡に付属していたことは、郡山廃寺が蝦夷を仏教によって教化し、武運長久などの軍事行動の安全を祈念する役割を果たしていたと考えてよい。多賀柵は後に多賀城へと移転拡大していくが、東北の城柵の中心であり、そこへの付属から郡山廃寺は鎮護国家のための寺院であったといえる。移転後の多賀城廃寺③が同じ性格をもったであろうことは、寺号が大宰府の付属寺院と同じ観世音寺であったことから明らかである。ただ、磐城郡衙付属寺院である夏井廃寺⑤に同じ性格を求めることは難しい。

西端の九州では七世紀代に観世音寺⑬・上坂廃寺⑫・陳内廃寺⑭、そして中国地方にも大御堂廃寺⑨・英賀廃寺⑩が近江大津京の寺院とほぼ同じ時期に創建される。

観世音寺の性格は前述したが、西海道（九州）の内政を統括するとともに、古代日本の外交の前面に立った大宰府に付属する寺院であった。大宰府の現在地への移転は白村江の敗戦を契機としており、そのため大宰府は周囲を大野城・水城・基肄城、さらにその外周を対馬の金田城から肥後の鞠智城にいたる諸城で防衛する軍事拠点でもあった。そして東北をモデルとするように、隼人対策前線基地ともいえる鞠智城とはやや距離があるものの陳内廃寺が建立されていて、対隼人政策の仏教的拠点であったと推測できる。

同様の視点で中国地方をみると、英賀廃寺⑩や伝吉田寺⑪の周辺には茨城・常城・鬼ノ城などの古代山城が分布する。しかもここには吉備大宰（総領）が置かれていた。西日本地域の古代山城は総領（大宰）が管轄したといわれており[6]、そこに観世音寺式伽藍配置の寺院が置かれたことは、これら中国地方の諸寺も崇福寺や郡山廃寺・観世音寺・陳内廃寺と同様の性格をもっていたことをうかがわせている。

八世紀代に建立された寺院も同様である。七二四年の多賀城設置に先立って郡山廃寺が移転した多賀城廃寺（陸奥観世音寺）③は論証するまでもない。ほぼ同時期の七三三年に出羽柵が北進して築城された秋田城に付属する秋田城付属Ⅰ期寺院①は日本海側において多賀城と同じ蝦夷対策前線基地の役割を果たしている。その付属寺院が観世音寺式伽藍配置をとることの意味は大きい。

九州では、陳内廃寺⑭が南進し、八世紀後半〜末に隼人と直接対峙する位置に、薩摩国分寺⑮が創建される。こうした郡山廃寺から多賀城廃寺への北進、陳内廃寺から薩摩国分寺への南進は蝦夷・隼人を追い詰めていく様相を示している。ところが、秋田城付属Ⅰ・Ⅱ期寺院は八〇七年に山形県酒田市の堂の前廃寺②に南下する。これは先に出羽柵から秋

（6）森田悌「総領制について」『金沢大学教育学部紀要』四〇号、金沢大学、一九九一年、白石成二「古代総領制をめぐる諸問題―伊予総領を中心に―」『ソーシアル・リサーチ』一五号、ソーシアル・リサーチ研究会、一九九二年

田城への北進があることから、その出羽柵付属寺院が解明されていないことの反映である。

3　東西南北端の要衝守護

観世音寺式伽藍配置が日本列島の東西南北端の拠点に設置された可能性をはじめに指摘したのは菱田哲郎氏で、「国家の領域を強く意識」しつつ、日本列島の「東西南北の要衝に布教の拠点」として置かれたことを指摘されている(7)。しかし観世音寺式伽藍配置をとる寺院の例を検討すると、布教はもちろんであろうが、述べてきたように軍事的拠点で行政機構に付属する寺院としての性格をうかがうことができる。

大宰府のもとで九州の僧統を管轄した観世音寺は、宗教・文化の面において大宰府の機能を補完していた。その最高位者である講師・読師の権威は寺内にとどまらず、西海道（九州）管内の国衙で宗教行政を掌った諸国の講師・読師を統轄するなど、『延喜式』に「凡大宰観音寺講読師者、預知管内諸国講読師所申之政」とあるように九州の仏教界そのものの統轄であった。大宰府との関係からすれば、慈悲の功徳を連想させる寺名にもかかわらず、仏法において国家を鎮護する重責を担っていた。

ところで養老律令職員令に大宰府の長官である帥の職掌が定められているが、「祠社・戸口籍帳」から「僧尼名簿」までは諸国の国守と同じで、「蕃客・帰化・饗讌事」が特記されている。同様の特記を職員令でみると、陸奥・出羽・越後の国守に「其陸奥・出羽・越後等国、兼知饗給・征討・斥候」、壱岐・対馬・日向・薩摩・大隅の諸国守にも「惣知

(7)　菱田註(3)論文で、菱田哲郎氏は観世音寺式伽藍配置の寺院が日本列島の「東西南北の要衝に布教の拠点」として置かれた可能性を示唆されている。そして具体的に東端を宮城県多賀城市の多賀城廃寺（観世音寺・観音寺）、西端を福岡県太宰府市の観世音寺、南端を和歌山県和歌山市の道成寺、北端を鳥取県倉吉市の大御堂廃寺である可能性があるとされている。

鎮捍・防守及蕃客・帰化」の責務がある。前者は、蝦夷を帰順させるための食糧と禄の提供（饗給）、緊急時の連絡と軍事行動（征討）、蝦夷の情況を探る間諜の配置（斥候）を責務としている。最前線の陸奥国と出羽国および越後国の三国が蝦夷対策の要地にあったことからである。多賀城と秋田城がその拠点であり、多賀城廃寺と秋田城付属Ⅰ・Ⅱ期寺院に仏法で鎮護国家を果たす責務が求められたことは当然であった。後者には国防（鎮捍・防守）と外交（蕃客・帰化）の責任があった。中国・朝鮮に対峙する壱岐国と対馬国には、金田城や烽が置かれていたように、平和時の外交と緊張時の国防は不可欠であった。隼人の居住域と境を接している日向・薩摩・大隅の三国の場合はもちろん隼人対策の前線基地としての役割であった。ただ、蝦夷に対する「征討・斥候」のような直接に軍事行動を示す言葉が無いのは、養老四（七二〇）年に征隼人持節大将軍大伴旅人によって壊滅的な打撃を受けて以降、隼人の多くは朝廷に帰順し、衛門府（後には兵部省）に置かれた隼人司によって統轄されていたからであろう。古代において仏教の普及が進んでいなかった日向・薩摩・大隅三国には、国分寺・国分尼寺以外の寺院はほとんど存在しない。したがって仏法による鎮護国家を担う寺院は「金光明四天王護国之寺」である国分寺しかなく、鎮護国家の役割を薩摩国分寺が果たすことになり、観世音寺式伽藍配置をとったのであろう。したがって伽藍配置の不明な日向国分寺や大隅国分寺にもその可能性がある。(8)

養老律令職員令が定める国防の要衝は、大宰府と多賀城を中心とする日本列島の東西南北端の要衝であった。その骨格は天智天皇によって近江大津京で実践され、飛鳥京・藤原京・平城京・平安京などの首都でも、たとえば平城京羅城門の西に置かれた観世音寺のように果たされている。直接外国あるいは蝦夷・隼人と接触する地域では、蝦夷に対する陸

（8）　観世音寺式伽藍配置をとる寺院のなかで創建がもっとも新しいと考えられるのは、八〇七年ごろの山形県堂の前廃寺だが、この寺は出土土器の墨書銘から出羽四天王寺であると考えられる。同時に、国分寺が金光明四天王護国之寺であることを考えれば、出羽国分寺の別称である可能性も強い。高倉・貞清註（3）論文で指摘しているように、鎮護国家の寺院の性格は観世音寺式伽藍配置の寺院を「四天王寺」を名称とする寺院が補完するようになっており、薩摩国分寺および出羽四天王寺（出羽国分寺）が観世音寺式伽藍配置をとることはこの伽藍配置の寺院として後出することからも補完の連続性を示す例となる。

図4　創建時の不空羂索観世音菩薩塑像関係資料
貞応元年再興木像の胎内に納められていた
塑像心木（上）
再興像の胎内に納められていた
創建塑像の頭部片（右上）
創建時の再利用と推定されている
再興像の頂仏（右下）

奥・出羽・越後三国、主として新羅に対する大宰府および壱岐・対馬の二国、そして隼人に対する日向・薩摩・大隅三国が国防の責務を担っている。そしてそこに観世音寺式伽藍配置をとる寺院が置かれている。

日本列島の東西南北端に配置された政治および軍事の拠点である多賀城・大宰府・薩摩国・秋田城には宗教政策の面で行政府と一体となって機能する多賀城廃寺（陸奥観世音寺、前身郡山廃寺）、観世音寺、薩摩国分寺（前身陳内廃寺）、秋田城付属Ⅰ・Ⅱ期寺院（前身出羽柵付属寺院?、後身堂の前廃寺）が付属している。それらはいずれも観世音寺式伽藍配置をとるという共通項と、隼人・蝦夷を含む外敵から仏法で日本を守護する鎮護国家の寺院であるという共通項をもっている。なお、鎮護国家の寺院と考え得る寺院であっても、観世音寺を除いて寺号すらつたわらない「廃寺」であるため、本尊が明らかでない。しかしその共通した性格や多賀城廃寺の寺号が観世音寺である可能性が強いことなどを考え合わせると、鎮護国家思想を体現する観世音菩薩として観世音寺の本尊とされた不空羂索観世音菩薩が、観世音寺式伽藍配置をとる諸寺にも安置された可能性が強いことを指摘しておこう。その他の観世音寺式伽藍配置の寺院のすべてがそうというわけではないが、大宰（総領）との関連をうかがいうる諸寺にも、地域を鎮護し安寧を願う性格を考えることはできよう。

観世音寺式伽藍配置の特徴は以上のように総括できる。これが官寺特有の伽藍配置とされてきた内容であり、道成寺を除いて、郡衙クラスの付属寺院を含め、まさに官寺の伽藍配置である。このように日本列島の東西端にあっても伽藍配置の共通性に重要な意味があること、換言すれば伽藍配置のパターンには共通する意味があることが明らかになり、証明できないが本尊の共通性までも見通せるようになっている。このことは他のパターン、つまり法隆寺式・法起寺式・薬師寺式・四天王寺式の各伽藍配置にも何らかの共通項がある可能性を示唆していることを指摘しておきたい。

観世音寺鐘楼

column

絵解き　観世音寺絵図

松川　博一

観世音寺には、西海道随一の古刹としての威容と歴史を物語る古絵図が伝えられている。その絵図は、縦一六二・一センチメートル、横一六四・三センチメートルの大画面に、講堂を中心として金堂・五重塔・僧坊などの堂塔を配し、随所に同寺の由緒や故事が描き込まれており、伽藍図に加え縁起絵的な側面も持ち合わせている。旧軸木の書付によると、大永六年（一五二六）に旧絵図を写したものとされる。これまでの発掘調査の成果や延喜五年（九〇五）の観世音寺資財帳（国宝、東京芸術大学所蔵）の記述と符合することから、旧絵図の制作年代は、平安時代まで遡る可能性が高いと指摘されている。

まず、この絵図の中で最初に目を引くのは、中央に描かれた講堂である（52頁参照）。堂内には金色の仏像が安置され、その前には正装した官人が端座する。この場面は、観世音寺の落慶法要を描いたものと考えられている。観世音寺の落慶法要は、天平十八年（七四六）、玄昉《げんぼう》を導師として行われた。ところが、玄昉はその日に怪死を遂げ、人々は彼を排除しようとして敗死した藤原広嗣《ふじわらのひろつぐ》の怨霊の仕業と噂した。その法要が行われている講堂の上空には、西から飛来する雲が描かれている。その白い霊雲が運ぶ箱は、九州で亡くなった斉明天皇の菩提を弔うために天智天皇が発願した寺であることを考えれば、斉明天皇の亡骸を納めた棺とみるべきであろう。

次に右下の一画に目を転じると、護摩堂の前に天智天皇と唐服の人物が描かれている（図1）。斉明天皇が百済《くだら》救援のため西下したことから、唐服の人物は、百済の高官と考えられよう。金堂中尊の金銅阿弥陀如来像をはじめとした寺宝については、平安時代末より、すでに百済からの献上品と伝えられ、百済との縁が深いことが強調されている。唐服の人物は、百済の義慈王の王子として来日した余豊璋《よほうしょう》であろうか。

図1　護摩堂の場面（天智天皇と余豊璋カ）

図2　西門の場面（筥崎宮縁起）

　実はこの絵図には、観世音寺以外にもうひとつの創建縁起が盛り込まれている。それは西門の場面であり、「天智天皇」と朱書きされた童子の前に高官と僧侶が描かれる（図2）。筥崎宮縁起によると、延喜二十一年（九二一）、観世音寺の西大門で八幡神の若宮一の御子が七歳の橘慈子という少女に憑依し、同寺講師の遺一と大宰少弐の藤原真材を呼ぶように伝え、その二人に穂波郡にあった大分宮を筥崎松原へ遷すように託宣を下したという。これが今日の筥崎宮である。

　この絵図は、旧軸木の書付から大永六年に旧絵図を写したものとされる。同年、太宰府天満宮が筑前を支配する大内氏に社殿造立のための徳政を求めている。文明十二年（一四八〇）に大内氏の保護の下で筑紫を旅した連歌師の飯尾宗祇は、観世音寺の当時の状態について、「諸堂塔婆回廊皆跡もなく、名のみぞ昔のかたみとは見え侍る」と記しており、その荒廃ぶりがうかがえる。そのような状況の中で、本絵図は、観世音寺が大内義興《おおうちよしおき》に対して、伽藍復興を訴えて作った絵図である可能性が高い。そうであれば、百済王の後裔を名乗る大内氏に対して観世音寺と百済との関係を強調し、大内氏の歴代当主が崇敬する筥崎宮の創建縁起を本絵図に盛り込んだ意図も明らかになる。

その後、江戸時代の寛永年間、福岡藩による観世音寺復興の気運が高まり、この絵図は、江戸にいる藩主黒田忠之の元に運ばれ、往古のように観世音寺を再建すべくお伺いが立てられ、了承されている。その折には、観世音寺が勅願寺であることが何よりも強調されている。この時に本来、筥崎宮縁起に登場する「橘慈子」を表す童女に対して、観世音寺の発願者である「天智天皇」との朱書きの説明が付されたと考えられる。しかし、この観世音寺復興計画は、藩主忠之の死去により、頓挫することになる。

本絵図は、大宰府の庇護の下で繁栄を誇った盛時の観世音寺の寺容を伝えるとともに、絵図に描き込まれた縁起や伝承により、史料だけでは知り得ない観世音寺の歴史を私たちに語ってくれている。

〔参考文献〕
後藤新治「観世音寺絵図小考（上）・（下）」『西日本文化』九五・九六号、一九七三年。
岩鼻道明「大宰府観世音寺絵図考」『月刊百科』三二五、一九八九年。
松川博一「観世音寺絵図考」（九州歴史資料館編『観世音寺―考察編―』吉川弘文館、二〇〇七年）。

第2部

大宰府の文華

梅花の交わり
―大宰帥大伴旅人をめぐって―

森　弘子

1　綾杉と梅花と

いざ子ども香椎《かしひ》の潟《かた》に白妙の袖さへぬれて朝菜摘みてむ　帥大伴卿（巻六―九五七）[1]

時つ風吹くべくなりぬ香椎潟潮干の浦に玉藻刈りてな　大弐小野老《おゆ》[2]朝臣（巻六―九五八）

行《ゆ》き帰り常にわが見し香椎潟明日《あす》ゆ後には見む縁《よし》もなし　豊前守宇努首男人《うぬのおびとをひと》（巻六―九五九）

（1）巻六は『万葉集』の巻番号、九五七は『国歌大観』による歌番号を表す。以下同じ。

（2）大弐小野老とあるがこの時は少弐であった。

神亀五年（七二八）冬十一月、大宰帥大伴旅人は大宰府の官人、管内諸国の国司・郡司等を率い、六日の夜を徹して行われた香椎廟宮の祭儀に臨んだ。早朝、一行は香椎潟に出、沖に浮かぶ御島《みしま》神社の神前に供える海藻を摘んだ。神功皇后伝説にまつわる聖地「御島」。広々とした干潟に時津風が吹き、白妙の袖が翻る。風は冷たく肌を刺すほどであったろうが、三人の歌はあくまでも清々しく気宇壮大である。

香椎潟の向こうにひろがる玄界灘。その向こうの半島・大陸に対峙する戦いの女神「神功皇后」の廟が建てられたのは神亀元年（七二四）のこと。創建間もない香椎廟に、赴任後初めて旅人は参拝したのである。香椎廟の祭事のうち、二月六日の正忌祭《しょうきさい》と十一月六日の祭事には大宰府の官人と管内諸国の国司・郡司が参拝することになっていた。十一月は綾杉の一枝、二月には梅の一枝を冠に挿頭《かざ》して。

綾杉は、神功皇后が凱旋後、三種の武具（剣・鉾・鉄杖）を埋めた上に刺した杉の一枝が大きく成長したという香椎宮の神木で、「武」の象徴とされる。梅は唐よりもたらされた「文」の象徴の木である。そうした樹木の霊力を身に憑かせ「まつりごと」をしたのである。

半島、大陸と一衣帯水の地にある大宰府。彼の地の人や文物に恩恵を受けることも多大であった反面、彼の地に対して常に防備を固めることも重要な課題であった。水城《みずき》、大野城、椽城《きいじょう》などの防衛施設を築き、宗教的防備の施設として寺社が整備された。

大伴氏は金村《かなむら》以来代々、外交・軍事をもって朝廷に仕えてきた氏族である。金村の子で、宣化天皇二年（五三七）、朝鮮半島に出兵し帰らぬ人となった狭手彦《さでひこ》と、肥前松浦の長者の娘「佐用比売《さよひめ》」の悲恋はやがて伝説となった。それを題材に山上憶良は「遠つ人松浦《まつら》佐用比売夫恋《つまごい》に領巾《ひれ》ふりしより負へる山の名」（巻五―八七一）以下の歌を旅人に進呈している。(3)旅人の子家持の「海ゆかば」（巻十八―四一一九）は軍歌にも採られ、今日なおよく知られているが、これは天皇の親兵たる大伴家の誓いを歌ったものである。旅人自身、大宰帥に任命される以前、養老四年（七二〇）三月、征隼人《せいはやと》持節《じせつ》大将軍に任じられ現地に赴いている。

大宰府の長官「帥」の称号は、元来「軍を統べるもの」という意味である。しかし大宰府の長官に任じられる人はそればかりでなく、海外の文化に精通し外交に長けた人物でもあらねばならなかった。大伴旅人は、中国文学の素養が豊かな人として知られる。綾杉よりも梅が似合う人であった。

（3）　大伴旅人等は天平二年（七三〇）松浦地方を巡行した。この旅に同行できなかった山上憶良が、その巡行のコースにあった松浦川を題材に旅人がつくった「松浦川に遊ぶ序と十一首の歌」を見せられ、それに返歌したもの。題詞に「天平二年七月十一日　筑前国司山上憶良謹みて上る」とある。旅人の歌は唐の張文成の小説『遊仙窟』や『文選』の神仙の物語、神功皇后の垂綸石伝説などを織り交ぜて構成した劇歌といわれる。

2　梅花の宴

それを象徴する出来事が、天平二年（七三〇）正月十三日、大宰帥大伴旅人が自邸に大宰府の官人と大宰府管内諸国の役人を招いて催した「梅花の宴」である。

『万葉集』に梅の花を詠んだ歌は一一九首あり、萩の一四一首についで多い。秋、身近な山野にひっそりと咲き、風に身をまかせ枝を揺らし、小さな花をはらはらと散らせる萩は、日本人の感性にあっているのであろう。旅人も亡妻を偲んで、萩の花にこと寄せた歌をのこしている。

わが岡にさ男鹿《おしか》来鳴《きな》く初萩の花嬬問《づまと》ひに来鳴くさ男鹿（巻八―一五四一）

わが岡の秋萩の花風をいたみ散るべくなりぬ見む人もがも（巻八―一五四二）

一方、梅を愛でることができた人は、当時ごく限られた人だけであった。実際、梅の花が詠まれた場所は、ほとんど奈良の都と大宰府に限られる。梅は当時中国からもたらされたばかりの珍しい花。梅花の宴でも大判事の丹氏麿などは「人毎に折り挿頭《かざ》しつつ遊べども　いやめづらしき梅の花かも」と詠っている。当時としてはめずらしい花ながら、春に魁《さきが》け寒中に凛と咲く姿は日本人にとって好ましいものであったし、その上、唐で学問・文化のシンボルの花とされたということであれば、競って詩歌の題材にされるのも当然のことであった。

写真1　梅花の宴（製作者 山村延燁、財団法人古都大宰府保存協会蔵）

「梅花の宴」は『万葉集』のなかでも際だった出来事として、古来多くの研究がなされ、様々なことがいわれている。すでに江戸初期、国学者・契沖《けいちゅう》は『万葉代匠記《まんようだいしょうき》』に、四六駢儷体《しろくべんれいたい》で書かれた流麗な序文が、王羲之《おうぎし》の「蘭亭集序《らんていしゅうじょ》」を真似たものであることを指摘している。旅人は単に王羲之の序文を真似たばかりでなく、この宴を催したこと自体、三五三年に杭州紹興県《しょうこうけん》の蘭亭において四一人の文人が集った曲水宴の風雅を、日本において実現させようとしたのである。旅人は老荘思想に傾倒し、「松浦川《まつらがわ》仙媛《せんえん》の歌」や「酒を讃《ほ》むる歌十三首」などに見られるように、憂き世を離れた境地、神仙境や竹林の七賢人に憧れていた。王羲之の曲水宴もまた、世俗の塵を離れひと時の遊興に浸る隠逸《いんいつ》の境地なのであった。
当時、都では藤原氏が台頭し、古来の名族であった大伴氏の勢力には翳りが見え始めていた。旅人が辺境の地「大宰府」に赴任した後、都で親しく交わった長屋王は無実の罪を着せられ自害に追い込まれた。旅人がこの世を憂き世と思い定めたことも宜なるかな。梅花の宴に参宴した人の中には、山上憶良など長屋王の作宝楼《さほうろう》の詩作のサロンに通っていた人たちも数人いる。梅花の宴が、長屋王への追懐の想いを込めて開催されたとも言われる所以である。

では、曲水宴につきものの桃ではなく、旅人はなぜ梅をテーマにしたのか。中西進氏は中国の楽府詩の中にある辺境の望郷詩「梅花落《ばいからく》」を真似、散る梅に辺境にある我が身を重ね、その哀しみを大宰府にいる心通わせる友と分かち合おうとしたのだと指摘されている[4]。

梅花の宴の歌は、それ以前の宴の歌とは趣を異にしている。古来の宴歌は、宴の興がのってきたところで自然に発したものであったが、梅花の宴は、初めから歌を詠むための宴として催され、記録されたのである。平安朝以降、歌詠みのための宴が年中行事化し、宮中をはじめ民間でも盛んに行われたが、梅花の宴こそは、その先鞭をつけたでき事であった。

序文+三十二首の和歌+追和歌《ついわか》。こうした構成は中国の影響を受けている。序文と追詩を備えた詩宴のスタイルは初唐詩に発するが、この形式をまねて日本で行い、しかもそれを漢詩ではなく和歌で行ったのである。これを可能にしたのは海外文化摂取の窓口である大宰府に、彼の地の文化に精通し、また優れた歌詠みでもあった大宰帥・大伴旅人、筑前守・山上憶良、大宰少弐・小野老、造観世音寺別当・沙弥満誓《しょみのまんせい》、大監《だいげん》・大伴百代《おおとものももよ》、筑後守・

(4) 中西進「万葉　梅花の宴」『都府楼』十三号　(財)古都大宰府を守る会　一九九二年

葛井連大成《ふじいのむらじおおなり》等、この時、この場に居合わせた人々があったからこそである。近代になって、彼らは「万葉筑紫歌壇」と称されるようになった。

3　筑紫歌壇の人々

梅花の宴では主人《あるじ》（大伴旅人）の歌は八番目に詠まれている。旅人より前に歌を詠んだ人は五位以上の人で賓客、後に歌を詠んだ人たちは、相伴役、陪席者と考えられている。

　正月《むつき》立ち春の来たらば斯《か》くしこそ梅を招《お》きつつ楽しき終《お》へめ（巻五―八一五）

宴は大弐紀卿《だいにきのきょう》（紀男人《きのおびと》カ）の歌で始まった。この歌は、奈良時代頃から宮中で演奏された琴歌を集めた『琴歌譜《きんかふ》』の「新《あらた》しき年のはじめにかくしこそ千歳《ちとせ》をかねて楽しきをへめ」に似ている。この宴は琴の演奏に乗せて始められたというイメージも膨らんでくる。

次に少弐・小野老が詠っている。小野老の「あおによし寧楽《なら》の京師《みやこ》は咲く花のにほふがごとく今盛りなり」（巻三―三二八）という歌は教科書にも載るほど有名な歌で、犬養孝《いぬかいたかし》氏筆の歌碑が大宰府政庁跡に建てられている。なぜならこの歌は大宰府でつくられた奈良の都への望郷歌であるからだ。冒頭の香椎潟の歌は、少弐として赴任してはじめて香椎廟を拝《おろが》み奉《まつ》った時の歌である。小野氏は小野妹子以来、「外交」で朝廷に仕えた。老は天平元年（七二九）三月従五位上に叙せられ、後に大弐となり天平九年（七三七）大宰府で亡くなった。

　梅の花今盛りなり思ふどち挿頭《かざし》にしてな今盛りなり（巻五―八二〇）

写真2　小野老「あおによし」の万葉歌碑

華やかな宴の様子を歌った筑後守・葛井連大成も旅人との面会に心躍らせ、筑後国から足繁く大宰府に通った一人だった。旅人の上京に際して、これからは旅人のいない大宰府へ通うことが、どんなにか淋しくなるだろうと一首の歌を作っている。

今よりは城《き》の山道は不楽《さぶ》しけむわが通はむと思ひしものを（巻四―五七六）

葛井連大成の次に歌を詠んでいる沙弥満誓は、俗名笠朝臣麻呂《かさのあそみまろ》。美濃守、尾張守などを歴任し、木曽路を開いたり、養老の滝を喧伝するなどの功があった。養老改元の際、従四位上に叙せられ、按察使《あぜち》が置かれるとこれに任ぜられ、尾張・参河《みかわ》・信濃三国を管し、さらに右大弁に任じられるなど、有能な官吏であったが、養老五年（七二一）太上天皇の不予《ふよ》に際し出家した。同七年、なかなか進まない観世音寺の建立の完成に向けて、勅を奉じ造観世音寺別当として大宰府に赴任した。大弐紀卿よりも官位も高く、いまや出家の身であれば、身分を抜きにもっとも親しく旅人と交わることができた人物とも言えよう。旅人が京に上《のぼ》った後、二首の歌を贈っている。

まそ鏡見飽《みあ》かぬ君に後《おく》れてや朝夕《あさなゆうな》にさびつつ居《お》らむ（巻四―五七二）

ぬばたまの黒髪変り白髪《しらけ》ても痛き恋には会う時ありけり（巻四―五七三）

これに応え旅人は

ここにありて筑紫や何處《いづく》白雲のたなびく山の方にしあるらし（巻四―五七四）

草香江の入江に求食《あさ》る葦鶴《あしたづ》のあなたづたづし友無しにして（巻四―五七五）

大宰府では、「沫雪《あわゆき》のほどろほどろに降りしかば平城《なら》の京《みやこ》し思ほゆるかも」（巻八―一六三九）など、ふるさと奈良の都を想い、数々の望郷の歌を詠った旅人であったが、その平城の京にかえれば、大宰府の地、残してきた友への想いも、また望郷へと変わったの

写真3　政庁跡月山の紅梅白梅

である。

4　旅人と憶良

旅人と親しく交わり歌を交わした人はまだまだいるが、その代表格は何と言っても山上憶良である。旅人と憶良は、対照的な二人でありながら、心通わせた仲であった。この二人の大宰府での邂逅こそが「筑紫万葉の世界を創った」と云っても過言ではないだろう。梅花の宴での歌も旅人と憶良の詠は対照的である。

わが園に梅の花散るひさかたの天《あめ》より雪の流れ来るかも　（巻五―八二二）

写真4　大伴旅人「わが苑に」の万葉歌碑

写真5　山上憶良「春されば」の万葉歌碑

春さればまづ咲く宿の梅の花独《ひと》り見つつや春日《はるひ》暮《くら》さむ　（巻五―八一八）

「風花《かざはな》」という言葉もあるが、折からの風に白梅の舞い散る様を、天空から流れ来る雪にたとえる美意識。情感溢れる旅人の歌に対して、憶良の歌はあくまでも人事が主題である。

憶良の歌には原風景がないといわれる。また漢詩文がうまいこともあって憶良渡来人説は根強い。憶良の父は百済から亡命した侍医憶仁で、憶良も幼少期に百済滅亡の戦いを見ていたともいわれる。大宝元（七〇一）年、遣唐少録に任じられた。この時の遣唐大使は粟田真人《あわたのまひと》、Ⅱ期大宰府の造営にも深く関わったと考えられている。和銅七年（七一四）五五歳にしてようやく従五位下に昇り、二年後伯耆守に、養老五年（七二一）には、首《おびと》皇子（後の聖武天皇）の東宮侍講《とうぐうじこう》の一人に任命された。そして神亀二年（七二五）筑前守に任じられ、翌年筑前国へ赴任した時には六七歳になっていた。

その翌年の冬、あるいは次の年の春、大伴旅人が大宰帥として赴任してきた。赴任間もなく、旅人は妻大伴郎女《おおとものいらつめ》を亡くした。石上堅魚《いそのかみのかつお》等、都からの弔問に報《こた》えた旅人は「禍故重畳《かこちょうじょう》し、凶問累積す…」と長歌を作り、その反歌として

世の中は空しきものと知る時しいよよますます悲しかりけり（巻五―七九三）

と詠じた。「世間虚仮《せけんこけ》」という仏教思想を織り込んだ絶唱は、万葉集中でも屈指の名作とされ、この歌に添えられた左註もまた、いかに旅人が仏教にも精通していたかを示すものである。この歌を目にした憶良は、深く感ずるものあり、旅人の妻を悼む「日本挽歌」をつくり、神亀五年七月二十一日に旅人に上《たてまつ》った。

「大君の　遠の朝廷《みかど》と　しらぬひ筑紫の国に　泣く子なす　慕ひ来まして」に始まる長歌に五首の反歌が添えられている。反歌のうち

妹が見し棟《あふち》の花は散りぬべしわが泣く涙いまだ干なくに（巻五―七九八）

大野山霧立ち渡るわが嘆く息嘯《おきそ》の風に霧立ちわたる（巻五―七九九）

は、今も同じような情感、同じような情景に触れることができる歌として、太宰府の人々に愛唱されている。

「日本挽歌」を奉ったと同じ日付で、憶良は嘉摩郡役所において「惑《まど》へる情《こころ》を反《かへ》さしむる歌」「子等を思ふ歌」「世間《よのなか》の住《とどま》り難きを哀《かな》しぶる歌」からなる嘉摩《かま》三部作を撰定している。これらは主題に、それぞれ「惑」「愛」「無常」を詠っている。ことに「愛」を詠った「子等を思ふ歌」は、集中、もっともよく知られた歌と言っても過言でない。

瓜食《は》めば　子ども思ほゆ　栗食めば　まして偲《しぬ》はゆ　何処《いづく》より　来たりしものそ　眼《まな》交《かひ》に　もとな懸《か》かりて　安眠《やすい》し寝《な》さぬ（巻五―八〇二）

反歌

銀《しろがね》も金《くがね》も玉も何せむに勝《まさ》れる宝子にしかめやも（巻五―八〇三）

旅人は正三位大宰帥、憶良は従五位下筑前守。育ちも身分も大いに異なる二人であった。二人が同じ時、同じ場所にいたのはわずかに二年。しかし、二人の交わりは、単に『万葉集』のみならず、日本文芸史上においても大きな意味を持った。

梅花の宴を開いた年の暮れ、旅人は大納言にすすみ都に帰った。書殿《ふみどの》で行われた送別の宴で、憶良は四首の餞別の歌を贈ったあとに、敢えて私の懐《おもひ》を布《の》べた。

天ざかる鄙《ひな》に五年《いつとせ》住ひつつ都の風習《てぶり》忘らえにけり（巻五―八八〇）

斯《か》くのみや息衝《づ》き居らむあらたまの来経《きへ》往《ゆ》く年の限り知らずて（巻五―八八一）

吾《あ》が主の御霊《みたま》賜ひて春さらば奈良の都に召上《めさ》げ給はね（巻五―八八二）

「貧窮問答歌」や志賀島の荒雄の海難事故を題材にした「志賀の白水郎《あま》の歌」、相撲《すまい》の節《せち》会《え》で都に上る途中若くして亡くなった熊凝《くまこり》を悼む歌などで、庶民派、社会派などといわれる憶良ではあるが、都に帰りたいという想いは、皆と変わらなかったのだろうか。その気持ちを率直に旅人に投げかけている。こうしたことも言えるほどに、二人は親密な仲になっていたのである。

5　二人の女性

梅花の宴には女性は参宴できなかったが、ご馳走が振る舞われ、歌の進行につれて盃がまわる、そうした宴席に娘子《おとめ》児島《こじま》もいたのではなかろうか。児島は遊行女婦《うかれめ》。蘆城《あしき》の駅《うまや》などで度々開かれた宴会に侍り、旅人の寵愛も受けていたであろう。天平二年冬十二月の水城。都に帰る旅人を送る人々の中に児島もいた。

凡《おほ》ならばかもかもせむを恐《かしこ》みと振り痛《いた》き袖を忍びてあるかも（巻六―九六五）

あたりまえならば、ああもこうもしましょうに、貴方は尊いお方だから、痛いほどに振りたい袖をじっとこらえているのです。と詠いかける児島に旅人は

大夫《ますらを》と思へるわれや水くきの水城のうえになみだ拭《のご》はむ（巻六―九六八）

と返す。しかし、大和への道が雲に隠れてしまうと、我慢しきれなくなって思わず振る

袖を無礼と思わないで下さいという児島。それに対して大納言となった大伴卿（旅人）は

倭道《やまとぢ》の吉備の児島を過ぎて行かば筑紫の児島思ほえむかも（巻六―九六七）

二首ずつの送別の相聞は、都から赴任して来る官人を迎え、また任あけて帰る人を見送る、そんな往時の水城のロマンを今に伝えている。

もう一人忘れてならないのが、大伴《おおともの》坂上《さかのうえの》郎女《いらつめ》である。坂上郎女は、旅人の妻が亡くなった後、大伴家の家政を仕切るために都から下った旅人の妹である。坂上郎女は、『万葉集』の中で女性としてはもっとも多い八十四首の歌を残している。旅人の妻が亡くなった時、嫡男家持はまだ十四歳の少年であった。家持・書持《ふみもち》兄弟の養育も郎女の重要な役目であった。郎女の九州関係の歌は十首に足りないが、いよいよ大宰府を離れ上京する時、宗像郡の名児山《なごやま》で次のような歌を詠んでいる。

大汝《おほなむち》　少彦名《すくなびこな》の　神こそは　名づけ始《そ》めけめ　名のみを　名児山《なごやま》と負《お》ひて　わが恋の　千重《ちえ》の一重《ひとへ》も　慰めなくに（巻六―九六三）

前田淑《まえだよし》氏は、額田王の有名な三輪山の歌を例に、「大汝命《おおなむちのみこと》と少彦名の神が協力して国土を形成したという神話に基づき、国生みの時代に思いを馳せながら、筑紫を離れる想いを歌い上げたもの」とされ、さらに「筑紫の地霊に対する鎮魂歌として兄に変わって歌ったものではないか、「恋」の相手は人間ではなく、土地の地霊と考えた方が良い」と述べられている。[5] そういう思いで味わえば、次の九六四番歌「吾が背子《せこ》に恋ふれば苦し暇《いとま》あれば拾ひてゆかむ恋忘れ貝」も、帰京の後に詠んだ「今もかも大城の山に霍公鳥《ほととぎす》鳴き響《とよ》むらむわれ無けれども」（巻八―一四七四）と相俟って、郎女の大宰府に対する想いを垣間見、嬉しくなるのである。

（5）前田淑『大宰府万葉の世界』弦書房　二〇〇七年

6　大宰府は万葉のふるさと

『万葉集』の最終的な編者は大伴家持である。父、大伴旅人を中心に大宰府の地に万葉筑紫歌壇が花開いた頃、家持はまだ十代半ばの少年だった。その家持はこの地で亡くなった母に変わり、情熱的で優れた歌を数多く残した叔母に育てられた。多感な少年時代を過ごした大宰府は、都から遠く離れた鄙の地ながら、海外の文化がいち早くもたらされる特別の地だった。それを象徴する出来事が梅花の宴である。その様は、家持・書持兄弟の心に深く刻まれた。天平勝宝二年（七五〇）三月二十七日、大伴家持はちょうど二十年前の大宰府で、父が催した梅花の宴を思い起こし、それに和する歌を即興でつくったのである。

　追いて筑紫の大宰の時の春の苑の梅の歌に和《こた》ふる一首

春の裏《うち》の楽しき終《をへ》は梅の花手折《たを》り招《をぎ》きつつ遊ぶにあるべし（巻十九―四一四七）

そして弟書持も巻十七に「追いて大宰の時の梅花に和ふる新しき歌六首」を遺している。梅花の宴が行われたのは、今の暦で云えば二月八日。この頃、太宰府には天満宮の六千本の梅をはじめ、政庁跡などの史跡、そして個人の家にも梅花が馥郁と香っている。旅人の邸が何処にあったかは、今のところ定かではない。しかし梅花の宴の華やぎは、天満宮で毎年開催される曲水の宴などに偲ばれる。

そして、大野山にほととぎすが鳴き響む頃、政庁跡は一面の浅茅《あさぢ》の原となる。

浅茅原つばらつばらにもの思《も》へば故《ふ》りにし郷《さと》し思ほゆるかも（巻三―三三三）

爽やかな風が渡ると、一面に銀色の波がたつ。旅人の望郷の心を慰めるかのように。万葉人は、現在《いま》の私達とも深く心交わせているのである。

【参考文献】

筑紫豊『筑紫万葉抄』文献出版　一九八一年
森弘子「再現　梅花の宴」『史窓』第四八号　京都女子大学史学会　一九九一年
『都府楼』一三号（財）古都大宰府を守る会　一九九二年
森弘子『太宰府発見―歴史と万葉の旅』海鳥社　二〇〇三年
前田淑『大宰府万葉の世界』弦書房　二〇〇七年

梅花を楽しむ

column

復原された曲水の宴

味酒　安則

昭和三十八（一九六三）年三月十七日日曜日、現代に復原された曲水の宴の第一回目が、挙行された。久しく絶えていた曲水の宴は、西高辻信貞前宮司の発起に、太宰府観光文化協会、福岡文化研究会、西日本新聞社が協賛して、平安王朝の雅宴がついに再現された。この日は、紅白梅の花が咲き乱れ、宴全体《うたげ》で六万人の参観者があったと社務日誌は記している。

三月第一日曜の正午に、曲水の宴の参宴者たちは、天満宮余香殿に着装の上に参集する。衣冠束帯に威儀を正した公卿、正装の諸官、十二単の姫、小袿の女房、法衣《ほうえ》の僧侶、弓矢に大刀《たち》をもつ衛士、白拍子、稚児《ちご》、神楽巫女、伶人《れいじん》、献曲諸役等が列を整え、神官の先導に従い、小鳥居小路より表参道へ、太鼓橋を渡り、先ず御本殿に昇殿して参宴奉告の儀を行い、曲水の庭のある文書館《ぶんしょかん》に移り、威儀を整えて、ゆるやかに流れる曲水溝《こう》の畔に着座する。禊祓《みそぎはらえ》の修祓《しゅうばつ》が行われ、いよいよ開宴である。

春爛漫《らんまん》の梅花の下では、琴の合奏の音が流れ、伶人の奏する雅楽に導かれて神楽「飛梅の舞」、そして「白拍子の舞」も奏される。清水の注《そそ》ぎ込む上流では、神官と巫女により神酒を入れた觴《さかずき》（盃）がゆるやかに流される。諸官や姫たちは、觴が自分の前にくるまでの間に和歌を詠み、流れてきた觴を飲み乾し、和歌を書いた短冊を載《の》せて稚児に渡すと、その短冊がやがて朗詠されるというものだ。宴は、さながら王朝絵巻を拝見するような雅《みやび》やかさの中で繰り広げられ滞《とどこお》りなく終る。参宴者は再び列を整えて御本殿前に進み拝礼し、記念撮影の後に余香殿にて直会《なおらい》の雅宴を開くのである。

曲水の宴は、晋朝、永和九（三五三）年三月三日、書聖と称された王羲之が蘭亭で催したものが有名で、それが現在の形になったと伝えられている。その際に詠じられた漢詩集の序文草稿が王羲之の書『蘭亭序』である。

わが国では、顕宗《けんぞう》天皇、四八五年三月初めの巳の日に後苑《みその》において、曲水の宴が行われたことが初見で『日本書紀』にみえる。また、聖武天皇が『続日本紀』によると、神亀五（七二八）年三月三日に、文人を召して曲水の宴を催されたとあり、奈良時代後半は盛んになった。菅原道真公は、宇多天皇の御世、寛平二（八九〇）年三月三日、宮中の雅宴で催された曲水の宴で「風光になげうち渡りて　海濱に臥せりき　憐《あわれ》むべし今日《こんにち》佳辰《かしん》に遇ふこと　近く臨む桂殿《けいでん》廻流《かいりゅう》の水　遥かに想う蘭亭晩景の春」と、中国蘭亭に想いをよせる漢詩を詠《よ》んでいる。

復原された曲水の宴（太宰府天満宮写真提供）

太宰府天満宮の曲水の宴は、『天満宮安楽寺草創日記』（重文）によると、天徳二（九五八）年三月三日、大宰大弐小野好古《よしふる》（小野道風の兄）によって始められたとある。この頃は、大宰府に下った都の貴族たちによって、四度の宴をはじめ、雅な多くの祭事が菅公の御神霊をお慰めするため移入された。しかし中世にはこれらの祭事が廃《すた》れ、復活の試みもあったが沙汰止みになった。
それを、先代西高辻信貞宮司は、文献を読みとるうちに曲水の宴をはじめとする四度の宴のことを知り、再現を夢みた。そこに、当時、福岡のアイディアマンといわれた田中諭吉が、曲水の宴の復原の話を持ち込み、そこに大広の岡部定一郎、天満宮の吉嗣康雄が加わって、祭事の骨格が決まり、第一回の開催の運びとなった。宴の庭は、九大農学部の造園学の権威加藤退介博士が指導することになったが、時間がなく当初は、仮設の溝を使った。それが、昭和五十五（一九八〇）年、加藤博士によって、本格的曲水溝をもつ庭が完成した。総延長約五十メートルの本流・支流の二本の溝が流れていて、上流にある日月の石で水量や流速を調整し、余った分を支流に流す仕組みになっている。

今日では、太宰府天満宮の年中行事の中で、もっとも華やかな春の祭りとして、全国に知れわたっている。

天台仏教と大宰府

楠井　隆志

1　伝教大師最澄の聖跡

伝教大師《でんぎょうだいし》最澄《さいちょう》（七六六～八二二）は、延暦七年（七八八）都の丑寅（東北）の鬼門にあたる比叡山に一乗《いちじょう》止観院《しかんいん》（のちの根本中堂）を創建して比叡山を開創した。同二十三年に入唐し、天台山に求法した。帰国した翌年の同二十五年桓武天皇の勅許を得て天台宗が開宗された。以来比叡山は鎮護国家の山、仏教の学問修行の道場として多くの学僧を迎え、また宮廷貴族の篤い信仰を集め、日本の思想・文化を培ってきた。

天台仏教と大宰府の関わりは、最澄が入唐前に大宰府の鬼門にあたる宝満山の竈門山寺《かまどやまでら》に滞留したことに始まる。

延暦二十二年最澄は竈門山寺において遣唐使船四船の無事渡海を祈り、檀像薬師仏四軀を造立した。像高六尺余りで像名を「無勝浄土善名吉祥王如来」と号した。また法華・涅槃・華厳・金光明等の大乗経を各数回講説した（『扶桑略記』）。唐から帰朝して九年後の弘仁五年（八一四）筑紫国にて像高五尺檀像千手菩薩一軀、大般若経二部一千二百巻、妙法蓮華経一千部八千巻を造った（『叡山大師伝』）。筑紫国とあるが竈門山寺と考えてよい。渡海の願いが無事果たされたことを謝するためだろう。

弘仁九年最澄は仏法住持と鎮護国家を願い、全国要所に法華経一千部八千巻を安置する宝塔を建立して天台宗発展の基礎を築く誓願を立て、その一所として安西の筑前宝塔院を構想した（『六所造宝塔願文』）。鎮西の伝道拠点をめざした筑前宝塔院は最澄存命中に成らなかったが、六所宝塔建立発願から一一五

図1　本谷礎石建物（推定筑前宝塔跡）復元図（山岸常人監修）（太宰府市教育委員会提供）

年後の承平三年（九三三）、沙弥《しゃみ》證覚《しょうかく》が竈門山分塔を建立し、上層に千部経を安置し、下層で三昧法を修めた（『石清水文書（田中家文書）』承平七年十月四日付大宰府牒）。近年、竈門神社下宮から東北約七〇〇メートル、標高二七五メートルの場所に九～一〇世紀の遺構とみられる一辺約二十五メートル四方の基壇と三間四方の礎石群が確認された（本谷遺跡妙見祠礎石群）。ここが竈門山分塔、すなわち筑前宝塔院の跡地と推定されている[1]（図1）。

修禅大師義真《しゅうぜんだいしぎしん》（七七九～八三三）は、最澄入唐の際に通訳として同行しているが竈門山寺にも滞留したと思われる。唐では天台山を巡礼して天台および密教を学び、具足戒および菩薩戒を受けて帰朝した。弘仁十三年最澄晩年の遺誡により天台一宗を付嘱され、天長元年（八二四）初代天台座主に就任した（『天台座主記』）。

最澄の弟子である慈覚大師円仁《じかくだいしえんにん》（七九四～八六四）は、承和十四年（八四七）およそ九年間におよぶ入唐巡礼から帰朝して九月に大宰府鴻臚館に入り、翌年三月に入京するまで大宰府に留まった。この間、竈門山大山寺において入唐平安報謝のため香椎名神、筑前名神、八幡菩薩などに対し金剛般若経五千巻の転読を行った（『入唐求法巡礼行記』[2]）。

智証大師円珍《ちしょうだいしえんちん》（八一四～八九一）は、仁寿元年（八五一）入唐のため大宰府城山四王院に止宿し船便を待っていたが、翌年竈門神社に向けて法華経、仁王経、大毘盧遮那真言、金剛頂真言を奉読した。四王院では『大毘盧遮那成道経心目』を著わした。大宰府から公験（入唐証明書）を得て、同三年博多から出航した。五年におよぶ留学を終えて天安二年（八五八）博多に帰着すると再び四王院に逗留した。伝承では、円珍は四王院止宿中に毘沙門天二軀を彫り、四王院本堂と竈門山寺に安置したという（『円満山四王寺縁起』）。

このように円仁や円珍がそれぞれの入唐前後に大宰府に留まって渡海安全の祈願や帰朝

（1）森弘子「九州に於ける六所宝塔の建立をめぐって」（『年報太宰府学』第三号、太宰府市市史資料室、二〇〇九年）

（2）佐伯有清『人物叢書　新装版　円仁』（吉川弘文館、一九八九年）

平安の報謝をおこなったのは、天台教団のなかで大宰府が伝教大師最澄の聖跡と認識されていたことに因るとみてよい。

2　鎮西の比叡山

伝教大師最澄の宝満山滞留以来、多くの天台僧が宝満山をはじめとする大宰府一帯にその足跡を遺し、「鎮西の比叡山」ともいうべき様相を呈した。後白河法皇の撰になる『梁塵秘抄』には「筑紫の霊験所は、大山、四王寺、清水寺」と詠われ、島津家文書中の台明寺文書（東京大学史料編纂所所蔵）にも「京都には本寺叡岳、鎮西には本山内山は国内に崇めらる」とある。竈門山寺はその後大山寺《だいせんじ》・有智山寺《うちやまでら》などと寺号が変遷するが、古代中世にかけて鎮西における天台教学（とくに山門派）の一大拠点であり続けた。比叡山と明確に異なる性格をあげるとすれば、じつに多くの有名無名の学僧が大陸求法の旅の前後にこの地に滞留したことであろう。滞留の目的は、船便待ち、渡航および帰朝の手続き、渡海安全祈願、帰朝報謝などさまざまであった。

入呉越僧日延《にちえん》は、天暦七年（九五三）延暦寺慈念僧正延昌《じねんそうじょうえんしょう》の使僧として呉越に渡って呉越国内を巡歴し、天徳元年（九五七）新修符天暦や未請来の内典・外典約一千巻以上を携えて帰国した。また呉越国王銭弘俶《せんこうしゅく》が造った阿育王塔八万四千基のひとつを携えて帰朝したという。村上天皇はその功を賞して僧綱宣旨を贈ろうとしたが、日延は固辞して大宰府に下り、康保年間（九六四～九六八）故藤原師輔《ふじわらのもろすけ》のため一道場を建立して大浦寺と号した。その場所は大宰府の鎮山の近くで、仏法護国を専らとした。大浦寺は大宰府官人の庇護を受け、日延、聖遍、仁変、壱因、盛覚、聖快、入源と師資相承したという（『太宰府天満宮文書』年欠大宰府政所牒[3]）。

恵心僧都源信《えしんそうずげんしん》（九四二〜一〇一二）は、寛和元年（九八五）『往生要集』を著し天台浄土教を大成した。翌年博多を訪れ、自著『往生要集』などを博多に渡来していた宋僧斉隠に託して宋に送ろうとした。このとき西海道の名山霊窟を巡行しているが、恐らく宝満山にも立ち寄ったであろう。

谷阿闍梨皇慶《たにあじゃりこうけい》（九七七〜一〇四九）は、長保五年（一〇〇三）延殷《えんいん》（九六八〜一〇五〇）とともに入宋しようとしたが果たせず、大山寺で景雲阿闍梨より両部大法を受けた（『明匠略伝』ほか）。大山寺滞在中に「阿弥陀私記谷号竈門私記」の著作がある（『阿娑縛抄』）。のちに一大法流の谷流をなし、多くの高僧を輩出した。栄西もその著述『興禅護国論』に「東土南岳天台は五品六根を証し、皇慶延殷は天人地神を驚かす」と記すほど、多大な影響を与えている。

ところで、最澄は円（天台法華宗）・密（真言密教）・禅・戒という四宗相承を果した。最澄が確立した総合的仏教は、平安時代後期から鎌倉・室町時代にかけて源空、親鸞、栄西、道元、日蓮など、のちに各宗派の祖師となる高僧を育んだ。いずれも若い時に比叡山で修学している。大宰府でも宗派の祖師の足跡が確認される。いずれも若い時大宰府で修学し、のちに大成した。天台仏教は「日本仏教の母山」と称されるが、大宰府についても「日本仏教の母山の一峰」を成したと評価してよいだろう。

栄西（一一四一〜一二一五）は、二度目の入宋以前は比叡山に学んだ天台僧であった。治

（3）竹内理三「入呉越僧日延伝」釈（『日本歴史』第八十二号、一九五五年）

承二年（一一七八）の国宝『誓願寺于蘭盆縁起』（誓願寺所蔵）では自らの半生を振り返り「志は秘密の教にありて多年苦行す」と記し、「遍照金剛栄西」と密教僧風の署名をしている。最初の入宋前の仁安三年（一一六八）に四ヶ月間九州に滞在したが、博多滞在中に安楽寺天神、竈門法満で渡海の安全を祈願した（『入唐縁起』）。帰朝後の承安三年（一一七三）再度九州に留まっているが、このとき大宰府・原山無量寺の僧尊賀と真言教主（大日如来）の解釈をめぐって論争している。反論の書として著したのが『改偏教主決』『重修教主決』（いずれも大須観音宝生院所蔵）である。

一遍（一二三九〜八九）は、建長三年（一二五一）十三歳のとき大宰府原山の一庵に住していた聖達上人のもとに入門した。聖達は、源空門下で浄土宗西山義の祖とされる証空の弟子である。一遍はまず一年間肥前の華台上人の元で浄土教の基礎を学び、その後十二年間聖達の元で天台系の浄土宗西山義を修めた。修行は一遍の父の死去により一時中断されるが、文永元年（一二六四）再び聖達のもとを訪れ浄土門に帰依したという（『一遍上人年譜略』）。国宝『一遍聖絵』（清浄光寺所蔵）には大宰府時代の若き一遍の姿が活写されている。

3　大宰府官人による丈六像の造進

丈六像《じょうろくぞう》とは像の大きさが一丈六尺（約四・八メートル）ある仏像をいう。一説に、人間の身長を八尺とすると、釈迦はその倍の一丈六尺あったという。坐像の場合は半分の八尺像が丈六像になる。平安時代後期の都では、宮廷貴顕の発願になる丈六像をはじめとする巨

（4）猪川和子「延久元年銘十一面観音像について—藤原時代巨像の一好例として—」（『美術研究』第一九九號、東京国立文化財研究所美術部、一九五八年）

像の造立が流行っていた[4]。こうした丈六像造立の風潮が強まったのは源信の推奨によるところが大きかったのではないかとの指摘がある[5]。延暦寺華台院本尊「丈六阿弥陀仏像」については、源信が往生を遂げるために丈六像を造り念仏を勧めることを推奨したという由緒が伝えられている（『叡岳要記』）。

このような都における天台浄土教の影響を強く受けた巨像造立の風潮と連動し、大宰府でも大宰府官人らによる丈六像の造進が相次いで行われた。観世音寺では、金堂本尊「阿弥陀丈六仏像」（延喜五年『観世音寺資財帳』）や講堂「丈六埝像不空羂索像」（『扶桑略記』治暦二年十一月二十八日条）などの丈六像が草創期より安置されていたが、平安時代後期になるとさらに増え、寛和二年（九八六）大宰大弐菅原輔正《すがわらのすけまさ》発願の「新造丈六観世音菩薩」像（『平安遺文』二―三七五）、治暦二年（一〇六六）大宰大弐藤原師成《ふじわらのもろなり》発願の「金色丈六観世音像」（現聖観音坐像、『扶桑略記』同年十一月二十八日条）、延久元年（一〇六九）銘のある十一面観音立像、康和四年（一一〇二）以降まもなくの丈六「二王」（『筑陽記』ほか）、保安年中（一一二〇〜二四）大宰大弐藤原長実《ふじわらのながざね》発願と伝えられる阿弥陀如来坐像（『筑前国続風土記』ほか）、大治年中（一一二六〜三一）大宰大弐藤原経忠《ふじわらのつねただ》発願と伝えられる馬頭観音立像（『筑前国続風土記』ほか）など、丈六像の造立が相次いだ。安楽寺でも、永保三年（一〇八三）白河天皇御願の安養院（丈六堂）阿弥陀如来像、康和二年（一一〇〇）大宰権帥大江匡房《おおえのまさふさ》建立の満願院「丈六金色阿弥陀如来像」など（いずれも『天満宮安楽寺草創日記』）、十一世紀から十二世紀にかけての丈六像造立例が知られる。

（5）伊東史朗「勝林院阿弥陀如来像（証拠阿弥陀）に関する基礎的資料—康尚、定朝のかかわりとその意義—」（『佛教藝術』三三〇号、二〇一三年）

4　如法経埋納のメッカ

丈六像造立の盛行と同時代、永承七年（一〇五二）に末法《まっぽう》が始まると信じられ、未来に対する漠然とした不安が都の貴族社会に広がった。その風潮の中で造寺、造仏、写経、埋経（経塚造営）といった仏事が盛んに行われた。

円仁は、天長年間（八二四～八三四）比叡山横川《よかわ》に籠もって如法経を書写した（『叡岳要記』所収「慈覚大師如法経事」）。このときは小塔に納めて横川の如法堂に安置したが、兜率先徳《とそつせんとく》覚超《かくちょう》（九六〇～一〇三四）は、長元四年（一〇三一）上東門院彰子の喜捨を受けて円仁の如法経を土中に埋納した（『叡岳要記』所収「如法堂銅筒記」）。その後の如法経埋経の全国的広がりは、円仁による如法経書写と覚超による埋経の故事にもとづくとみなしてよく、(6) 埋納場所として九州では四王寺山・宝満山一帯に集中しているのは、この地

図2　銅製経筒　伝四王寺山出土
平安時代　12世紀　九州国立博物館蔵

(6)　たとえば、三重県伊勢市の朝熊山出土の文治二年（一一八六）銘のある陶製経筒には「奉造立如法経ツヽ一口、右尋如法経由来者慈覚大師所形法也」と刻まれており、如法経は慈覚大師の所形の法であると述べている。

が円仁の聖跡であったことに因るとみてよいのではないか（図2）。四王寺山出土の保安四年（一一二三）銘のある銅製経筒（東京国立博物館所蔵、「阿弥陀□埋如法経一部」とある）、太宰府天満宮境内出土の保安三年銘瓦器質経筒（「如法経□□」とある）、同じく久安三年（一一四七）銘のある陶製経筒（東京国立博物館所蔵、「如法経一部」とある）[7]など、明らかに如法経の埋経例であるものが多い。観世音寺周辺には複数の鋳物工房遺跡が確認されているが、この一角から経筒の蓋に取り付ける相輪の未完成品が出土している。

（7）宮小路賀宏「大宰府周辺の経塚」（『西日本文化』第六十号、西日本文化協会、一九七〇年）

5 延暦寺と太宰府の古寺

（1）大山寺（有智山寺）

最澄が滞留した竈門山寺は後に大山寺《だいせんじ》、有智山寺《うちやまでら》と呼ばれた。十一世紀末から十二世紀にかけて石清水八幡宮別当光清が大山寺別当を兼ねていた。長治元年（一一〇四）延暦寺大衆使と称する僧が大山寺領荘園に濫妨を働いた。翌年延暦寺衆徒は大山寺別当職補任をめぐり京で石清水八幡宮神人と争った。この事件を記録する『中右記』翌年十月三十日条には「大山者是天台之末寺也」と註されており、これにより大山寺は延暦寺の末寺に帰し、石清水八幡宮の勢力が払拭されたことがわかる。文治元年（一一八五）延暦寺執当澄雲は大山寺が武士のため滅ぼされたことを訴えている（『吉記』元暦二年五月十日条）。建保六年（一二一八）石清水八幡宮権別当宗清法印代官である筥崎宮留守寺主行遍らが大山寺神人で博多船頭でもあった張光安を殺害するという事件が起こり、延暦寺が訴訟を起した（『華頂要略』所収「天台座主記」）。このように大山寺については日宋貿易の利権をめぐる延暦寺や石清水八幡宮など中央寺社の確執があったと考えられている。天福元年（一二三三）有智山寺衆徒の義学らは、博多に滞在していた入宋前の円爾《えんに》に危害を加えようとした。寛元元年（一二四三）にも有智山寺衆徒が博多承天寺破却を朝廷に願い出ている。禅宗に対する敵対心むき出しの有智山寺衆徒と禅宗勢力との衝突事件の背景にも、やはり日宋貿易の利潤・利権が絡んでいたと考えられている。

宝満山は鎌倉時代末頃から修験の霊場としての性格を強めていった。南北朝時代から戦国時代にかけて少弐氏が宝満山に有智山城を築き本城とした。そのため竈門神社や有智山寺も繰り返し戦に巻き込まれるようになり、次第に衰退へと向かっていった。この頃の造形遺品として竈門神社に獅子頭の眉部材一対が伝わるが、その裏面に文明三年（一四七一）の年記と「江州永禅作」と墨書銘があった。永禅は江州すなわち近江国に拠点を置く比叡山関係の仏師であったと想定されている。[8] この永禅は同神社の木造狛犬の体内にもその名を残している。十五世紀においてもなお、宝満山と比叡山との密な関係は続いていたようである。

（2）安楽寺

延喜五年（九〇五）味酒安行《うまさけやすゆき》が菅原道真の廟を造り、安楽寺を建立した（『天満宮安楽寺創草日記』）。以後、安楽寺は朝廷や大宰府官人らによって堂塔院および寺領が造立・寄進され、急速に勢力を拡大した。『天満宮安楽寺創草日記』を見ると、安楽寺で実施されていた仏事や堂塔院の名称および安置仏には天台教学や比叡山の影響を強く受けたと推測され

（8）八尋和泉「近江と太宰府の仏教美術～京・叡山あたりと九州 天台の系譜～」（九州国立博物館開館五周年・滋賀県立琵琶湖文化館開館五十周年記念『湖の国の名宝展―最澄がつないだ近江と太宰府―』図録、九州国立博物館・滋賀県立琵琶湖文化館編集、二〇一〇年）

るものが多い。たとえば永観二年（九八四）円融天皇御願の宝塔院が建立されているが、『古今著聞集』には「北野宰相殿（菅原輔正）は（中略）多宝塔一基をたてて、胎蔵界の五仏を安置し、法華経千部を納め奉る。これをひがしの御塔となづけて、禅侶をおきて、不退のつとめをいたさる」とあり、これは延暦寺の摠持院（東塔院）や最澄発願の六所宝塔を意識した造営とみてよい[9]。

延暦寺は十二世紀になり安楽寺を末寺としたいという意向を強く行動で示すようになる。永暦元年（一一六〇）延暦寺は日吉大社の神輿を奉じて入洛し、竈門宮ならびに大山寺、安楽寺の焼亡のことなどを訴えた（『百練抄』同年十月十二日条）。応保二年（一一六二）、安楽寺で比叡山無動寺法曼院の相実を願主として千部会が始行され、大宰大弐平清盛が法華経千部と開結二経を施入している（『天満宮安楽寺草創日記』）。また同年延暦寺衆徒が安楽寺を末寺とすることを請うが、許されなかった（『百練抄』同年十一月二十七日条）。いずれも山門派からの動きである。安楽寺別当の宗派系統は一定していないが、三井寺の門流が比較的多く[10]、ときの第十六代別当全珍も三井寺の出身だった（『尊卑分脈』菅原氏）。平安後期になると延暦寺に拠る山門派と三井寺に拠る寺門派の抗争が激しくなるが、その構図が大宰府まで持ち込まれたことがうかがい知れる。

（9）錦織亮介「第二節 太宰府天満宮 一 安楽寺天満宮」（『太宰府市史 建築美術工芸 資料編』、太宰府市史編集委員会、一九九八年）

（10）『太宰府市史 中世資料編』（太宰府市史編集委員会編、二〇〇二年）

（3）原山

仁寿元年（八五一）円珍の弟子八人が四王寺山鼓ケ峰から大原山山麓にかけて華台坊、六度寺、安祥寺、十境坊、真寂坊、宝寿坊、寂門坊、明星坊の八坊を建立し、原山普賢院無量寺と号したという（『円満山四王寺縁起』）。以来、原山《はらやま》は天台僧や浄土宗門の高僧らが住し、教義修学の場となった。栄西はその著書『改偏教主決』に「鎮西大宰府の辺に名山有り」「数百の浄侶住し、顕蜜窓を並ぶ。処、勝地なり。人、賢哲なり」と記している。(11)また承安三年（一一七三）には原山僧尊賀と真言教主の解釈をめぐる論争をおこなっている（『改偏教主決』、『重修教主決』）。一遍は、前述のとおり建長三年（一二五一）大宰府原山の聖達に師事し、以後十三年間浄土教を修学した。博多妙楽寺（臨済宗大応派）の開山となる月堂宗規《げつどうそうき》（一二八五〜一三六一）は、正安元年（一二九九）観世音寺昭法師のもとで出家受戒し、次いで原山醍醐寺の良範のもとで天台教学を学んだのち、嘉元二年（一三〇四）大宰府の横岳山崇福寺の南浦紹明《なんぽじょうみん》に参禅した（『妙楽開山月堂規和尚行実』）(12)。同じ頃の正安二年、原山と有智山の僧衆の間で闘争が起こった(13)。これも寺門派と山門派の抗争に過ぎない。

（4）観世音寺

観世音寺はいつ頃から天台宗に傾倒したかについては定かでない。観世音寺別当職は元来東大寺が推挙権を有していたが、康平三年（一〇六〇）から保安元年（一一二〇）までの六十一年間、東大寺僧から観世音寺別当に補任せられる者はなく、東大寺と観世音寺の関係が中絶状態にあったようである。その大半は、観世音寺別当職が石清水八幡別当の兼職として頼清・光清の二代にわたって占められたようである（『東大寺別当次第』）。保安元年に東大寺の末寺となるが、仁平三年（一一五三）にまとめられた東大寺諸荘園文書目録（『平安遺文』六―二七八三）の観世音寺の項中に「大治三年日吉社注文」一巻と見え、少なくとも大治三年（一一二八）以前には観世音寺鎮守とされる日吉社が祀られていたことが知ら

(11) 米田真理子「真福寺大須文庫蔵『改偏教主決』にみる栄西の九州での活動」（『栄西と中世博多展』図録、福岡市博物館、二〇一〇年）

(12) 博多妙楽寺開山『月堂和尚語録』訳注（附行状）（野口善敬・廣田宗玄共訳、中国書店、二〇一〇年）

(13) 『太宰府市史　中世資料編』（太宰府市史編集委員会編、二〇〇二年）

れる[14]。本宮である日吉大社は比叡山の麓に鎮座し、比叡山延暦寺の鎮守社でもある。また、中世末から近世初頭にまとめられた『観世音寺年中行事目録』によれば、元節（正月）、日吉山王社祭礼法事（九月）、天智天皇御祭（十一月）などには原山や有智山寺の衆僧が出仕している（『観世音寺史料』三十[15]）。元文三年（一七三八）の『太宰府観世音寺開基由来覚』に「当寺は一山天台宗大乗秘密之執行仕候」とある（『観世音寺史料』一九[16]）。そして維新期に触頭の安楽寺が神社化したことにより、観世音寺は博多の天台宗妙音寺の末寺になったという[17]。

今日では、かつて大宰府で隆盛を誇っていた有智山寺、安楽寺、原山無量寺などいずれも絶えてしまい、観世音寺のみが天台仏教と大宰府の深い関係をいまに伝える唯一の存在となった。観世音寺では大宰府の盛衰を見守ってきた諸像が多くの参拝者を静かに見守り、心の平穏を与え続けている。

（14）森弘子「九州に於ける六所宝塔の建立をめぐって」（『年報太宰府学』第三号、太宰府市市史資料室、二〇〇九年）
（15）『太宰府市史　近世資料編』（太宰府市史編集委員会編、一九九六年）
（16）『太宰府市史　近世資料編』（太宰府市史編集委員会編、一九九六年）
（17）解説「Ⅳ寺院関係史料（一）観世音寺所蔵史料」（『太宰府市史　近世資料編』（太宰府市史編集委員会編、一九九六年））

column

大宰府ゆかりの和様の書

丸山猶計

ここ二十年来、パソコンの普及によりキーボードで文字を「打つ」ことが世の趨勢となった。しかし、古来「手」という語には、文字の意味が含まれ、「手かき」といえば、文字をしたためること、文字を上手に書く人のことを意味した。この「手かき」と同義の語に「能書」があり、書法にすぐれ、文字を巧みに美しく書くこと、またその人をいった。

奈良・平安時代、大宰府には、アジアからの使節が数多く訪れた。長官以下官人たちは外国使節と詩文を応酬し、杯を交わして交流の灯りを点した。こうした外国との交渉において、奉呈の国書や贈答の詩歌は筆墨によってしたためられたが、その文字は書法（筆の運び方、文字の書きぶり）に支えられていた。外交の一翼を担った書法は、書き言葉の威儀を整え、かつ政治的な意思や詩情を託するに足るべく、高度に洗練されていった。『万葉集』と縁の深い大宰府は、古来、詩作と同時に書法にも高い関心を寄せた地だったと考えられる。詩情を興してそれを筆に託すという行為から窺えるように、本来、詩と書は同根のものであったからである。したがって、大宰府の長たるもの、自ら詩と書を能くする者であり、詩と書についての作法と国内外の最先端の動向、及びその歴史に明るいことは、必須の素養の一つであり、適材たる自らの証ともなったであろう。

大宰府に赴任した大弐のなかに、遣隋使小野妹子を遠祖とする小野氏が散見する。平安時代初期の大宰大弐、小野岑守《みねもり》（七七八〜八三〇）は、道真の祖父にあたる菅原清公《きよきみ》（七七〇〜八四二）とともに日本最初の勅撰漢詩文集『凌雲集』の撰者として知られる文人で、能吏であった。その子、篁《たかむら》（八〇二〜八五二）も詩人として高名な公卿であった。大宰大弐は拝命していないが、承和元年（八三四）遣唐副使を拝命、二度難船し、遣唐大使藤原常嗣と仲違いの後は、病と称して乗船しなかったという。和歌の才にも恵まれ『古今和歌集』に六首入撰し、草書と楷書に秀でた能書と伝わる。その子の葛絃《くずお》は、菅原道真（八四五〜九〇三）が左遷されたときの大宰大弐で、小野好古《よしふる》（八八四〜九六八）・道風《みちかぜ》（八九四〜九六六）の父にあたる。好古は、博多津で藤原純友の乱を鎮圧したことで有名だが、太宰大弐を二度拝命し、赴任している。菅公追悼の梅花宴を創始するなど、文武両道の人物像が浮かぶ。こうした国際感覚豊かな小野氏に生まれた道風は、東アジアを視野に書の才能を磨いたと推測される。その甲斐あって、楷行草の三体にすぐれ、王羲之の再生と讃えられた。現在の研究では「和様の祖」に位置づけられ、日本書道史上、能書中の能書といってよい人物である。なお、その和様を展開した藤原佐理（九四四〜九九八）は大弐として大宰府に赴任し、和様を大成した藤原行成（九七二〜一〇二八）は在京のまま大宰権帥を兼任した。三蹟と大宰府を結ぶ糸が想起される。

ところで、伏見天皇の第六皇子で南北朝時代の尊円入道親王（一二九八〜一三五六）の著に『入木抄《じゅぼくしょう》』がある。これは、文和元年（一三五二）に甥の子にあたる後光厳天皇の手習始に献上された書物で、書道の稽古にあたっての心構えと方法論、日本の書の歴史と特質等を論じたものである。そのなかの「入木一芸、本朝は異朝に超えたる事」という段で日本書道史を概説しているが、とくに菅原道真（聖廟）の位置づけに注目したい。

其後聖武天皇、良弁僧正、光明皇后、中将姫、弘法大師、嵯峨天皇、橘逸勢、敏行、美材等まで、大旨一躰也。筆は次第にたをれたる様に成也。其後聖廟抜群也。聖廟以後、野道風相続す。此両賢は筆躰も相似たり。佐理・行成は、道風が躰を写来。野跡・佐跡・権跡、此三賢を末代の今に至まで、此道の現権として、好事面々、彼風を摸也。（傍線筆者）

つまり、奈良・平安時代の書道史は大きく区分され、聖武天皇に始まり小野美材《よしき》（?〜九〇二）までの時代と、その後菅原道真に始まり、三蹟に連なる時代に分かれるという。この菅原道真の前後で記述が二分される事情を推考すれば、九世紀後半頃にある大きな変化がおこったと考えざるを得ない。つまり、現在の書道史研究で「和

額字「観世音寺」伝小野道風筆（福岡・観世音寺蔵）

様の祖」に位置づけられる十世紀の能書小野道風は、先輩にあたる菅原道真の書風によく似ていたというから、大きな変化とは「和様化」ではないだろうか。そうすると、菅原道真は「和様の書」を書いていたことになる。尊円の眼には、菅公こそが「和様の元祖」と映っていたのではないだろうか。

現存する道風の自筆には、『白氏文集』を揮毫したものが多い。その白眉は、国宝「三体白氏詩巻」（正木美術館蔵）で、白居易の詩二首ずつを、楷行草の三書体で揮毫した計六首分を一巻に収めた珠玉の名品で、三つの書体に兼ね通じた能書像を証明している。また、『菅家後草』には「傷野大夫」と題する詩が収められる。小野美材を追悼した詩で、「況復真行草書勢、絶而不継痛哉乎」と詠み、その詩才とともに、能書の才を惜しんでいる。楷行草の三体を書きこなした美材を惜しむ菅公は、道風同様に三体それぞれに通じていた可能性も多分にあろう。「和様の祖」小野道風に先行して和様を書いた菅公像が浮かぶ。大詩人にして抜群の能書であった菅公は、都府楼の主にふさわしい。

観世音寺の仏像
—現存像とくに丈六像を中心に—

井形　進

1　はじめに

大宰府政庁跡から県道七六号線に沿って東へ進むと、右手には市街地が広がり、左手には、屏風のように連なる四王寺山《しおうじやま》を背景にして、のどかな風景が続く。一本の道路の右と左、つまりこの場合南と北とで、まるで時の流れの速さが異なるかのような、趣を異にした景観が見られるのは、道路の北側はいわゆる大宰府史跡として、往時の面影を色濃く遺しているからである。観世音寺《かんぜおんじ》は、大宰府史跡の一画を占め、大宰府政庁跡から五〇〇m程東方に歩みを進めた所に位置している。

　道路から北面すると、樟の並木に縁取られて参道が真っ直ぐにのびていて、その突き当りに、講堂の前にある石灯籠が小さく見えている。寺は古代寺院の定石通りに、南に向かって伽藍を構えているのである。次第に大きくなってくる石灯籠を見ながら、緑のトンネルを進んでそれを抜けると、大きく開けた空間を眼前にして立っている。土の匂いも懐かしい広場を挟んで、正面には一段高く築かれた壇上に講堂が、左手には金堂が構え、右手の木立の中には、五重塔の大きな礎石がある。ここが、古来観世音寺の中心たる場である。

写真１　観世音寺

　いま境内は、おおらかな趣を見せている。そしてゆたかな緑に包まれた古色を帯びた建物の、堂内を覗いてみると、講堂には高い壇上の厨子内に、ほの白く聖観音立像の姿があり、金堂には暗がりに、不動明王像が坐しているのみである。(1)ともに堂内は閑かである。ただしかし、緑と建物の外観とには変わりがなくとも、昭和三四年（一九五九）までの堂内には、境内のおおらかな趣からは意外に感じられるほど、こわいくらいの迫力と威厳に充ちた空間があった。そこには、林立

（1）　金堂の不動明王坐像は、昭和の戦後に観世音寺に迎えた像である。故石田琳圓師の御教示。福岡平野のいずこかの寺からだったと思うが、堂前での立ち話の中での御教示だったこともあり、残念ながら詳細を記憶していない。

する古仏の姿があったのである。これらの古仏はもちろん、失われたわけではない。境内の東に昭和三四年に建設された宝蔵に、移坐されたのである。

2　林立する巨像

宝蔵は鉄筋コンクリート造なのであるが、瓦葺で高床で、外壁面には校倉風の仕上げが施されていたりしていて、奈良の正倉院を彷彿とさせるような外観をしている。この宝蔵の二階が、仏像群を安置する空間になっている。中に入り階段を昇りつめると、天井の高い大きな空間が広がっていて、眼前には大小様々、石造の獅子までを含めて、重要文化財に指定されている十八軀の彫像が、白壁を背にしてずらりと居並んでいる。(2) その様子はまさしく圧巻であるが、最初にこの空間に足を踏み入れた時に、最も目を驚かせるのは、眼前にのしかかるようにして聳える、像高五m程を測る巨大な三軀の観音立像であろう（233頁参照）。

並び立っている三軀は、向かって左から、十一面観音立像《じゅういちめんかんのんりゅうぞう》、馬頭観音立像《ばとうかんのんりゅうぞう》、不空羂索《ふくうけんさく》観音立像《かんのんりゅうぞう》で、それぞれ像高で、四九八cm、五〇三cm、五一七cmを測る。高い天井に頭頂が届こうかとするようにして立っているこれらの巨大な仏像は、等身大を意図して造られたものである。経典に説く所の、仏の身の丈を意識して造像されたものだということである。そもそも仏像の姿は、経典をはじめとする、何らかの典拠に基づいているもので、基本的には決まり通りに造られ、それによってこそ初めて仏像は、ただの彫刻ではない存在

（2）　もともとはこのうちの、丈六の聖観音坐像、十一面観音立像、馬頭観音立像、不空羂索観音立像、そして像高三〇三cmの十一面観音立像の、大きな観音像五軀が、宝蔵建立以前に講堂に安置されていた像で、それ以外は、金堂に安置されていたものである。

となることができる。この時、仏の大きさも仏像の大きさも、いろいろと経典中には見えているのであるが、その中において実際の造像にあたって古来もっとも尊重されているのが、一丈六尺である。一丈は十尺、一般的には一尺は三〇cm程度なので、一丈六尺は四八〇cm程度となる。先の三軀の観音立像は、やや大きさに相違はあるけれど、この大きさを意識し、それを満たしていることが看取される。このように一丈六尺を意識して造像した像を、丈六像《じょうろくぞう》と呼んでいる。

観世音寺には、これら三軀を含め、五軀もの丈六像が存在している。見回すと、三軀に並ぶ高さをもった仏像はない。しかし、立ち上がったならば、一丈六尺に至るだろうという仏像は存在している。像高三二一cmを測る聖観音坐像《しょうかんのんざぞう》と、像高二一四cmを測る阿弥陀如来坐像《あみだにょらいざぞう》である。丈六像とは、立像で一丈六尺、坐像では八尺ある像のことを指すものなのである。そうであるから観世音寺には、立像坐像を合わせて、五軀の丈六像が存在しているということになる。なお、見ての通りに、立像も坐像も、挙げた数字は四八〇cm、あるいは二四〇cmにぴったり一致はしていない。これは、仏像の大きさを測る場合に、足下から頭頂までで測る場合と、それよりもむしろ足下から正面の髪の生え際、つまり髪際までで測る場合が多くあって、また実は、メートル法におけるmやcmとは異なり、尺は時代によって地域によって、変化があることなどにもよるものだと考えることができる[3]。しかしそのようなことにあまり拘泥するよりも、今回ここでは、小山のように大きな仏像は、仏の等身大を意識して造像したものなのだ、ということを押さえておきたい。

五軀の丈六像が存在していること、これは観世音寺の大きな特徴である[4]。そもそも、一軀なりと丈六像が存在しているような寺院は、余程の由緒と格式とをもった存在だと考え

（3） 頭頂までで測ると、髪形によって、見かけの大きさはそれぞれまちまちになる。しかし髪際で測ると、顔の大きさ体の大きさがよくそろい、見かけの大きさは一定となる。とくに平安時代以降は、髪際で測ることが多い。なお、尺については、他にいわゆる周尺で測る場合もままあるが、その場合は通常の四分の三の大きさとなり、丈六像は立像で三六〇cm程度、坐像は一八〇cm程度となる。

（4） ここ観世音寺の五軀の丈六像については、井形進「観世音寺の丈六像とその周辺」（『観世音寺―考察編―』・九州歴史資料館・二〇〇七年三月）がある。

て間違いない。そして現在の日本で全国を見渡してみても、一堂の中に、一つの空間の中に、このように五軀もの丈六の古像が現存しているような寺院は、なかなか思い当たらない。それは奈良や京都の大寺院のことを考えてもしかりである。観世音寺が特別な寺院であったことは、このことのみからも窺える。この特別さは、この寺が、天智天皇が斉明天皇の菩提を弔うために発願した勅願寺であること、古代九州を統括した大宰府と共にあって府の大寺などと称され、九州第一の充実した力をもった寺院であったことなどに、主として依るものだと考えることができる。観世音寺の丈六像は、府の大寺の偉大さを映す存在なのである。

3 都風の仏の殿堂

（一）聖観音坐像とその周辺

観世音寺の丈六像は、大きいだけではなく、美しく洗練された姿をしている。まずは、宝蔵に移坐される以前は講堂の中央に坐していた、聖観音坐像について見てみたい。この聖観音坐像は、治暦二年（一〇六六）に造像されて以来、長らく講堂主尊であった像である。円い顔は、瞑想するかのように静かで、顔や体の肉づきは、丸みを帯びてふっくらと豊かでありながら、その起伏は穏やかである。膝前、つまりは脚部に見るごとく、衣文は、像の中軸線を挟んで左右で対称に、枝分かれなどはせず平行線状に配されている。彫口は、比較的浅く、丸く柔らかいもので統一されている。円満で整った美しさをもった、静かな

写真2　聖観音坐像

観音像である。このような、いわゆる円満整美な作風は、十一世紀の前半頃、京都で新たに確立されたものであるが、それがいち早く高い水準で、この聖観音坐像には反映されているのである。

　これは、作風と表裏一体の関係にある、像の構造についても言うことができる。円満整美な作風が確立されるにあたり中心的な役割を果たしたのは、天喜元年（一〇五三）に造像された、京都の平等院鳳凰堂《びょうどういんほうおうどう》の阿弥陀如来坐像の作者として知られる定朝《じょうちょう》や、その父である康尚《こうじょう》あたりだと考えられている。そして彼らは満月にも例えられるような、静穏で優美な仏像の作風を確立すると同時に、寄木造《よせぎづくり》という革新的な技法をも確立したのであった。寄木造とは、像の頭体幹部、つまりは頭と体の幹になっている主要部を、複数の材木を規則的に組み合わせて構成するというもので、この技法の確立によって木彫像は、材木の大きさの制約を受けることなく、さまざまな大きさに造像することができるようになった。また複数の部材からなるということは、分業が容易になるということでもある。平安時代後期は、多量の造像が行われた時代であるが、そのような必要をもった時代が、技術革新を導いたということなのかもしれない。

　そしてこの寄木造という技法が、聖観音坐像においてはまた、いち早く高い水準で取り入れられているのである。この像の構造は、頭体幹部は基本的に、前面二材背面二材の四材をもって構成している。上から見ると、ちょうど田んぼの「田」の字形に材を組んで構成しているということになる。このような幹部に、膝前や腕などを別材で彫り出して矧《は》ぎ寄せている。さらに、頭体幹部、膝前、腕等のそれぞれの部材は、干割《ひわれ》防止や重量軽減のために発生したとされる、読んで字のごとくに内部を刳《く》り抜いて像を中空にする技法であるところの、内刳《うちぐり》を施している。このような構造は、平等院鳳凰堂の阿弥陀如来坐像と基本的に同様のものである。してみると聖観音坐像は、都で確立された最新の作風のみならず、最新の技法で造像されているということになる。

写真３　十一面観音立像

そして聖観音坐像を造像した工房は、相当程度の規模をもっていたことを推察することもできる。延久元年（一〇六九）に十一面観音立像を造像した、甲斐講師《かいのこうじ》暹明《せんみょう》もその工房の一員であろう。この十一面観音立像は、坐像か立像かの違い、一面か十一面かの違いを除けば、聖観音坐像によく通ずる作風と技法とを見せている。(5) 十一面観音立像の方が、やや顔立ちが下ぶくれで目の見開きも大きくて、すこし若やいだ雰囲気はあるものの、作風技法ともに聖観音坐像によく通じていて、先の聖観音坐像に関する記述が、かなりの程度そのまま当てはまると言ってもよい。この親近性の高さは、両像が近い時期に同一工房によって造像されたことによる、と考えることができる。また、現在講堂に安置されており、胎内に大仏師良俊、俊頼らの名が記された通称杵島観音《きしまかんのん》や、宝蔵の四天王立像、地蔵菩薩坐像なども、同様に近い時期に同一工房によって造像されたものだと見ている。十一世紀の観世音寺周辺には、都と軌を一にする、最新の作風と技法とを駆使する仏師たちを擁する、充実した工房が存在していたことが窺える。

（二）十二世紀と十三世紀の様相

では次に、やはり丈六像の中から、馬頭観音立像と阿弥陀如来坐像について見てみたい。これらの像は、康治二年（一一四三）のいわゆる『年料米相折帳』に、「新造」の語を冠して記載されており、十二世紀前半の造像だと知られる。円く穏やかな肉づきや、左右対称に整えられた衣文などは、やはり平安時代後期の仏像の特徴をもっている。数ある観音の中で、唯一忿怒の相を示す馬頭観音の面相などを見ても、抑制が効いた静けさを感じさせるその怒り顔は、他の時代のものとは異なっていて、総じて穏やかな表現を志向する、この時代らしさをよく示している。ただしこの二像は、ふっくらとしておおらかな気分を醸

（5）この像について後掲の参考文献の他には、猪川和子「延久元年銘十一面観音像について―藤原時代巨像の一好例として―」（『美術研究』一九九・一九五八年七月）がある。

写真 4　馬頭観音立像

し出している、十一世紀に造像された先の二像と比べると、肉身の微妙な抑揚は整理されて、少し硬い質感を見せており、側面から見ても意外に平板な体つきをしていて、また衣についても形式的な整理が進められており、より冷たく沈んだ気分が感じられる。構造についても特に馬頭観音立像などは、体幹部を十材程もの縦材を、まるで桶のように組んで構成するという、かなり技巧的で細やかなものとなっている。

このような馬頭観音立像と阿弥陀如来坐像の作風と技法は、十二世紀前半の一つの典型

写真5　阿弥陀如来坐像

を見せるものである。そうしてみると十一世紀の観世音寺周辺における、工房や造像のあり方は、規模や造形の水準までを含めて、十二世紀に至っても継承されていたことが推察される。平安時代後期の観世音寺周辺に存続した工房は、想像以上に都と密な連絡をもちながら、充実度を保ちつつ刻々と作風や技法を変化させていったようである。ここには都との間の、人事交流を想定するのが自然だと思うが、工房や仏師たちの出自や具体像はまだ不詳である。ただ、馬頭観音立像の造像の中心となった真快が、大宰権帥《だざいのごんのそち》大江匡房《おおえのまさふさ》の注文で造像したとされる十二神将像が、いま淡路島の東山寺にあり、それが明治時代に至るまでは、京都の石清水八幡宮《いわしみずはちまんぐう》に存在していたことなど(6)は、今後そのような課題への考察を深化させてゆく上で、興味深い事実だと思う。いずれにせよ、都の造像界、ないしは仏教界の中枢と常に結びついていたということが、府の大寺時代の観世音寺の特徴であった。そしてこのことには、僧だけではなく、大江匡房をはじめとする都から来た大宰府の高官たちが、小さからぬ役割を果たしたであろうことは想像に難くない。

(6)　このことについては、武笠朗「兵庫・東山寺蔵石清水護国寺旧在の大江匡房奉納真快作十二神将像」(『佛教藝術』二〇三・一九九二年七月)がある。

さて観世音寺には、もう一軀、重要な丈六像が存在している。鎌倉時代の貞応元年（一二二二）に造像された、不空羂索観音立像である。[7] 巨体を前後二材から構成する寄木造の像である。この像は、ここまで取り上げてきた平安時代後期の仏像とは、異質な趣をもっている。顔立ちを見ると、口元が引き締まり、目の輪郭にもしっかりとした抑揚があって、凛々しく意志的な表情をしている。冠に押さえられてふくらむ髪などは、細やかに刻まれ

写真 6　不空羂索観音立像

（7）この像については、井形進「観世音寺の木造不空羂索観音立像」（『九州歴史資料館研究論集』三二・二〇〇七年三月）がある。

た毛筋とも相まって、自然な感がある。広い胸は丸みを帯びてたっぷりと厚く、脇腹で一旦締まりを見せた後に、張り切った腰や大腿部をへて、膝あたりで再び少し引き締めつつ、緩やかに裾を開いて地着へと至るその様子には、流麗な抑揚と充実感とがある。衣の形状は左右対称ではなく、衣文は深浅や枝分かれを見せ、より自然な表現を志向している様子が窺える。本像は、鎌倉時代の作風をいち早く体現した存在なのである。

巨像を破綻なく、新しい作風で造像するという点において、この像は、府の大寺としての観世音寺の造像の伝統に、正しく連なっているものだ、と言うことができる。観世音寺の丈六像は総じて、都風の作風と技法とを見せ、京都や奈良の寺院に安置されていても、違和感のない作であることを特徴としている。ただしこの不空羂索観音立像には、観世音寺の他の丈六像とは異なる点もある。それは造像事業のあり方である。他の丈六像においては、疎密はともかく、何らかの形での造像への大宰府の関与を窺うことができた。しかしこの像においてはその形跡は見出しがたく、寺は、勧進、つまり多くの人の寄付を募るという、新しい形で造像に臨んだのであった。この像は、府の大寺の造像の掉尾を飾る存在であると同時に、地域の観音信仰の聖地として転生した観世音寺の、新たな一歩を象徴する存在でもあるのだと思う。そしてここで転生した観世音寺は、鎌倉時代以降実を失った大宰府が、遺跡をのこすのみとなった今も、法灯をともし続けているのである。

4 寺と彫像に見る九州

（一）用材から見たとき

ここまで観世音寺について、丈六像を中心に見てきた中では、観世音寺と観世音寺の仏像が、都を離れた九州という一地方にありながら、都と直結した存在であることを明らかにすることとなった。それは観世音寺の、大きな特徴であり魅力である。しかし観世音寺は、九州にある寺院である。それゆえに観世音寺の仏像も、都風であるだけではなくて、九州の仏像らしい特色も備えているのである。ここでは、このことについて見てゆきたい。この時にまず注目されるのは、仏像の材である。使われている木材の種類ということである。

写真7　聖観音立像〔杵島観音〕（太宰府市市史資料室写真提供）

日本の造像技法は、飛鳥時代から奈良時代までは、塑土をはじめとする、やわらかい素材を盛り上げてゆきながら像を形づくる、捻塑的《ねんそてき》技法が主流であったものの、平安時代以降はかたい素材を彫り込んでゆきながら像を形づくる、彫刻的技法が主流となって、現在へと至っている。この、彫刻的技法における主たる素材が、木材なのである。そして、時代によって捻塑的技法が主となったり、彫刻的な技法が主となったりという変化があるように、木彫技法の中においても、時代によって主として使用される材が変化していった。奈良時代末から平安時代前期にかけては榧《かや》が主として使用され、平安時代後期以降は桧《ひのき》が圧倒的に多く使用される。ちなみに飛鳥時代においても、木彫像は見受けられるのであるが、その材は基本的に、樟《くす》が使用されている。

また使用される木材に関しては、時代による傾向のみならず、地域による傾向もある。九州において言えば、現存する、平安時代以降、とくに平安時代後期以降の像を見渡すと、どこか鄙びた像を中心としながら、樟が仏像の材として多用されているのである。そのような中にあって観世音寺の諸像は、その都風の作風と技法に反するかのように、樟材を用いた仏像が大層多いことを特徴としている。現在宝蔵に安置されている木彫像は十六軀で、これに講堂安置の聖観音立像と九州国立博物館に貸し出されている阿弥陀如来立像を加え、重要文化財の指定を受けている木彫像が十八軀、寺には伝わっているわけであるが、その中の実に十二軀が樟材だと看取される。この割合の高さは尋常ではない。そしてこれは、こと観世音寺の場合においては、九州では樟の方が調達が容易だったから、などという消極的な理由に、全面的に帰すべきことではないと思う。寺史上とくに重要な尊像である、丈六の聖観音坐像と不空羂索観音立像が、共に樟材であることからも、そのことは強く感じられる。

このように重要な尊像をはじめとする観世音寺の多くの像について、樟材の使用が見受けられることについては、まだ史料に基づいた明瞭な説明をすることはできないものの、樟の木の前に立つ時、一つの解釈を提示することはできる。九州で寺社をめぐると、樟の巨木を目にすることがある。神社では注連縄《しめなわ》が張られたりしている樟の木は、太い幹をもち天を蔽って大きく広げた枝に、緑濃く葉を茂らせている。その姿は力強く、また神々しくもあり、神木として尊崇されるのも自然なことだと思いながら仰ぎ見ている。九州における、あるいは観世音寺における樟材の多用については、聖性を備え生命力に満ちた樟が、聖なる像の身体となるに相応しいと考えられた可能性も、意識しておきたいと思うのである。もとより仏像の材木については、ただの木ではなく、何らかの形での聖化が図られるものである。儀式による場合もあれば、神木のような聖なる材を用いる場合もある。九州における樟材の使用について、とくに後者と意識として連なる場合がある可能性を、ここで試みに指摘しておきたい。これはしかし恐らく、官人にしろ僧にしろ仏師にしろ、都ゆかりの人物が主導したものではないだろうと思う。造像の場に、在地の志向や意向が強く反映される場合があったことを、示しているものだと思うのである。ともあれ、実際の意識の如何はともかくとしても、樟材の多用という点に、九州の寺としての観世音寺の一面を見ることができるのは事実である。

(二) 海を越えてきた彫像

観世音寺の仏像について見てきて、都直結の仏世界に、在地の伝統が交錯する様子を看て取ることができた。この、都からの影響と在地の伝統というものは、一般に九州の歴史や文化を考える時の、三つの重大な要素のうちの、二つである。九州の歴史や文化は、三つの要素がそれぞれ三原色のように働くことで、その時その場の在り方が形成されている

写真 8　宋風獅子（吽形）

写真 9　宋風獅子（阿形）

のだと言うことができる。例えば色彩の世界においては、すべての色を、赤、青、黄色の三原色を、それぞれの割合を変えながら混ぜることによって、表現することができる。それと同じく、三つの要素がその時その場で強弱を見せながら絡み合うことで、その時その場の歴史や文化の在り方が形成されているのだ、と考えることができるのである。そしてここまで登場していない、三つの重大な要素のうちのもう一つが、大陸からの影響である。

　もちろん時と場によって、三つの要素のうちの一つが無となる場合もある。しかし観世音寺の場合においても、大陸との交流の窓口である九州にある寺院らしく、大陸からの影響が直接及んでいたことを、伝えてくれている存在はある。それは仏像ではない。木彫の巨像が多い中にあって、もしかするとなかなか目に留まらないかもしれないが、一対の石造の獅子がそれなのである。丈六の馬頭観音立像の足元に蹲っている。一見して、日本の獅子や狛犬と比較すると、異風が感じられる存在である。生物としての獅子が確かに造形の源にはなっているのだけれど、顔は角張っていて四角く、爪は三角錐状に尖り、首輪には半球形の鈴が連なっていたりと、どこか幾何学図形を思わせる趣をもっている。そしてなにより特徴的なのは、一対のうちの片方の獅子が、リボンがついた毬をもち、もう一方が子獅子を抱く、いわゆる子持球取の姿をしていることである。このような像容や造形の特徴をもつ石造獅子を、宋《そう》風獅子《ふうしし》と呼んでいる。宋とは、十世紀から十三世紀にかけて存続した中国の王朝名である。そして宋風獅子は、かつては宋に倣って日本で制作された可能性も指摘されていたが、私は今、概ね全てが中国製であろうと考えるに至っているものである。

　この宋風獅子は、周囲を見渡すと、宗像市の宗像大社に代表的な作例があり、糟屋郡久山町の首羅山遺跡、糟屋郡篠栗町の若杉山、福岡市西区の飯盛神社などにも存在している。こうして見ると、さして珍しい存在ではないような気がするものの、実は全国的に見ると、十五件程度が知られるのみであるうちの、一件が京都、一件が岡山、一件が山口にあり、近年一件が鹿児島で見出されている他は、全てが福岡平野を主とする北部九州に偏って存在しているというものなのである。このように北部九州に偏在することは、やはりここが対外交流の窓口であったことによると見るべきであろう。そして宋風獅子の所在地は、対外交流と関わるなりして、大陸系の文物や文化に親しみをもつ場であった可能性を指摘することができる。(8) これは観世音寺についても言えることであって、観世音寺は都ばかりではなく、九州にある寺院らしく、大陸へも眼差しを向けていたということであろう。事実鎌倉時代の十三世紀の半ば頃、済宝という入宋僧、つまり宋に留学した僧が、帰国後に観世音寺で活発な活動を行っていたことなども知られている。観世音寺の宋風獅子は、そのように大陸への意識が高まった時期の、寺の在り方を偲ばせる貴重な生き証人なのだと見

(8)　宋風獅子については、井形進「宗像大社の宋風獅子とその周辺」(『佛教藝術』二八三・二〇〇五年十一月)があり、また最新の見解については、井形進『薩摩塔の時空 異形の石塔をさぐる』(花乱社・二〇一二年十二月)を御参照いただきたい。なお、鹿児島で最近確認された宋風獅子については、橋口亘「南さつま市加世田益山の八幡神社現存の宋風獅子—中世万之瀬川下流域にもたらされた中国系石獅子—」(『南日本文化財研究』一八・二〇一三年六月)に紹介されている。

ている。

5　結び

文化財の世界から九州を見渡してみて、ここ観世音寺こそは、まさしく九州を代表する古刹であると思う。そして観世音寺の仏像群は、規模といい数といい造形の質といい、また内容的に見ても、九州の歴史や文化を考える際における、都からの影響、大陸からの影響、在地の伝統という、三つの重要な要素を完備していることといい、まさしく九州を代表する古仏群だと言うことができる。

あえて言うならば、今にのこる仏像の多くが、康平七年（一〇六四）の大火の後に造像されたものであって、飛鳥時代にはじまり奈良時代に確かな歩みを始めたこの寺の、草創期の仏像の中で、完好な姿で現存している存在が皆無であるのは、少し残念なことではある。[9] しかしこのことについても、康平の大火があったからこそ、ここ観世音寺は、全国的にも希有な巨像群を核とした、平安時代後期から鎌倉時代にかけての古仏の殿堂になることができたのだ、と言うこともできる。失われたものを惜しむよりも、のこされたゆたかさを誇り味わいたい。緑ゆたかな大らかな空気の中で、古代九州の信仰と文化と力との結晶である、観世音寺の古仏群と向き合うことができるのは、大変に贅沢なことである。その贅沢を、楽しんでいただきたい。人によって、信仰のため、鑑賞のため、研究のため、それぞれ仏像の前に立つ目的は異なるだろう。しかし観世音寺の仏たちは、それらすべて

（9）　ただし、奈良時代以来しばし講堂主尊であった、丈六の塑造不空羂索観音立像の、上半身部分の心木と面部の断片や、金堂安置の四天王像のものかと思われる、塑造天部形像の断片などはのこされていて、往時の面影や威容を偲ぶことはできる。なお、奈良時代の大宰府管下の工房については、井形進「大宰府式鬼瓦―I式Aの造形とその成立の様相を中心に―」（『考古学ジャーナル』五八八・二〇〇九年六月）をはじめとする、大宰府式鬼瓦に関連する研究でふれている。また、仏像ではないが、観世音寺には、七世紀末という寺史の黎明期に鋳造された、強靭な美しさを備えた梵鐘が現存している。

をうけいれてくれる、大きな存在であると思う。

ただここで蛇足ながら一つ、鑑賞のため、研究のために訪れる場合に、あらためて意識していただきたいのは、仏像というものはやはり、そもそもは信仰の象徴ないしは対象そのものだということである。例え文化財としての指定を受けていても、彫刻としてのみ見ることは、文化財の「財」の部分のみを喜んで、「文化」の部分を軽視することにつながるのではないかと思う。それは、よいことではない。今私たちが古仏を前にすることができるのは、信仰者たち、そして太宰府とその周辺地域の人々が、子々孫々代々連綿とお護りし、折にふれ修理をしてきたからだということも、大切な事実である。本稿では、造像や請来当初の話ばかりしてきたけれど、実は護り伝えることは、それと同じくらい、いや、それよりもずっと困難なことかもしれないと思う。仏像の本義を見失わないためのみならず、私たちにこの贅沢な場をのこしてくれたことを感謝する意味でも、信仰と地域とに敬意を表したい。

これは、かく言う私の自省の言葉でもある。ここ観世音寺の宝蔵が、重要文化財の収蔵庫であるだけではなくて、府の大寺時代から千年を遥かにこえて脈々と生き続ける、信仰の場であることを、私は、十年近く前の、外はまだ暗い早朝の宝蔵仏前での、御住職ご夫妻の読経を耳にした時に、もしかすると初めて、明確に意識することができたような気がする。[10] それから後は、彫刻史的な話の合間に、先のようなことをしばしば語ることになったが、まだ中途半端に覚醒したままでの未熟な研究者にさえも、仏たちは静かに慈眼をそそいでくれている。

しかし実は、その顔立ちが、少しずつ変わってきているようにも思うのである。仏像の

(10) 九州歴史資料館は、二〇〇六年十一月九日から十二月十七日まで、観世音寺を会場として特別展『観世音寺』を開催した。宝蔵の展示替えは、閉館後、翌朝の開館までの夜間に行ったが、その際の早朝に、石田琳彰(高倉洋彰)石田安子ご夫妻の、お勤めの傍らにいることができたものである。

形が変わるわけはないから、これは、重ねて拝することで、見る目や意識に少しずつ、深まりがでてきているのだと思いたい。古仏拝観には、さまざまなよろこびと、御利益とがある。巡礼行、拝観行でそれを体感されることを、ぜひお勧めしたいと思う。

〔主要参考文献〕

倉田文作他『観世音寺重要文化財仏像修理報告書』（筑紫観世音寺重要文化財保存会・一九六〇年三月）
『國華』第八三一号観世音寺特輯号（国華社・一九六一年七月）
谷口鉄雄『観世音寺』（中央公論美術出版・一九六四年九月）
小田富士雄『九州考古学研究 歴史時代篇』（学生社・一九七七年一月）
石田琳彰・江上栄子『古寺巡礼 西国6観世音寺』（淡交社・一九八一年十月）
高倉洋彰『大宰府と観世音寺』（海鳥社・一九九六年十一月）
澤村仁・八尋和泉編集担当『太宰府市史 建築美術工芸資料編』（太宰府市・一九九八年一月）
『観世音寺』（九州歴史資料館・二〇〇六年十一月）
『観世音寺―考察編―』（九州歴史資料館・二〇〇七年三月）
井形進「聖地太宰府の仏たち」（『海路』第十号・二〇一二年三月）

観世音寺宝蔵

column

国宝観世音寺銅鐘

高倉　洋彰

大宰府に左遷された菅原道真公が配所で「都府楼纔看瓦色、観音寺只聴鐘声」（「不出門」）と詠んだ観世音寺の銅鐘は、「観世音寺の鐘」として環境庁（現在の環境省）の「日本の音風景百選」に選ばれ）黄鐘調の妙なる鐘声を人びとに届けている。国宝に指定されていることもあって今では限られた機会に撞かれているが、なかでも参詣の方々に撞いていただく除夜の鐘のときには希望者が多い。

その観世音寺鐘は、総高一六〇・五センチ、口径八六・三センチをはかる大型の鐘で、鐘身の高さにくらべて口径が小さく、龍頭が総高の二割におよぶなど、均斉のとれた全体にすっきりと締まった形をしている。鐘身の下から五分の二ほどのところに撞座がある。鐘は本来腰撞きされたために撞座を高く造ったが、本鐘の撞座は古鐘のなかでももっとも高く、本来の高さを保っている。肩の位置で撞くようになってから鐘口のすぐ上に造られるようになる鐘にくらべ、日本最古の銅鐘にふさわしい風格がある。撞座が荒々しい彫りで力強く表現された竜頭と直交する位置に撞座がある点も古式の特徴である。撞座を飾る複弁一二弁の蓮華文は、天台寺式とよばれる新羅系の古瓦に良く似ている。鐘身の上帯と下帯には忍冬唐草文が鋭く鋳出されている。

このように、観世音寺鐘は古期の特徴を多くもっているが、残念ながら紀年銘を欠いている。しかし、幸いなことに形態や法量が酷似する銅鐘が京都の妙心寺にある。妙心寺鐘は紀年銘のある最古の銅鐘として知られている。一九八四年に九州歴史資料館で同館の開館十周年記念「国宝観世音寺鐘妙心寺鐘とその時代」展、そして二〇一〇年には九州国立博物館の「妙心寺―禅の至宝と九州・琉球―」展で両鐘を並べて展示されたことがある。九州歴史資料館での展示の際に両鐘の実測図が作成されているが、両鐘の身の形状・数値はまったく一致することがわかった。これによって同じ工房の同じ鋳型で鋳造されたことが明らかとなり、妙心寺鐘の内側に「戊戌年四月十三日壬寅収糟屋評造舂米連廣国鋳鐘」とある銘文から制作地や制作時期を知る手がかりが得られている。糟屋評は糟屋郡のことで、現在の福岡市東区および福岡県糟屋郡に相当することから、この地で戊戌年（六九八年）に制作されたことが理解できる。一帯では、福岡市東区八田を中心に弥生時代の銅剣や銅戈の鋳型が多数出土しているし、大正時代まで銅の採掘が行われていたから、鋳造の場としての条件は十分である。

ただ、両鐘を比較すると、妙心寺鐘は竜頭の高さが低い点と上下帯の唐草文が忍冬ではなく宝相華に変わっている点が観世音寺鐘と異なる。忍冬唐草文から宝相華唐草文への変化は、新羅の雁鴨池宮殿遺跡の発掘調査によって、六七五年前後に生じていることがわかっている。そこで観世音寺鐘は妙心寺鐘よりも二〇年ほど古い時期の制作であると考えられる。

国宝観世音寺鐘

『日本書紀』によれば、筑紫大宰丹比真人嶋らが、六八二年に大宰府に大鐘を貢上している。時期的な近似、竜頭に代表される作例の重厚さ、音調のすばらしさ、そしてこれほどの大鐘がそれほど鋳造されたとは思えない点から、観世音寺鐘は六八二年に丹比真人嶋らが貢上した鐘であったと判断できる。

第3部

太宰府と天神信仰

宝満山信仰と対外交流

酒井　芳司

はじめに

宝満山《ほうまんざん》は、福岡県太宰府市の北東にそびえ、古来より信仰を集めて来た霊山である。南方の筑紫野市側からは、美しい笠の形をした独立峰としてみえるので、古くは御笠山《みかさやま》と呼ばれた。山から流れ出る宝満川と御笠川は筑紫平野と福岡平野を潤し、ゆえに農耕の守り

写真1　宝満山全景（太宰府市高雄から）

神として信仰されて来た。七世紀後半、宝満山の西南麓に大宰府の前身、筑紫大宰《つくしのおおみこともちのつかさ》が置かれたことから、この地の母なる農業神であった霊山は、古代国家と結び付き、また対外交流とも深く結び付くことになったのである。

1　宝満山のはじまり

『竈門山宝満宮伝記《かまどやまほうまんぐうでんき》』（福岡市博物館蔵）など近世に書かれた宝満山の縁起《えんぎ》は、天智天皇《てんじてんのう》が都府楼《とふろう》（大宰府政庁《だざいふせいちょう》）を建てた時、あるいは都を大宰府に建てた時に、鬼門《きもん》にあたる宝満山で鎮護のために祭祀を行ったと伝える。平成二十五年（二〇一三）はこの祭祀のはじまりから千三百五十年目にあたる。白鳳二年（天武天皇三年、六七四年）には、心蓮上人《しんれんしょうにん》に玉依姫命《たまよりひめのみこと》が現れて、竈門神社が創建されたという。いっぽう最古の縁起である『竈門山宝満大菩薩記《かまどやまほうまんだいぼさつき》』（鎌倉時代・十三〜十四世紀、神奈川県横浜市・称名寺蔵）は、神亀二年（七二五）に上宮《じょうぐう》・下宮《げくう》が草創されたとする。

写真2　平成25年（2013）10月、屋根を葺き替えたばかりの竈門神社本殿（下宮）

古代の文献史料は、大宰府成立の時期と経緯について具体的に語らない。宝満山の近世の縁起が、天智天皇が都府楼を建てたと述べることは、古代大宰府の研究史上、非常に意義深い見解だが、ここではそれを指摘するにとどめる。上宮周辺をはじめとする宝満山の山中では、八世紀後半から、土師器《はじき》、須恵器《すえき》、銅銭《どうせん》、滑石製品《かっせきせいひん》、製塩土器《せいえんどき》など祭祀に使われたとみられる遺物が多く採集されている。これらは日本の古代国家による祭祀において使用されるものである。山の西南麓に大宰府が置かれると、従来から農業神として信仰されて来た宝満山は、竈神《かまどがみ》が祀られ、大宰府鎮護の山として国家的祭祀が行われる山となった。『延喜式《えんぎしき》』神名帳《じんみょうちょう》にも筑前国《ちくぜんのくに》御笠郡《みかさぐん》の項に「竈門神社名神大」とあり、国家が幣帛《へいはく》を捧げる神社であったことがわかる。

縁起が伝えるような、七世紀後半の現在の太宰府市周辺における大宰府（筑紫大宰）創建と、宝満山祭祀との関係を裏付ける考古学的知見はない。しかし、天智天皇二年（六六三）八月の白村江《はくすきのえ》の敗戦後、博多湾岸の那津官家《なのつのみやけ》から筑紫大宰が太宰府市周辺に移転するにあたり、その土地の神として信仰されてきた宝満山で何らかの鎮祭が行われたと考える方が自然であろう。これについては、コラム「宝満山と大宰府」に詳しく述べたので、参照いただきたい。

写真3　竈門三神坐像（桃山時代・16世紀　竈門神社蔵）

大宰府鎮護の神となったことは、奈良時代の国家と深く結び付いた宇佐の八幡神《はちまんしん》とのつながりをもたらした。それまで御笠山と呼ばれたであろうこの山の神は宝満大菩薩《ほうまんだいぼさつ》と呼ばれ、八幡神の姨《おば》とされた。ここから宝満山の名が起こり、宝満大菩薩は龍王《りゅうおう》の娘であることから、海神《わたつみのかみ》の娘である玉依姫命と同じ神として信仰されるに至った。竈門神社は玉依姫命を祭神とし、玉依姫命からみて、神功皇后《じんぐうこうごう》を左、八幡神（応神天皇《おうじんてんのう》）を右に祀っており、八幡神と密接な関係を持つことを示している。

2　宝満山と入唐僧

平安時代になると、最澄《さいちょう》や空海《くうかい》をはじめとする入唐僧《にっとうそう》が唐に渡って新たな仏教をもたらし、後に天台宗や真言宗として確立する。入唐僧たちは、唐に向けて大宰府から船出するのにあたり、航海の安全を宝満山の神に祈った。延暦二十二年（八〇三）、最澄は竈門山寺《かまどやまでら》で薬師仏《やくしぶつ》四軀を彫ったとされる。古代の史料には確かな根拠がないが、『竈門山旧記』（福岡県・竈門神社蔵）など近世の縁起は、空海も同年に宝満山に登山し、祈雨を行ったと伝えている。

宝満山では、大宰府系鬼瓦をはじめとする、大宰府政庁に使用された形式や系統の瓦が出土しており、竈門山寺の実在を推測させる。唐からの帰国後の弘仁九年（八一八）、最澄は宝満山に宝塔《ほうとう》を建てることを誓願し、承和十四年（八四七）、円仁《えんにん》は宝満山の神に千巻の経を読み、仁寿二年（八五二）、円珍《えんちん》も博多浜において宝満山の神のために経を読んだ。山は航海の目印でもあり、その安全を人びとは山の神に祈った。玉依姫命が海神の娘であるように、山の神は海の神でもあったのである。

平安時代以降、とくに天台宗の祖師たちが宝満山に航海の安全を祈ったことを契機として、宝満山は天台宗との結び付きを強めた。宝満山には大山寺《だいせんじ》や有智山寺《うちやまでら》という寺院があったことが知られ、平安時代末から鎌倉時代にかけては、三百七十の坊舎があり、三百坊が学問を専らにした衆徒方《しゅとがた》、七十坊は修業を専らにした行者方《ぎょうじゃがた》であったと伝えられる。

3　中世における宝満山の信仰と対外交流

中世における宝満山は修験道《しゅげんどう》と結び付き、新たな様相をみせる。蒙古襲来を契機として、外敵に備えて修験道の力への期待が強まり、十四世紀頃までに宝満山は修験道が導入され、金剛界《こんごうかい》の山と認識されるようになる。これに対し、豊前国《ぶぜんのくに》の彦山《ひこさん》（享保十四年・一七二九年、霊元法皇《れいげんほうおう》より「英彦山」の称号を授けられる以前は「彦山」と表記した）は胎蔵界《たいぞうかい》とされた。修験道では神仏習合の傾向が顕著であり、宝満山においても磨崖梵字《まがいぼんじ》や懸仏《かけぼとけ》など神仏習合思想を表現した遺物がみつかっている。また、輸入陶磁器や中国から伝わった経典、中国で制作されたとみられる菊目石《きくめいし》（サンゴ）の塊から掘り出された珍しい獅子（福岡県・竈門神社蔵）、近年、九州西部の対外交流の要衝を中心として分布が確認され、十二世紀から十四世紀に南宋からもたらされた薩摩塔のうちの一基（十三世紀の制作、個人蔵）、北宋から南宋（十二～十三世紀）にかけての褐釉陶双耳付水注《かつゆうとうそうじつきすいちゅう》（福岡県・

写真4　褐釉陶双耳付水注（中国北宋～南宋・12世紀～13世紀　妙香庵蔵）

妙香庵蔵)、鎌倉時代・正応二年(一二八九)に宝満山の有智山明光坊唐本を書写した『両《りょう》巻疏知礼記《かんそちらいき》』(滋賀県・西教寺蔵)など、かつての宝満山の盛んな対外交流を物語る遺品が現代に伝わっている。

しかし宝満山では、十四世紀に北部九州を支配する少弐《しょうに》氏の本城である有智山城《うちやまじょう》が南谷に築かれ、十五世紀まで有智山城は落城と少弐氏の奪還を繰り返した。また、十六世紀には豊後《ぶんご》の大友《おおとも》氏により、宝満山は城塞化され、宝満城と呼ばれるようになる。宝満城は高橋紹運《たかはしじょううん》が城主に任じられたが、天正十四年(一五八六)の岩屋城《いわやじょう》の落城と紹運戦死の後、島津軍に降伏し、多くの建物が焼失した。

4 近世の宝満山と修験道

中世末の戦乱で被害を受けた宝満山は、豊臣秀吉や小早川隆景《こばやかわたかかげ》によって米の施入や建物の造営が行われ、復興されていった。慶長五年(一六〇〇)に黒田長政《くろだながまさ》が筑前国《ちくぜんのくに》を受領した後は、黒田藩《はん》(福岡藩)による復興が行われた。近世初頭の宝満山は座主《ざす》も定まらず、戦国時代以来の混乱が続いた。万治元年(一六五八)に平石坊弘有《ひらいしぼうこうゆう》が衆頭となり、祭事や法会の復興、講堂の再建を行うなど、復興に努めた。しかし、彦山《ひこさん》(英彦山)との本末争論を経て、弘有が失脚すると、福岡藩により座主として楞伽院兼雅《りょうがいんけんが》が任じられた。その後も彦山との争いは続き、元禄九年(一六九六)、福岡藩の裁定によって和睦がなり、混乱に終止符が打たれた。

写真5　明和四丁亥歳宝満派入峯絵巻（江戸時代・明和４年（1767）　大佛大圓寺蔵）

宝満山は、彦山を胎蔵界《たいぞうかい》とするのに対して、金剛界の修験の山とされ、近世においては、宝満山の山伏が秋に彦山に駈ける峰《みね》入《い》り（大峯《おおみね》）、春に宗像孔大寺山《こだいしやま》を胎蔵界として駈ける峰入り（葛城峯《かつらぎみね》）、夏に山内を巡る大巡行《おおめぐりぎょう》が行われた。

明治元年（一八六八）の神仏分離令の布告を契機に、宝満山では廃仏毀釈《はいぶつきしゃく》が行われ、山内の建物や仏像、仏具、経典などが徹底的に破壊された。二十五坊あった山伏も山を降りていき、後に修験道も廃止された。しかし山伏は地域社会の中で命脈を保ち、峰入りも次第に復興されていった。一九八二年、開山心蓮上人の千三百年遠忌を記念して宝満山修験会が結成され、峰入りが本格的に復興された。二〇一三年には宝満山から英彦山への峰入りも再興され、宝満山も国の史跡に指定されるなど、その歴史を未来に伝える地域の人びとの努力が実を結びつつある。

〔参考文献〕
中野幡能『八幡信仰史の研究（増補版）上・下』吉川弘文館、一九七五年
小田富士雄編『宝満山の地宝―宝満山の遺跡と遺物―』財団法人太宰府顕彰会、一九八二年
五来重編『山岳宗教史研究叢書18修験道史料集〔Ⅱ〕西日本編』名著出版、一九八四年
財団法人神道大系編纂会編・中野幡能校注『神道大系神社編四十七 宇佐』一九八九年
森弘子『宝満山の環境歴史学的研究』財団法人太宰府顕彰会、二〇〇八年
九州国立博物館編『トピック展示 祈りの山 宝満山』財団法人太宰府顕彰会、二〇〇九年
井形進『薩摩塔の時空―異形の石塔をさぐる』花乱社、二〇一二年

太宰府から見た宝満山

column

宝満山と大宰府

酒井　芳司

1　考古学にみる宝満山の起源

福岡県太宰府市の北東にそびえる宝満山《ほうまんざん》（標高八二九・六m）は、古代より信仰されて来た霊山であり、御笠《みかさ》山《やま》・竈門山《かまどやま》とも呼ばれる。一九六〇年の鏡山猛氏や小田富士雄氏を中心とする調査（小田富士雄編『宝満山の地宝―宝満山の遺跡と遺物―』財団法人太宰府顕彰会、一九八二年）、近年の太宰府市教育委員会による調査をふまえると、考古学的には、山中では八世紀初頭から遺跡がみられるようになるが、遺跡や遺物は八世紀後半以降のものである。それらは、土師器《はじき》や皇朝銭《こうちょうせん》、滑石製品《かっせきせいひん》であり、国家的な祭祀が行われていたことを推定させる。

いっぽう太宰府市内山の辛野《からしの》遺跡では、観世音寺《かんぜおんじ》と筑前国分尼寺跡《ちくぜんこくぶんにじあと》など寺院でしかみつからない土師器の鉢や、祭祀に使われた製塩土器《せいえんどき》とともに、「神」や「寺」という銘文がある墨書土器《ぼくしょどき》が出土している。延暦二二年（八〇三）閏一〇月二三日、伝教大師《でんぎょうだいし》最澄《さいちょう》は唐に渡る際、渡海の平安を祈るために竈門山寺《かまどやまでら》で薬師仏四軀を彫った（『扶桑略記《ふそうりゃっき》』『叡山大師伝《えいざんだいしでん》』など）。この竈門山寺がすでに八世紀後半には、宝満山中に姿を現していたのである。

このように宝満山の信仰は、考古学的にみると、八世紀後半までは確実に遡る。そして、その信仰が国家的祭祀であったこと、また神祇祭祀のみならず、すでに仏教的な性格をあわせ持っていたことが考えられる。

2　宝満山のはじまりと大宰府の建設

宝満山の縁起については、すでに森弘子氏による研究があり（森弘子『宝満山の環境歴史学的研究』財団法人太宰府顕彰会、二〇〇八年）、縁起についての記述はその成果に多くの学恩を蒙っている。近世の縁起は、貞享四年（一六八七）に宝満山座主《ざす》平石坊弘有《ひらいしぼうこうゆう》が編纂した『宝満宮伝記』（写本は『竈門山宝満宮伝記』文化一〇年

〔一八一三〕、福岡市博物館蔵など）を祖とし、これを読み下しにした『竈門山宝満宮縁起』（延享四年〔一七四七〕、福岡県筑紫野市・山家宝満宮蔵）や『竈門山旧記』（一八〜一九世紀、福岡県太宰府市・竈門神社蔵）がある。『竈門山宝満宮伝記』によると、天智天皇《てんじてんのう》が大宰府《だざいふ》に都を建てた時（『竈門山宝満宮縁起』と『竈門山旧記』は天智天皇が大宰府に都を建てた時とする）、宝満山で八百《やお》万《よろず》神《のかみ》を祀らせたことが宝満山における祭祀のはじまりとされ、ついで白鳳二年（天武天皇三年〔六七四〕）に心蓮上人《しんれんしょうにん》が玉依姫命《たまよりひめのみこと》の出現をみて、これによって社殿が造営されたと伝える。宝満山の祭祀の起源を考古学の研究成果よりもかなり遡らせる伝承である。しかし、宝満山の祭祀のはじまりが大宰府との関係をもって語られることは、例えば英彦山や求菩提《くぼてさん》山の創建縁起とは異なる特徴である。そのいっぽうで、八世紀初頭に実在し、山林修行にも関わった僧である宇佐氏出身の法蓮《ほうれん》を思わせる名前の心蓮上人による開山伝承は、八幡神との関係を想像させ、この点は英彦山や求菩提山と共通する。

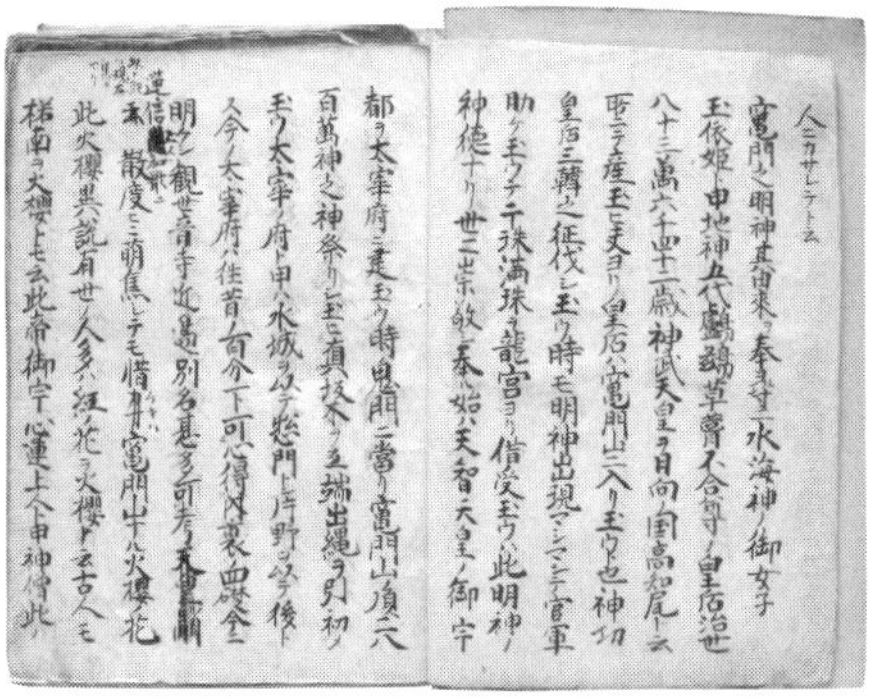
写真1　竈門山旧記（竈門神社蔵）

宝満山最古の縁起は、称名寺《しょうみょうじ》二代住職剣阿《けんあ》（一二六一—一三三八）が所持していた『竈門山宝満宮大菩薩記《かまどやまほうまんぐうだいぼさつき》』（鎌倉時代・一三〜一四世紀、神奈川県横浜市・称名寺蔵）である。これによると宝満山の神を祀る竈門神《かまどじん》社《じゃ》の上宮・下宮と神功皇后《じんぐうこうごう》を祀る香椎廟《かしいびょう》が神亀元年（七二四）に創建されたという。現在、竈門神社の祭神は、玉依姫命・応神天皇《おうじんてんのう》・神功皇后の三神である。『竈門山宝満宮大菩薩記』では、宝満山の神が神功皇后の三韓征討を助けたことが述べられており、この記述は八幡信仰との関係にもとづいている。すでに天平勝宝七歳（七五五）・延喜二一年（九二一）の託宣《たくせん》で竈門明神は八幡神の姨《おば》とされ（『八幡宇佐宮御託宣集《はちまんうさぐうごたくせんしゅう》』第二巻）、遅くとも一〇世紀初頭以前に宝満山は八幡神との関係を生じていた。

写真2　大宰府政庁跡から宝満山を望む
（栗原隆司氏撮影）

宇佐八幡宮では、神亀二年には現在の宇佐神宮の鎮座地に小倉山社が造営されている。八幡神は隼人征討や東大寺大仏造営への協力を通じて急速に国家との結び付きを強めて行く。宝満山の東側、大宰府から宇佐を含む豊前へのルート上に位置する旧筑穂町（現在は飯塚市）に鎮座し、宇佐八幡宮五所別宮の第一とされる大分《だいぶ》八幡宮も、『八幡宇佐宮御託宣集』や『筥崎宮縁起』によると、神亀三年の創建と伝える。八幡神と大宰府との結び付きが強まって行く過程で、宝満山の神も八幡神とのつながりを持ち、また何らかの整備がなされたとしても不思議はない。

通説では、中世の八幡信仰の広がりの中で、宝満山と八幡神とのつながりを古代に遡らせたと考えるが、少なくとも北部九州における仏教とのつながりを持って成立した山岳信仰との関わりの中で、宝満山の祭祀がはじまったことは確かであり、また大宰府の創建と密接に結び付いた宝満山の起源伝承はきわめて特徴的である。したがって、七世紀末ないし八世紀前半から、宝満山の国家的な色彩を帯びた祭祀が開始されていた可能性は否定すべきではないであろう。

森弘子氏が指摘するように、宝満山は、地主神《じぬしがみ》である大田《おおた》明神《みょうじん》・小田《おた》明神《みょうじん》の存在が知られ、本来、この山の神は農耕神であったと推定される。古来、宝満川と御笠川の水源として、筑紫平野と福岡平野を潤す水分《みくまり》の山として信仰されてきた霊山であり、大宰府が置かれた御笠郡の名が、宝満山の古い名である御笠山に由来するのは確実である。まさに大宰府の地の母なる山であった。七世紀後半、大宰府の前身である筑紫大宰《つくしのおおみこともちのつかさ》が現在の地に置かれた際にその加護を願う祭祀が執り行われたというのは、きわめて可能性が高いことと考えるのである。

菅原道真と大宰府

松川　博一

はじめに

延喜三年（九〇三）二月二十五日、梅も終わり桜が咲きかける頃、「天神さま」こと菅原道真は、失意と悲哀のなか、波乱に満ちた生涯を閉じた。その終焉の地となったのが、大宰府である。当時の大宰府は、地方最大の役所である大宰府が置かれ、平安京に次いで大きな古代都市が広がっていった。その大宰府に道真が下ってきたのは、延喜元年のことであった。文人貴族の家柄に生まれた道真は、類い希なる才能と天皇の厚い信任を得て、右大臣の地位まで昇り詰めるが、その才能や出世をねたむ者たちの陰謀により大宰府に左遷され、この地で亡くなり、その亡骸は大宰府の地に葬られた。その霊を慰めるために建立されたのが、現在の太宰府天満宮である。

1 菅原道真　波乱の生涯

道真は、承和十二年（八四五）に文章博士菅原是善《すがわらのこれよし》の子として生を受けた。(1) 菅原家は、道真の父祖の代から、史書と詩文を講じる学者の家柄であった。祖父の清公《きよきみ》は、空海や最澄とともに遣唐使の一員として唐に渡り、帰国後、その経験と学識により文人官僚として要職を歴任し、文章博士を兼ね「儒門の領袖」と称された。しかも、学者としては異例の従三位まで昇進し上級貴族の仲間入りを果たしている。父の是善もまた、道真が生まれた年に文章博士に任じられ、多くの後進を育てた。その後も大学頭・左京大夫・刑部卿などの重責を全うし、晩年、議政官である参議として国政に参画している。生まれながらにして道真は、文人貴族としての血統を継承するとともに、文章博士として文人を領導すべき使命を負っていた。

とりわけ詩文の才は、清公から是善へ、そして道真へと遺憾なく受け継がれた。道真は十一歳ではじめて「月夜に梅華を見る」という題の漢詩を詠み、父と師の島田忠臣《しまだのただおみ》を驚か

（1） 菅原道真の生涯についての主な論著は、以下のものがある。坂本太郎『菅原道真』吉川弘文館、一九六二年。阿部猛『菅原道真　九世紀の政治と社会』教育新書、一九七九年。平田耿二『消された政治家菅原道真』文春新書、二〇〇〇年、所功『菅原道真の実像』臨川選書、二〇〇二年。藤原克己『菅原道真　詩人の運命』ウェッジ選書、二〇〇二年など。

せている。父の是善もまた、十一歳の時に殿上へ召されて天皇の前で詩を賦したというから、その文学的な早熟さも父親譲りというべきであろう。その後も寸陰を惜しんで勉学に励み、文章生から文章得業生へ進み、二十六歳の時に難関の国家試験である方略試に及第している。二十二歳の時には、父に代わり円仁撰の『顕揚大戒論』の序を草するように命じられ、見事その重責を果たした。また、菅原三代の功績として忘れてならないのは歴史書や法令集の編纂である。道真も六国史の最後を飾る『日本三代実録』や六国史の記事を事項別に分類した『類聚国史』を撰修している。

道真はその文才から外国使節の応接を担当する玄蕃助や天皇の詔勅を起草する少内記などを務め、三十三歳で家職ともいえる文章博士に任じられている。その時、周りの人々は彼の洋々たる前途を祝したが、ただひとり父の是善だけは非凡なる才能を持った息子の行

図1　天神名号および束帯天神像　黒田綱政筆（太宰府天満宮所蔵）

く末を案じた。その二年後、是善が亡くなり道真は父の跡を継いで私塾「菅家廊下」の主宰者となり、多くの門徒弟子を育てて官界に送った。一時期、讃岐守として地方に下るが、ふたたび中央政界に呼び戻され天皇の秘書官である蔵人頭の職に就く。その後は天皇の信任厚く政界の中枢を登り詰めていく。宇多天皇が道真を頼りにしていたことは、宇多天皇が次帝の醍醐天皇に与えた「寛平御遺誡」の内容からも伝わってくる。宇多天皇が立太子や譲位について道真一人に相談したことを述べ、新帝にとってもかけがえのない人物であることを説いている。

宇多天皇の治世はのちに「寛平の治」と称され、天皇親政の時代として聖代視される。宇多天皇は菅家廊下の門下生をはじめ有能な人材を重要なポストに登用し、現実に即した具体策を建議させ、地方政治の建て直しと有力な皇族・貴族の抑圧に務めた。言うまでもなく中央・地方において実務経験を積んできた道真はその筆頭として重用されたのである。また、宇多天皇と道真を強く結びつけたのは文芸の場であった。道真が編纂したとされる『新撰万葉集』の序には「当今寛平の聖主（宇多）、万機の余暇、宮を挙げて方に歌を合わする事有り」と記されており、自ら文壇を主導する宇多天皇の姿が窺える。

文人として政治家として重きをなした道真であったが、亡き父が心配したようにそのことは必ずしも手放しで喜んでいられる事態ではなかった。当時、文人とは儒教・法学・詩文が優長で、文官の師範となるに堪えうる者を指し、その多くは大学の教官として後進の養成に従事した。彼らは律令国家の知徳の象徴として、宮廷の盛儀においては特に召されて漢詩を献じ、学芸により天皇へ仕える義務と責任を負っていた。一方、文人社会の枠を超えて政治の中枢で栄達を極めることは、本人の意志にかかわらず反感と脅威の対象とされた。文人社会に身を置く三善清行《みよしのきよゆき》は、右大臣の道真に辞職を勧告している。とりわけ摂関政治の確立を目指し、常に道真に対抗意識を持っていた藤原時平《ふじわらのときひら》にとって、彼の存在は大きな障害であった。昌泰四年（九〇一）正月、突然逆心ありとして大宰権帥《だざいのごんのそち》への左遷が言い渡されることになる。道真が右大臣であることに加え、娘の衍子《えんし》を宇多天皇の女御に入れ、更にもうひとりの娘を宇多天皇の皇子である斉世親王《ときよしんのう》の室としたことが、天皇擁立の謀略ありとの嫌疑に繋がったといわれている。道真は平安京を追われ、九州・大宰府へ西下することになる。いわゆる昌泰の変である。

2 道真の眼に映った大宰府

昌泰四年正月二十五日、醍醐天皇の命により道真の大宰権帥への左遷が布告され、翌月一日、道真は慌ただしく都を去ることになる。その扱いは、一般の役人の赴任とは程遠く、流罪人の護送に比しても冷薄なものであった。道真の胸中には、平安京を離れる寂しさとこれから向かう大宰府への不安が幾度となく去来したことであろう。

道真の大宰府下向については、路次の国々による食料や馬の支給が禁じられている。律令の規定では、流罪人の移送ですら路次の国々が食料の供給を行うとともに、場合によっては伝馬を利用することもできた。しかしながら、道真は食料の支給も認められず、実に酷薄な処遇であった。その無念さと旅路の悲惨さは『菅家後集』に収められている「叙意一百韻」の冒頭に切々と語られている。そこには、疲れ果てた馬に何度も鞭を振るい、蹄が破れても馬の交換は許されず、渡し場では艫《へさき》の壊れた船が迎えにきたと詠まれている。

一五〇〇里の道程を旅してきた道真が大宰府に到ったと実感したのは、行く手を塞ぐ水城の東門を抜けてその内部にひろがる大宰府の景観を目にした時であったであろう。手前には筑前国分寺の堂塔がせまり、向かう先には大宰府政庁の楼閣が見え、さらにその奥には観世音寺の伽藍を遠く望むことができる。山野や村落ばかりを目にしてきた道真にとって、都への郷愁を誘うには十分な光景であったであろう。

『菅家後集』に収められている「叙意一百韻」には道真が大宰府に到着したときの模様が次のように詠まれている。

図2　推定朱雀門の礎石

税駕南楼下　　駕をおろす　南楼の下

停車右郭辺　　車を停む　右郭の辺《ほとり》

宛然開小閣　　あたかも小閣《しょうかく》を開くがごとし

覩者満遐阡　　観《み》る者　遐阡《かせん》に満てり

ここには、「南楼」「右郭」「遐阡」など、当時の大宰府の景観を復原する上で重要な表現がちりばめられている。まずは道真一行が大宰府で車から牛馬を解いた場所である「南楼下」とは、「楼」と称し得る重層の建物で、しかも「南」を冠するとすれば二つの可能性がある。ひとつは、大宰府の中枢・大宰府政庁の正門、つまり南門である。もうひとつは、宮城でいう朱雀門である。現在、政庁周辺の発掘調査の成果から、政庁を中心とし、東限を学校院、西限を蔵司の西にある来木丘陵の西側を中心とする東西幅約九〇〇メートルの官衙域（官庁街）が想定され、さらにその官衙域南門から御笠川にいたる張り出しを持ち、全体として凸型を呈していた可能性が指摘されている。[2]しかも、御笠川の改修工事の際に、政庁の中軸線を延長した川の中から、政庁跡の礎石をはるかに凌ぐ巨大な礎石が発見され、大宰府の官衙域の正門ともいえる朱雀門の存在が想定されるようになってきた。流罪人同様の扱いを受けてきた道真が、大宰府に到着するや大宰府の中枢部である政庁の南門の前に車を乗り付けるとは考え難い。「南楼下」とはその外郭である官衙域の正門、つまり推定朱雀門の前を想定すべきであろう。その後、道真一行は館舎が用意されていた「右郭」の路辺に車を停め、館舎である「南館」に入った。

道真の詩の中には大宰府の都市空間にかかわる表現が散見する。『菅家後集』にたびたび登場する「郭」とはいかなる空間を示す表現なのであろうか。本来、「城」と「郭」は、「宮」とともに中国都城（京師）の空間構成を示す語句であり、「宮」は皇帝の居処を、「城」は官庁街を、「郭」は官僚等の住宅街を指し、その総体を「都城（京城）」と称した。[3]つまり、「郭」とは官人の居住区を中心とした都市的な空間を意味する語句である。大宰府の「郭」という呼称は、京師ではない大宰府において「右京・左京」の名称を使用することをはばかり、中国の古典にみえる官人居住区を意味する「郭」の語句を援用したと考えられる。少なくとも九世紀段階で一辺小尺三〇〇尺＝大尺二五〇尺にあたる約九〇メートルの方格地割を有する都市的な空間、つまり「大宰府条坊」が存在し、当時、それを「郭」と呼んでいた可能性は高い[4]（24頁参照）。さらに「遐阡」とは、南北の大路のことを表す言葉であり、古代都市大宰府を南北に貫く約三六メートルの幅をもつ中央南北路「朱雀大路」[5]を指

（2）　石松好雄「大宰府庁域考」（『大宰府古文化論叢』上巻、吉川弘文館、一九八三年）。

（3）　豊田裕章「中国都城制に関する一考察―「宮」・「城」・「郭」という言葉を中心に―」（『網干善教先生古稀記念考古学論集』下巻、網干善教先生古稀記念会、一九九八年）。

（4）　井上信正「大宰府条坊区画の成立」『考古学ジャーナル』五八八、二〇〇九年。同「大宰府条坊の基礎的考察」『年報太宰府学』第五号、二〇一一年など。

（5）　狭川真一「大宰府の朱雀大路」（『文化財学論集』、文化財学論集刊行会、一九九四年）。

すと考えられる。

つまり、道真一行は「南楼」＝推定朱雀門の前でいったん車を停め、その後、「遐阡」＝推定朱雀大路を南下し、その大路沿いの「右郭」＝大宰府条坊に所在する館舎へ入ったことになる。漢詩の「観る者　遐阡に満てり」という一節は、道真を一目見ようと大路を占拠する群衆の様子をよく表しており、右大臣菅原道真の左遷が大宰府においても一大事であったことがわかる。

3　大宰府でのくらしと住まい

当時の中央貴族にとって、大宰府は千里離れた西辺の地であるとともに、「京に似て京にあらず、国に似て国にあらず」[6]という、その中間に位置する特殊な官司であり地域であった。大宰府への赴任は、都を遠く離れ寂しい地方暮らしを強いられる期間でもあるが、自らの手腕を発揮して実績をつくり中央政界で活躍するための階梯でもあった。九世紀の大宰府では、小野岑守《おののみねもり》をはじめ、清原岑成《きよはらのみねなり》・藤原冬緒《ふじわらのふゆお》など、能吏としてまた文人として称えられる有徳才良の人物が大宰大弐として着任し、府政を主導していた。大宰府の運営がいかに重要かつ困難なものと認識されていたかを物語っている。

一方、大宰府は、奈良時代より政争に敗れた官人の左遷の地でもあった。特に員外帥《いんがいのそち》や権帥《ごんのそち》などは、参議以上の高官を中央政界から遠方に追放するための都合のよいポストであった。道真の大宰府での職名については、史料によって員外帥と記すものも存在する

（6）『類聚三代格』六　公解事　承和五年（八三八）六月廿一日太政官符（原文漢文）。

が、史実としては当時の宣命《せんみょう》にも見える権帥とするのが正しいと考えられる。しかし、正史にみえる権帥もしくは員外帥任官者の経歴を通観していくと、道真以前の権帥はいずれも大宰府の現地最高責任者としての補任であり、一方の員外帥をみていくと、藤原豊成と藤原吉野はそれぞれ橘奈良麻呂の変・承和の変の連座者であり、藤原浜成は勤務態度の不良による正帥からの降格である。[7]それらに照らせば、本来、左遷である道真の場合、員外帥の方がふさわしいのであろうが、すでに薬子の変に連坐した阿保親王《あぼしんのう》の段階においても正史の中で権帥と員外帥の混同が見られる。道真は、名目は権帥、内実は前代の員外帥にあたるといえる。

その処遇は、皇位と政権をめぐる争いにより中央政界から大宰府下向を余儀なくされた藤原浜成や藤原吉野の例に照らせば、①給与は正帥の三分の一、②従者は八人から三人に減員、③大宰府の政務には関与しないことなどになる。[8]『菅家後集』には「飡は月の俸に支へられて　恩極まり無し」(「官舎幽趣」)の一節があり、少なくとも一ヶ月分の食料にあたる月俸(月料)支給の事実が確認できる。公廨《くがい》(給与)や傔仗《けんじょう》(従者)についても浜成や吉野の例からも無給とは考えにくい。たしかに道真の漢詩から想像される境遇からすれば恵まれた待遇と思われるかもしれないが、かつて右大臣まで登り詰めた道真の心境を思えばかような処分でも過酷なものに感じられたのであ

図3　榎社(太宰府天満宮写真提供)

(7) 左遷の内実は、藤原京家と式家との対立を背景として式家百川が推す山部親王(桓武天皇)の立太子に対して京家浜成が不賛成の意を示したことに端を発する可能性が高い(佐藤信「藤原浜成とその時代」『歌経標式　注釈と研究』桜楓社、一九九三年)。

(8) 松川博一「菅原道真終焉の地大宰府」『日本歴史』第六五二号、二〇〇二年。

ろう。

道真の大宰府での住まいは、「南館」と呼ばれ、その故地は大宰府政庁から四〇〇メートルほど真南へ下った地にある榎社《えのきしゃ》と考えられている。榎社が「南館」であったことを示唆する史料(9)によると、榎寺こと浄妙院は、治安三年(一〇二三)あるいは万寿二年(一〇二五)、時の大弐であった藤原惟憲によって「天神の御車をとどめられし地」に建立もしくは修造された一寺であることが記されている。おそらくは「叙意一百韻」の一節である「停車右郭辺」をふまえた表現と考えるべきであろう。さらに現在の榎社の所在地が、「大宰府条坊」の「右郭」に位置し、しかも「推定朱雀大路」に面していたことは発掘調査の成果に基づく条坊復元案からも確認できる。このように見てくるならば、榎社は、かつて道真の謫居であった「南館」が所在した場所とみて間違いない。

「南館」が所在した「推定朱雀大路」に面するこの一帯が大宰府の高官の居住域であったことは、周辺域の調査で検出された庇付きの掘立柱建物などの様相や規模、そして、中国陶磁器はもとより国産の搬入品とされる畿内産土師器や緑釉陶器などの遺物の分布(10)からも窺い知ることができる。また、榎社の周辺からは、三位以上の官人しか着用を許されない白玉帯と見られる乳白色の石帯が発見されている(11)。

「南館」の「館」という呼称は、一般に国司などの館舎を指すことから、大宰府の場合、帥をはじめとした高官の館舎ということになろう。国司の「館」は在任期間中の邸宅として支給されたものだが、当時の国司の中には前任者の死の穢れを嫌って館舎の改築あるいは新築、移転を行う者がいた。その破損の際に、その修理責任は国司が負うことになっていた。そのため、国司の交替の際、前任者は修造するだけの力がないといい、後任者は自

(9) ひとつは『天満宮安楽寺草創日記』(十五世紀成立)であり、もうひとつは『古今著聞集』巻第四(十三世紀成立)である。

(10) 中島恒次郎「遺物搬入背景立案のための一分析」『博多研究会誌』九、二〇〇一年。

(11) 井上信正「榎社周辺の遺跡」(九州国立博物館編『特別展　国宝　天神さま　菅原道真の時代と天満宮の至宝』西日本新聞社、二〇〇八年)。

図4　白玉帯　巡方　榎社周辺出土（九州国立博物館蔵）

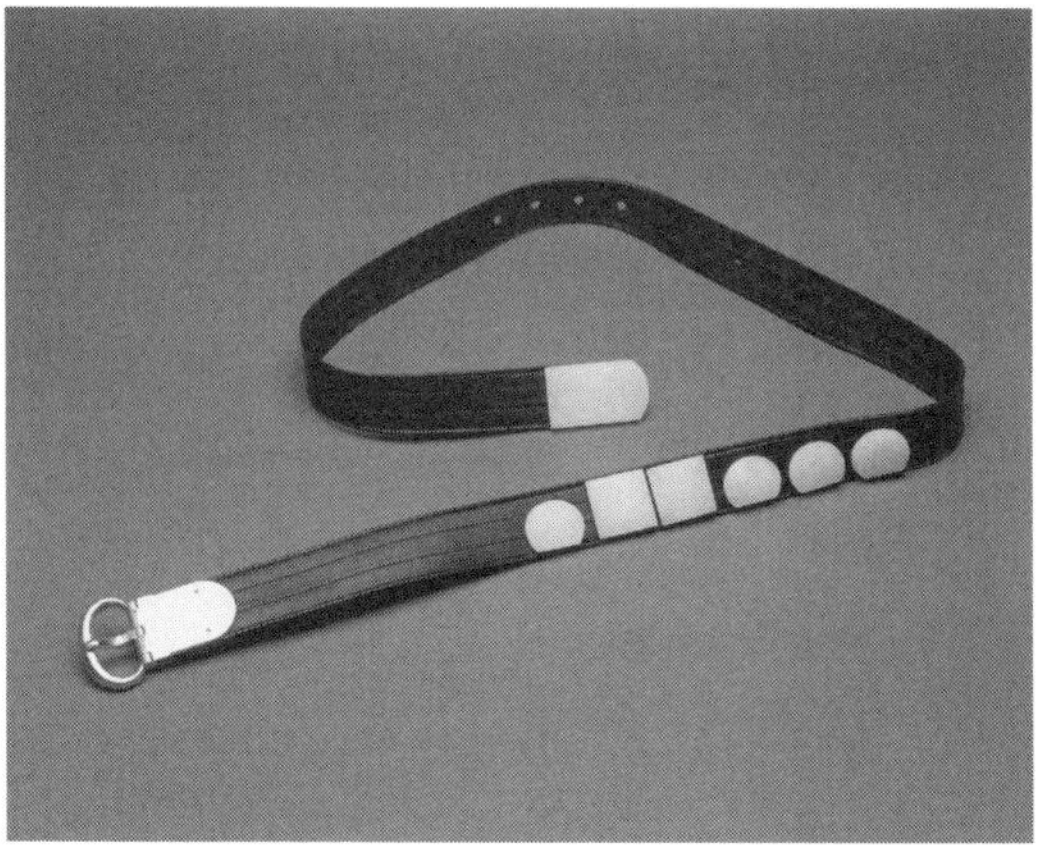

図5　白玉帯〔再現文化財〕（九州国立博物館蔵）

分が負うべき責任ではないとして、破損した館舎は前任者・後任者いずれからも放置されて廃屋と化した。

道真の漢詩には、みすぼらしい「南館」の描写が多く見られる。おそらく、道真が暮らした「南館」も館舎の新築・移転にともなって旧館となった館舎、あるいは破損や老朽化により大宰府の高官から見放された館舎の一つだったと考えられる。

延喜三年（九〇三）二月二十五日、菅原道真は謫居であった「南館」で五十九年の生涯を終えた。道真の孫である菅原在躬《すがわらのありつね》が著したとされる『北野天神御伝』にみえる道真の遺言には、「余《よ》見る、外国に死を得たらば、必ず骸骨を故郷に帰さんことを。思ふ所有るに依りて、此事を願はず」とあり、大宰府に埋葬することは道真が望んだことだと伝える。道真の亡骸は、その遺言の通り、牛車に載せられて墓所へ運ぶ途中で牛が動かなくなったため、その場所を墓所と定め亡骸を埋葬し、廟所を営んだのが太宰府天満宮のおこりと伝えられる。

4　太宰府ゆかりの天神伝承

菅原道真の生涯を語る上で欠くことができないものに北野天神縁起絵巻がある。縁起の主眼は、人間・道真がどのような経緯により神として祀られるようになったのかを説くことにある。その代表的なものが京都の北野天満宮所蔵の国宝「北野天神縁起絵巻承久本」である。天神縁起の中には、この承久本とは異なり、北野天満宮の創建や霊験の話はほとんどみられず、太宰府ゆかりの伝承を豊富に含む天神縁起があり、「太宰府系天神縁起」と呼ばれている。[12] そして、太宰府周辺には、今もその伝承地が地名やお宮とともに数多く伝わっている。

図6　太宰府天満宮の飛梅

よく知られた伝承としては、北野天神縁起にもみられる「飛梅伝説」がある。大宰府左遷を命じられた道真は、

(12)　味酒安則・鈴木幸人・松川博一・宮崎由季編『太宰府系天神縁起の世界』太宰府顕彰会、二〇一二年。

図7　天満宮縁起画伝　延寿王院本　綱敷天神・水鏡天神の場面（太宰府天満宮所蔵）

日ごろから愛でている紅梅殿の梅を眺めながら「東風《こち》吹かば　匂ひおこせよ　梅の花　主なしとて　春をわするな」と詠いかけた。それに感じ入った梅は、はるか大宰府まで飛んできて配所の庭に根付いたという。太宰府天満宮には、配所があった榎社から社殿造営後に移したとされる「飛梅」の後裔が本殿の前に根付いており、神苑の梅のなかでどの梅の木よりも早く開花し天神さまに春を告げる。

都を出発した道真の一行は、難波から船に乗り瀬戸内海を通り、長い船旅の末、筑前国博多の袖の湊に到着したとされる。地元の漁師たちは、船のとも綱を輪にして敷物とし、道真の休息の場とした。この伝承に由来するのが、福岡市博多区綱場町に鎮座する綱敷天満宮である。他にも道真の足跡をたどるように瀬戸内海沿岸には綱敷天神伝承が点々と伝わっている。

道真が袖の湊から大宰府へ向かう途中、川面に自分の姿を映したところ、あまりにも衰え切った自分の姿を目にして嘆いたという。後世の人々がこの伝承にもとづき、社を建てて祀ったのが、「水鏡天神《すいきょうてんじん》」、またの名を「容見天神《すがたみてんじん》」という。その舞台である四十川は、現在の福岡市中央区の今泉・薬院周辺を流れていたという。薬院新川には、今もその名残を留める姿見橋が架かっている。江戸時代になって福岡藩初代藩主の黒田長政が福岡城の築城に際し、城の鬼門を守護する役割を期待して城下に移したといわれる。それが、現在、福岡市中央区天神に所在する水鏡天満宮であり、現在の天神の地名の由来である。

大宰府に着いた道真は、念仏と作詩の日々を送りながら、自分の無実を天に訴えるために、五十日間、天判山（天拝山）のふもとで滝に打たれた。その帰り道、翁に出会い、何をしているのかを尋ねたところ、翁は斧を岩の角で摺って針にしようとしており、半分まで摺れたと答えた。それを聞いた道真は、自分も道半ばであることを悟り、引き返したという。今も、天拝山の麓には、道真が身を清めた「紫藤《しとう》の滝」（「龍王の瀧」）や衣を掛けた「衣掛石」が伝えられている。また、翁が斧を摺ったという「針摺石《はりすりいし》」は「針摺」という地名とともに筑紫野市針摺に所在する。

図8　紫藤の瀧（九州歴史資料館写真提供）

図9　針摺石（九州歴史資料館写真提供）

百日間、滝で身を清めた道真は、天拝山に登り、天に向かっ

図10　天満宮縁起画伝　満盛院本　針摺老翁(右)・祈天拝山(左)の場面(太宰府天満宮所蔵)

て七日七夜、岩の上につま先立ちになり祈り続けた。すると、その祈りが通じて、告文は天高く昇り、しばらくすると天から「天満大自在天神」の神号が降ってきた。天拝山の頂上近くには、菅公が爪先立って祈りを捧げたと伝えられる「天拝岩」(「おつま立ちの岩」)がある。

道真は、延喜三年二月二十五日、配所である大宰府の地で悲哀と病苦のなか、五十九年の波乱に満ちた生涯を閉じた。道真の亡骸は、牛車に乗せられ、墓所へ運ぶ途中、牛が動かなくなったため、その地を墓所として亡骸を埋葬した。その場所こそがのちの安楽寺であり、現在の太宰府天満宮である。道真の亡骸を運んだ牛は、帰る途中に力尽きて息を引き取った。地元の人々はその場所に塚を造り牛を弔った。その塚は「神牛塚」と呼ばれ、今も大切に守られている。

おわりに

太宰府とその周辺には、道真がかつて目にした四王寺山や宝満山などの自然、古代の大宰府を偲ぶことができる大宰府政庁跡や観世音寺・水城跡などの史跡、道真の住まい「府の南館」があった榎社、天拝山や紫藤の滝・針摺石・神牛塚などの天神伝承の地、渡唐天神伝説と縁が深い光明寺など、天神さまゆかりの地が多く伝え残されている。

太宰府は、「道真の終焉の地」であるとともに、太宰府天満宮にはじまる「天神信仰のふるさと」であり、「天神伝承の宝庫」であるといえよう。

道真が聴いた観世音寺の鐘

column

菅原道真公と味酒安行

味酒　安則

菅原道真公と味酒安行《うまさけのやすゆき》の関係は、中国の孔子と子貢の師弟関係を彷彿《ほうふつ》させるところがある。

孔子の没後、その弟子たちは中国全土に職を探して離散したのに対して、子貢は師の廟宇《びょうう》を離れることなく追善を怠らなかった。やがて、夢破れて曲阜《きょくふ》に戻った多くの弟子たちを取りまとめ、恩師である孔子の名を後世まで広めたのが、孔門十哲のひとり、子貢であると、司馬遷の『史記』は伝えている。

味酒安行は、まだ朱子学のない平安時代、尊敬して止まぬ師菅原道真公の流謫《るたく》に追従するという稀有《けう》な行動に出る。そして、師の最期に至るまで学んだ。菅公の没後、その墓所に壇場を築き、真摯な祭祀と追善供養につとめる。その敬虔な誠心が報いられ、菅聖廟を創ることを許され、太宰府天満宮を創始した。天満天神として朝野の崇敬を受けることで、真の名誉は回復し、それを見届けた後で、百余歳の高齢で没したと記されている。

平安初期に嵯峨天皇は、国家発展の基軸に学問を据えられた。これが、「文章経国」の意味である。このことにより、学者をはじめ学界の地位が大きく向上した。また、国史の中で、政界と学界が接近したのもこの時代で、学者であれば政治をし、政治家になるには、一定の学識が必要だった。家柄がすべてとなるのは菅公以後、藤原一族が名実ともに朝廷を独占するようになってからのことである。

そこで、この時代の貴族が子弟のために設けたのが、大学別曹で、藤原氏の勧学院が有名だが、安行の父、文章博士味酒文雄《うまさけのぶんゆう》（後に巨勢《こせ》に改姓）も私塾をもち、門人を抱《かか》えていた。この文雄と道真公の間は良好だったといえる。それは、文雄が文章博士を道真公に譲り、また阿衡の紛議の時、道真公が島田忠臣によせた詩の中で、文雄の名を挙《あ》げて擁護《ようご》しているからである。

その味酒文雄の私塾に、後に道真公左遷の理論的指導者となる三善清行がいた。一方、安行は父文雄を師とはせず、道真公の門を叩《たた》いていたのである。そして、昌泰四（九〇一）年、道真公が都を離れた八日後、清行が左大臣藤原時平に奉った書状は、菅家廊下の門人を縁座放逐《ほうちく》すると朝廷の機能が停止してしまうというもので、安行らのことを意識していると思うが、何《いず》れにしても、父巨勢（味酒）文雄と決別して、永遠の離京をしたのは事実である。

味酒安行画像（味酒安信氏所蔵）

『大鏡』では、幼い男君、姫君が父道真と共に大宰府に下ったとあるが、公式な史料にはない。この男君、姫君を大宰府に同行することを願い、自らも公職を辞して、道真公の後を追ったのは安行、その人に違いない。

安行の消息が窺えるのは、菅公の左遷からである。安行は、百余歳の長命で康保元（九六四）年九月十七日に逝去したと記されている。それで、この時は三十五歳前後となる。天神縁起絵巻に出てくる菅公の伴をする白髪の老人は、安行その人とはいいがたい。むしろ、安行の父文雄が五位以上で、彼は蔭子《おんし》にあたるにもかかわらず知られていないのは、もっと若い二十代前後ではなかったかと考える。

大宰府での生活は悲惨《ひさん》を極めた。道真公は健天満宮本の実際の制作年代は南北朝時代以降と推測されるが、初期の図様を伝える貴重な作例である。

束帯天神像の多くは、天神を単独で描いている。しかしわずかながら、誰かを伴う例があり、たとえば九州国立博物館本（図4）の場合、天神のそばには童子が従っている。天神の姿は典型なものであるが、童子とともに描くのはたいへん珍しい。童子の着衣や扇をよく見ると、あちこちに梅の文様があしらわれており、単なる従者とは考えにくい。本地仏である十一面観音とも、道真の幼少期の姿とも推測されるが、現時点において、その意味するところは明らかでない。画面手前に梅と松を挿した花瓶を配する点も特徴的で、これは本尊画像に対する道具立てといえ、本図が礼拝を想定して描かれたことを示している。

以上のような束帯天神像を基本形として、そのバリエーションとも言えるのが綱敷《つなしき》天神

図4　束帯天神像　南北朝～室町時代
14世紀　九州国立博物館 所蔵

康をそこなう。炊煙《すいえん》も途絶え、その体は、「痩せること失雌の鶴に同じ」と『菅家後草』に詠じている。この時の安行の仕事が、食糧調達であったことは想像に難くない。また、道真公が詠じた前述の詩集の中に、「故人は寺《てら》を尋ねて去り」とあるが、ここにいう故人は古くからの知友のことで、安行を指すと思われる。

そしていよいよ延喜三（九〇三）年正月、道真公は、病が重くなると安行に次の遺言をした。

余見る、外国に死を得たらば、必ず骸骨を故郷に帰さんことを。思ふ所有に依りて、此事願はず。（『北野天神御伝』）

説話的であるが、『菅家聖廟伝』には、道真公が同じく遺言して、「自分の遺骸を牛の車に乗せて人に曳《ひ》かせず、その牛の行くところにとどめよ」と語ったという。

安行は「肥性多力のつくし牛」が止ったところを墓所とし、延喜五年八月十九日、許されて御社殿を創建した。

太宰府天満宮の歴史

味酒　安則

1　太宰府天満宮の草創

道真公薨去

延喜三（九〇三）年、菅原道真公は、勅許の沙汰もなく、左遷後二年一か月後の同年二月二十五日の暁、大宰府の南館において五十九年の生涯を終えた。

道真公は、その前年、京よりの使者によって、夫人の死去の知らせを受け、その驚きと悲しみとあいまって、病はいよいよ重くなった。『北野天神御伝』は、同年正月、道真公が次の遺言をしたと伝える。「余見る、外国に死を得たらば、必ず骸骨を故郷に帰さんことを。思ふ所有に依りて、此事願はず」。大宰府をはじめ京の外で死去した中央貴族の遺骸は、送骨使の手によって都へ運ばせている。しかし道真公は、「思ふ所」によって、あえてそのことを願わなかった。そして、遺言のとおりその遺骸は大宰府に葬られることになった。

安楽寺の成立

『安楽寺草創日記』の記述を簡略化すると、延喜五年八月十九日、味酒安行《うまさけのやすゆき》は御殿（御廟殿）を建立、同十年、安楽寺を建立し、さらに同十五年、御墓寺を建立するが、一説には同十九年ともいう。

ここに御殿・御廟殿・安楽寺・御墓寺と書き分けていることは、道真公の墓が、廟となり、寺となって規模が拡大していった経過を示すものではなかろうか。それぞれが別個のものではあるまい。だからこそ、『筑前州大宰府安楽寺菅丞相祠堂記』の記事にいうように、延喜五年八月十九日に祠堂を創《ひら》いた。その時、藤原仲平と味酒安行とが祭祀に当り、僧尊意が社地を占定した。尊意はまた廟前の蓮池を心字形に改めた。これは祠堂を寺としたことを意味する。初め霊舎、すなわち祠堂は矮小であったが、代を累ねるにつれてだんだんと壮麗になった、となろう。

嘉承元（一一〇六）年、菅原陳経の著になる『菅家御伝記』の「安楽寺学頭安修奏状」

写真1　安楽寺葬送（天神縁起絵巻、太宰府天満宮所蔵）

には「延喜五年八月十九日、味酒安行神託によって、神殿を立て、天満大自在天神と称す」とある。ここに至って安行は、神託を授かって神殿を建立し、道真公の神号である天満大自在天神の名を称えている。『安楽寺草創日記』にある「御殿者、安行承建立」とは、神託を指しているのであろう。

安楽寺は、神仏混淆時代の太宰府天満宮の古称で、ほかに、天原山安楽寺・安楽寺天満宮・安楽寺聖廟・菅聖廟などの呼称をもつ宮寺であり、道真公の遺骸を埋葬した墓、そこにおいて祭祀が始まり、廟となり、廟の発展とともに寺院となったものといえる。しかし、戦後、境内から八世紀代に比定される老司Ⅱ式軒平瓦が採集されて、道真公の廟所ができる前に、安楽寺もしくは、その前身ともいうべき寺院建築の存在が議論されている。どちらにしても、この稿では、神仏混淆時代の呼称を古代、中世は「安楽寺」、近世は「太宰府天満宮」と表記する。

大宰府官人の天神信仰

創建されたばかりの安楽寺の発展の経緯は、他の社寺とは大きく異なっていた。その発展に大きく寄与したのが、大宰権帥《ごんのそち》や大宰大弐をはじめとする大宰府政庁の官人たちだったからである。彼らは、道真公の至誠・謹直・忠誠・寛容の心を追慕し、文神として尊崇するところから、安楽寺経済の充実に積極的につとめた。そこには、京で行われたような御霊信仰の片鱗すらなかった。

このように、きわめて短期間に基礎を固めていった安楽寺は、道真公の曾孫にあたる菅原輔正の大宰大弐補任によって、飛躍的に発展した。輔正は大宰府西下に先立って破格の栄進の厚遇を受け、天元四（九八一）年に着任した。永観二（九八四）年には中門・廻廊などの大増築がなされ、荘園の寄進も相ついだ。注目すべきことは、輔正が円融天皇の侍読を勤めたことにより、常行堂・宝塔院の建立が天皇の御願となった点である。このことは、大宰府官人の天神信仰を昂揚させるとともに、あたかも府の寺のような印象を与え、安楽寺の地位を不動のものにしたといえよう。

正暦四（九九三）年六月、道真公に左大臣正一位が追贈され、さらにその年の閏十月に極位の太政大臣が贈られた。安楽寺には、贈官の勅使として、輔正の弟幹正が六月、輔正の子為理が閏十月にそれぞれ西下し、安楽寺の宗教的優位も確立したといえる。

安楽寺の海外交易

古代において、海外諸国との貿易権は朝廷のみが有する特権で、一般には認められていなかった。和市という公貿易が、鴻臚館《こうろかん》（福岡市中央区）によって行われていたが、仁和元（八八五）年、朝廷によって大宰府における唐物の売買が禁じられているのをみてもわかるように、本来貿易を管理監督するはずの大宰府の官人らが直接商人と交易し、この制度を崩しはじめていた。新興社寺である安楽寺が発展する十一世紀ごろより、海外貿易の主役は、こうした荘園領主に移り、その場所も鴻臚館から九州沿岸の荘園に変っていった。荘園のもつ治外法権をさらに活用して、九州中でも博多湾沿岸の領主は、そこに外国船を招き入れ、交易を独占し、新たな富を貯えていた。

安楽寺領においては、最も古い（天禄元年）荘園である壹岐島分寺中浜荘なども、海外貿易との関連を推察される先学もあるが、博多湾に面する博多荘、大浦荘、有明海に

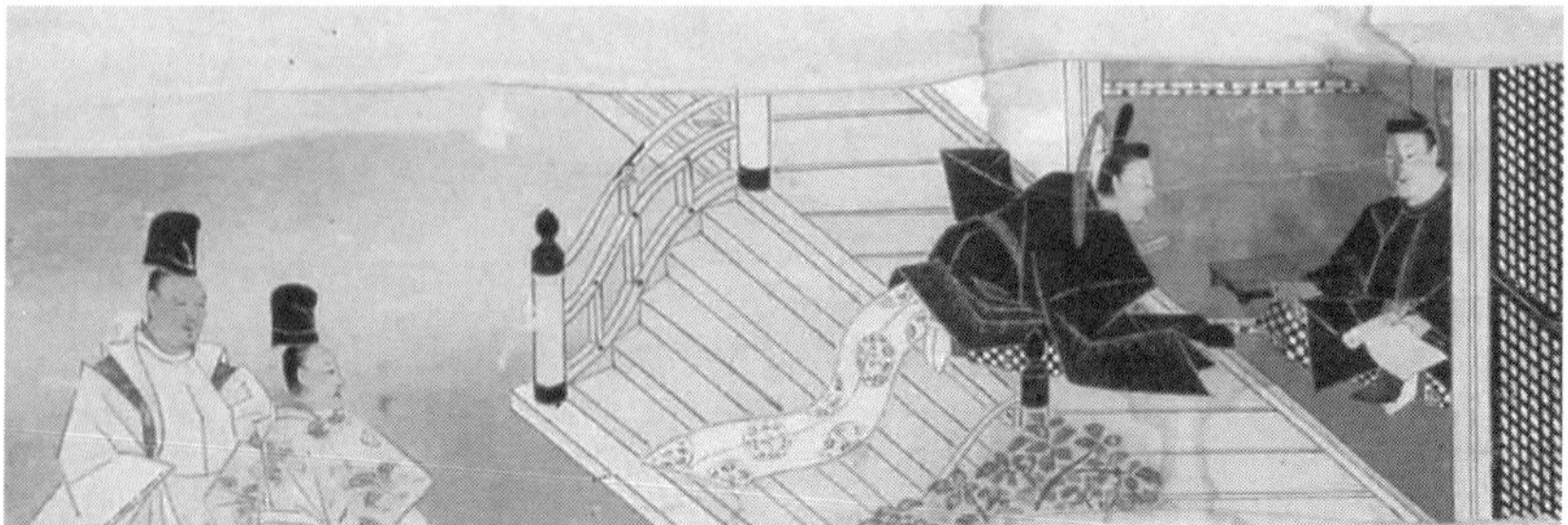

写真2　官位追贈（天満宮縁起画伝、太宰府天満宮所蔵）

近接する玉名荘、得飯《たかい》荘、他に唐津荘、桑原荘なども海外貿易を行なった荘園と考えられよう。

紛争の発生

さて、安楽寺が天神信仰を背景に、大宰府の庇護のもとで官寺的性格の強い新興社寺として発展し、宗教的にも経済的にも、加えて政治的にも強力になって自立した時、既成の諸勢力との摩擦を余儀なくされるようになる。

長元九（一〇三六）年の三月三日、曲水宴の最中に起こった大宰権帥藤原実成と安楽寺の争いは、日宋貿易に対する大宰府の干渉が原因といわれている。安楽寺は翌年、朝廷に訴え、実成は罷免されて中納言の職も解かれた。

2　中世の天満宮

平氏政権と安楽寺

平氏政権の基盤のひとつが海外貿易すなわち日宋貿易の利潤にあったことはまちがいない。保元三（一一五八）年に平清盛は大宰大弐に任ぜられたし、弟の頼盛が仁安元（一一六六）年、大弐に就任したが、大弐の大宰府下向着任は四十年ぶりのことであった。

古代から中世にかけて、安楽寺の発展は、まさに最高潮に達していた。その安楽寺が挙って平氏と和合したことは容易に察することができる。「驕《おご》る平家は久しからず」、寿

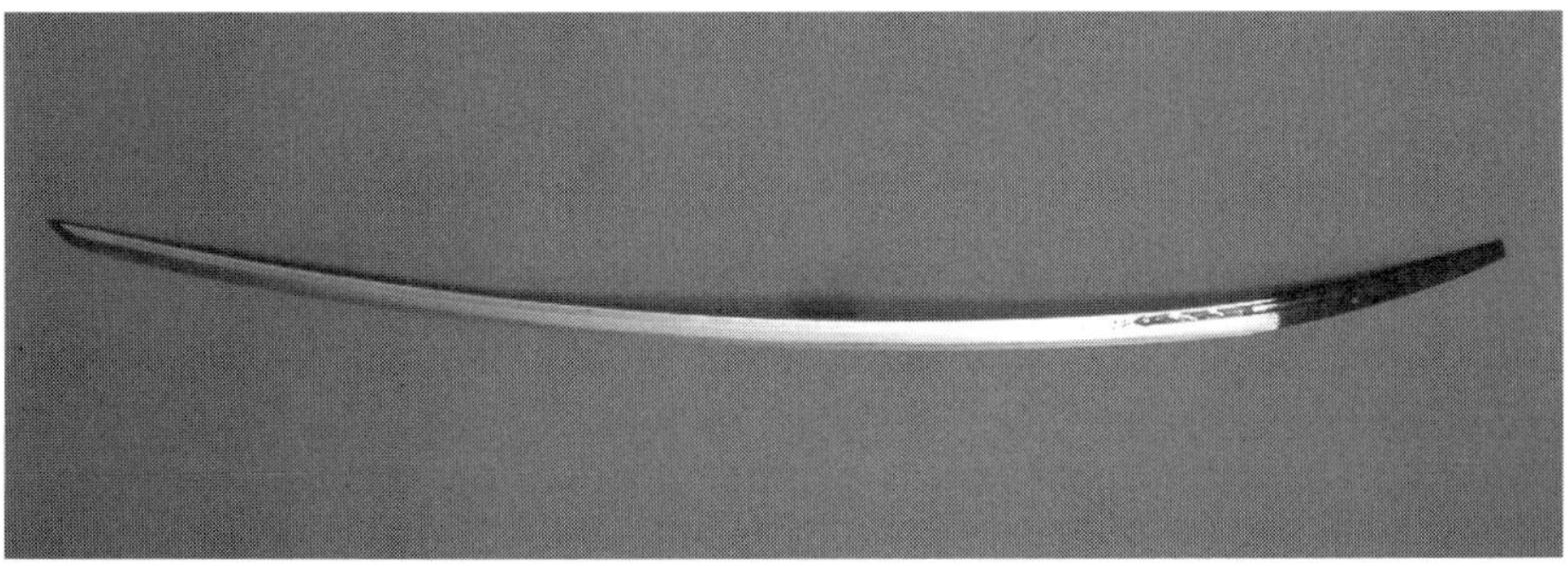

写真3　太刀銘行平（平重盛奉納、太宰府天満宮所蔵）

永二（一一八三）年、福原の都を落ち、安徳天皇を奉じた平家一門は八月十九日、大宰府に着き安楽寺に参詣し、夜どおし法楽の和歌連歌を詠んだ。

本三位中将重衡の「住みなれしふるき都の恋しさは神も昔をおもい知るらむ」という歌に皆、涙を流したという。清盛は承安三（一一七三）年に「安楽寺一切経蔵」に奉納し、千部会料として年貢六十石などを寄進していた。そんなことで安楽寺は平家に好意的態度に出た。安楽寺別当であった安能は、清盛の別荘福原に屋敷房（別邸）を持っていたほどの平家の有力支柱であった。十月、豊後の緒方惟義が反旗をたてたため、平家は大宰府を発せねばならなくなった。

そして、平家が滅び、別当安能は、源頼朝より平家のため祈祷したとして糾問され、別当職を執拗に改替されようとしたほどだった。

写真4　現在の御神木「飛梅」（太宰府天満宮写真提供）

鎌倉時代の太宰府

源平争乱は、大宰府と安楽寺の関係はもとより、両者に暗雲をただよわせた。九条兼実の『玉葉』に養和元（一一八一）年に菊池氏や緒方氏の決起によって大宰府は焼亡したという風評が記してある。平家に味方した安楽寺も大きく挫折することになり、堂宇は破損したままに時が過ぎた。そして、頼朝は安能の平家への与力に憤って、再三にわたり別当改替を朝廷に申請している。

『新古今和歌集』に所収されている話で、建久二（一一九一）年の春、大宰府に行ったある武士が安楽寺の梅を折り、その夜、夢で次の歌を感得したという。「なさけなく折る人つらしわが宿のあるじ忘れぬ梅の立枝を」。『平家物語』では御廟の梅を折ったのは、頼朝の腹心で鎮西奉行の天野遠景の郎従のひとりで、歌を感得したのは遠景本人という。飛梅伝説が鎌倉時代に流布していたことの例としても挙げることができる。

その遠景も、建久六（一一九五）年の頃、過激な行政手腕が過ぎて、関東へ召喚された。

しかし、安能が没し、別当問題が解決すると、源頼朝は安楽寺の寺領荘園に武士の狼藉を停止させしめる下し文を与えた。『菟玖波集《つくばしゅう》』には、この時代の安楽寺託宣連歌を載せている。「天神の宮居を修造する者こそが天下を治める者だ」というもので、大宰府より朝廷に奏聞《そうもん》され、修理が行なわれた。安楽寺にとって神託連歌は、悠久への祈りの文芸表現だったのである。

蒙古襲来

わが国を恐怖の底に陥れた蒙古襲来は、九州さらに安楽寺に大きな変化をもたらした。文永六（一二六九）年、高麗の使者高柔《こうじゅう》は霊夢によって自分の毛冠を安楽寺に奉納した。このことは高麗人高柔の菅神に対する崇敬が背景にあることは、文化交渉史上興味深いことである。

写真5　大般若経の転読（天満宮縁起画伝、太宰府天満宮所蔵）

そして、弘安の役では安楽寺で異国降伏を祈願する大般若経《だいはんにゃきょう》を転読し、勝軍連歌を行なったことが『天満宮縁起』（元禄六年）に書き記してある。正応三（一二九〇）年、筑前国衙職が安楽寺に寄進されているのは、報賽《ほうさい》の意味であろう。また、神領興行法施行による寺領の返納や武士の元寇の恩賞地の奉献もみられる。

一方、武士による寺領の侵略も同時に進行している。それにも増して、鎌倉幕府が蒙古襲来に備え、鎮西探題を博多に設置したことにより、政治・外交の中心が太宰府からその外港の博多に移るという結果になったことが重大である。

南北朝期の安楽寺と原山

代々鎌倉幕府の有力御家人であった足利尊氏は、執権北条氏の幕府政治の専制化に反抗し、後醍醐天皇方に身を転じ、倒幕に決定的な役割を果たした。しかし建武新政府下で、復権した公家たちの時代錯誤による失政で相入れずに決別した。そして、京で北畠顕家の軍に敗れて九州に落ちた。

建武三（一三三六）年二月、太宰府の少弐頼尚は尊氏を赤間関に迎え、そして、九州最大の後醍醐方の大豪族菊池武敏軍との合戦が、多々良浜（福岡市東区）で始まった。尊氏はこの戦さに九死に一生を得て大勝した。そして、太宰府原山「浦の城」にて、九州の兵をまとめ、東上、湊川で楠木正成を破り入京を果たした。同年、『建武式目』を制定し、室町幕府の創設に着手した。

その「浦の城」こそは、少弐氏歴代の本城とも繋がっていたと伝わる原山無量寺の寺域のことである。

今川了俊と安楽寺

今川了俊が九州探題として在任した二十五年間は、北朝の足利幕府の九州での基礎確立の総仕上げとともに、安楽寺に文芸や信仰の面で果たした業績は大きい。了俊は冷泉派の歌学の著作で知られ、中世文芸史上著名人物でもある。九州経営の拠点を太宰府に置いた了俊は、歌聖、連歌の神としての天神への尊崇によって、この安楽寺を篤く保護していった。また、安楽寺の月次《つきなみ》の講演が怠りなく勧められるようにと命じている。そこで、毎月二十五日、「天神講」を行って法楽のための詩歌や連歌の会席としたのである。太宰府天満宮には永徳二（一三八二）年に了俊が千句連歌を興行したうちの、第五の百韻が現存している。

大内氏と連歌師たち

大内氏の筑前および豊前支配が進むにつれて、安楽寺に対する同氏の保護も安定化する。南北朝にも救済《きゅうぜい》や周阿が安楽寺に詣でているが、有名無名の歌人、連歌師たちが大内氏を頼って、文道神、連歌神を祭神とする安楽寺への参拝が多くなる。もっとも、安楽寺はその祭神菅原道真公の永久《とわ》に眠る聖地なのである。歌人、連歌師の忍誓《にんぜい》や歌人の正広《しょうこう》の参詣が注目される。

禅僧で連歌師の宗祇《そうぎ》は、三十歳の頃宗砌に師事して連歌の道に入り、古典は一条兼良に付き、和歌は飛鳥井雅親に指導を受けている。北野連歌会所奉行となり、天神信仰に篤かった後土御門天皇との御連歌も数多い。後半生は、連歌指導のための遍歴の旅の連続で、文明十二（一四八〇）年九月十八日、ついに夢にまで見た菅公廟（安楽寺）に参詣

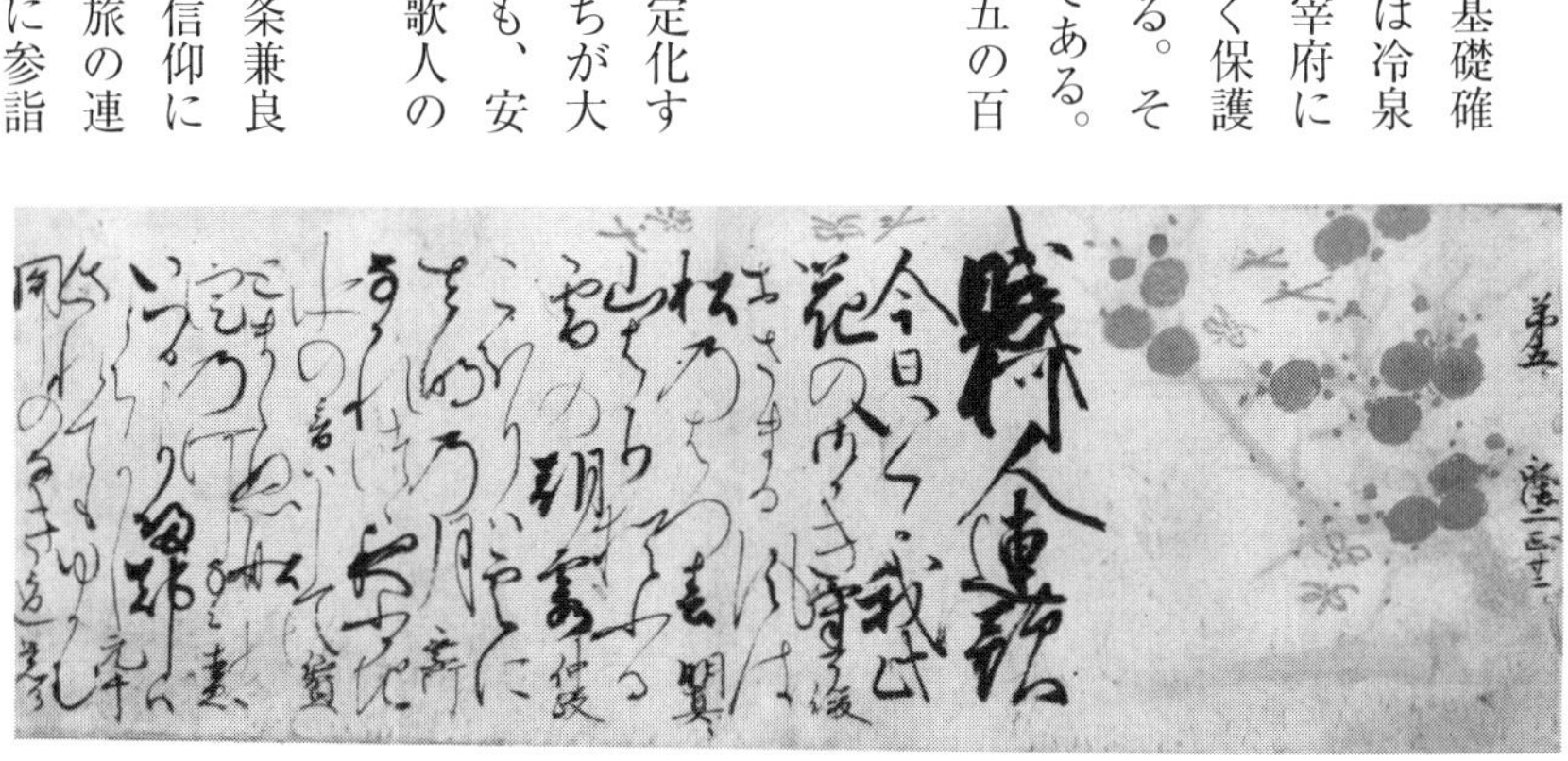

写真6　今川了俊一座千句連歌懐紙（太宰府天満宮所蔵）

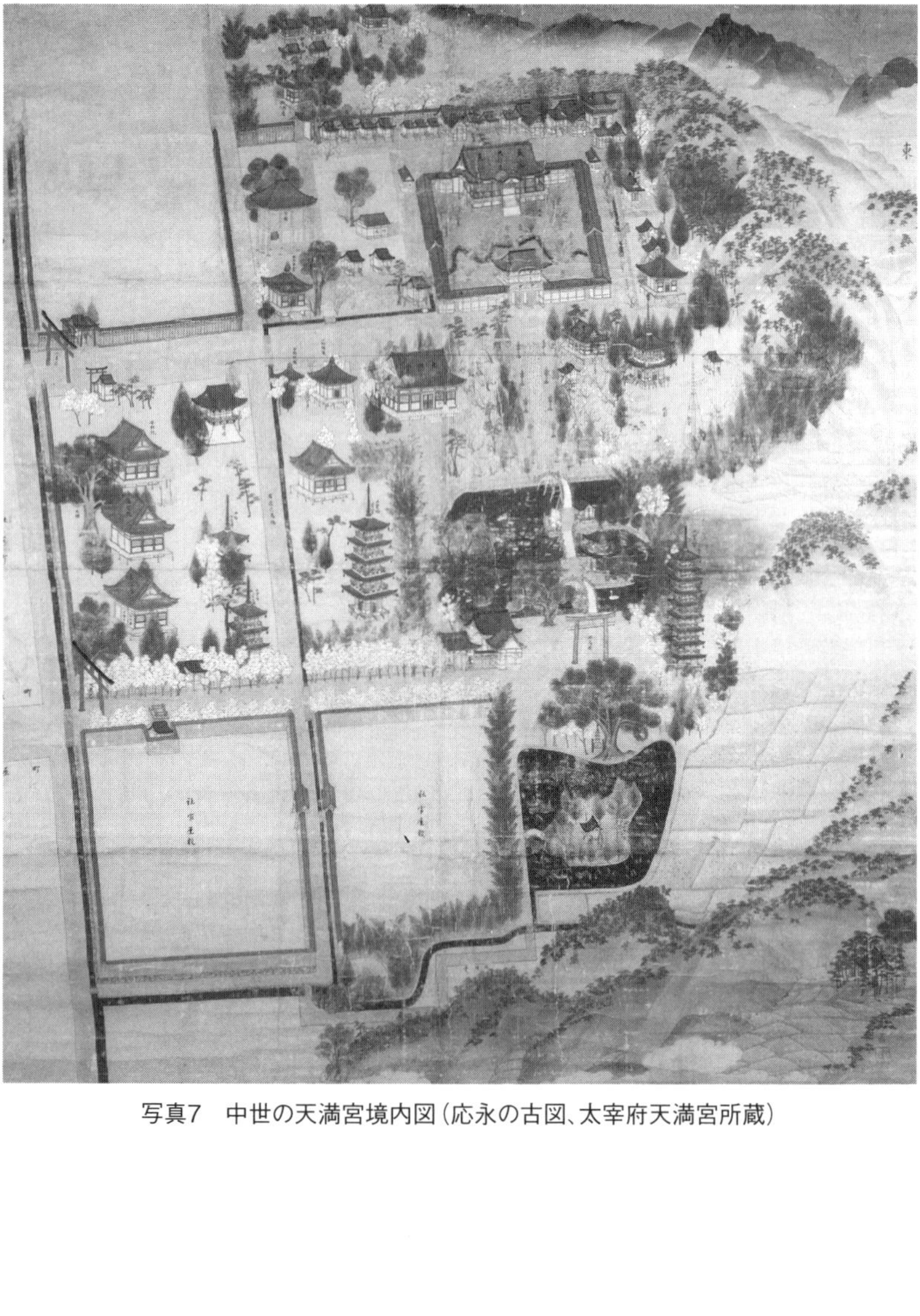

写真7　中世の天満宮境内図（応永の古図、太宰府天満宮所蔵）

した宗祇は、心字池と太鼓橋を眺め見て、「覚えず西湖（中国浙江省杭州）のさかひに来たるやとおぼゆ」と『筑紫道記』に書き残している。時に六十歳だった。

3　戦国時代の天満宮

巻数の進呈

戦国領主たちは祈祷や追善のために経典や陀羅尼《だらに》を寺社に読んでもらうことがあった。この時、寺社では読誦した経巻・陀羅尼の名目・数量・日数などを記して願主に送った。この文書を「巻数」という。戦国時代には、大鳥居氏はもとより、小鳥居氏、満盛院などそれぞれの社家が大内氏、大友氏、島津氏らの守護の武家やその家臣などに、巻数とともに、太刀、扇子、布、紙、茶、酒、油などの進物品を送る。また、祈祷としての戦勝連歌を興行することもあった。

しかし、このような努力にも拘らず、かつて九ヵ国にわたって存在した寺領は、太宰府近辺、筑後水田周辺、肥前の太宰府よりの鳥栖、基山に限られてきた。

天満宮炎上

九州の戦国時代の終焉は、天正六（一五七八）年八月の日向「耳川の戦」で大友宗麟の大軍が、期せずして島津義久の軍に大敗したことにより始まった。同年十二月、秋月種実はこれを好機とばかりに、大友氏の宿将、立花道雪・高橋紹運らと因縁の決戦に出た。しかし、紹運の軍略に填《はま》り敗走した。この時、北島玄蕃という武将が安楽寺近くの家に火をかけ、ほどなく御本殿に火が移る。勾当坊味酒栄重は、御神体が避難するのを見届けて「秋月家七代まで悪霊となる」といって、本殿とともに焼死した。そして、現本殿が再建されるまでの十三年間、安楽寺は、現在筑前町栗田の老松天満宮にあった。北島玄蕃は社を焼した科《とが》によって切腹を命じられた（『筑前国続風土記』）。

写真8　再建された御本殿（太宰府天満宮写真提供）

本殿再建

豊臣秀吉の九州平定後、毛利元就の第三子の小早川隆景が、天正十五（一五八七）年に筑前一国と筑後肥前各二郡を与えられ、筑前名島（福岡市東区）に新城を築いた。隆景は、神仏を崇敬し、神社仏閣の再建に心血を注いだ。中でも、まず最初に取り組んだのが安楽寺の再興だった。そして、天正十九（一五九一）年、五年の歳月をかけ造営された御本殿は、五間社流造、檜皮葺、正面に唐破風を設けた大きな切妻造で、桃山様式の荘厳な彩色と重厚な朱塗のものだった。

そして、石田三成が筑前の代官になった慶長初年、楼門も建造された。

4　近世の天満宮

黒田氏と天満宮

関ヶ原の合戦後、黒田長政は筑前五十二万石に封じられた。そして、太宰府天満宮の復興に寄せる黒田氏の援助は大だった。神橋三橋造営のための銀子を寄進し、中門・回廊・摂末社・石鳥居・石燈籠から衛府太刀、縁起絵巻にいたるまで寄進された。

しかし、豊前中津から筑前博多へ転封する当初、長政の父、黒田如水の気は重かった。その時、近衛《このえ》信尹《のぶただ》から筑前への栄転を祝う書状が届いた。「筑前国には菅聖廟があり、その領国に住いするあなたは幸せですよ」という文面があった。そこで、如水は福岡城築造中には太宰府天満宮の東神苑に小さな庵と井戸を造り居住した。

長政は、入国の後、検地を行い永い戦乱で荒れた太宰府天満宮の建物や祭事の復興に力を尽くし、連歌屋を創設し、連歌会所を再建した。慶長九（一六〇四）年、太宰府天満宮に二千石の社領を寄進し、その配分帳を与えている。その配分帳の綴目には、長政があえて父如水の印判（SIMEON JOSUI）を押している。その後、黒田氏は代々、太宰府天満宮を尊崇し、正月には福岡城において「松御会連歌」を催し、大島居氏はじめ社家が勤仕するのを恒例とした。

学問の神　天満天神

中世の連歌と荏柄天神と五山の禅僧の関係は、学問の神という共通の教学を持っていた。江戸時代に入り、学問がひろく武士から庶民の間まで盛んになり、天神信仰は、藩校や寺子屋で学問の興隆を支えたのである。儒学者林《はやし》羅山《らざん》や国学者契沖《けいちゅう》、『群書類従』を編纂した塙《はなわ》保《ほ》己《き》一《いち》など、著名な学者たちが天神を信仰した。なかでも、『解体新書』を著した前《まえ》野《の》良沢《りょうたく》は、太宰府天満宮にこの本の完成を誓い、四年を費やして発刊している。

延宝四（一六七六）年、太宰府に全国でも珍しい御文庫が検校坊《けんぎょうぼう》味酒快鎮《かいちん》という好学の法印によって開設された。福岡県の大学者で、天満宮を生涯通して尊崇した貝原益軒は、このことを『太宰府天満宮故実』の中で、「宮司検校坊快鎮、文学に志あらん人の便りにもなれかしとて、（中略）衆力をからずしてなりぬ。」と記している。学問に励む人の便りとなるようにと、快鎮ひとりの力で完成したとある。

この御文庫の開設でもわかる通り、元禄時代を境に、国風の学問が復興し、そしてそれが広く庶民の間にまで浸透して行った時代であった。ことに庶民の子弟の教育の場の「寺子屋」の守護神が文神菅原道真公（天神さま）となり、全国に広まったことは前述の歴史の必然によるものだった。さらに、江戸三大歌舞伎の『菅原伝授手習鑑』が、大流行したのもこの頃で、最高の見せ場は「寺子屋の段」だった。

さいふまいり

太宰府の天満宮に参詣することを〝さいふまいり〟といった。これは、天神信仰が全国的に展開し、幅広い階層や年代に広まったことと、この時代に治安や道路事情が改善され

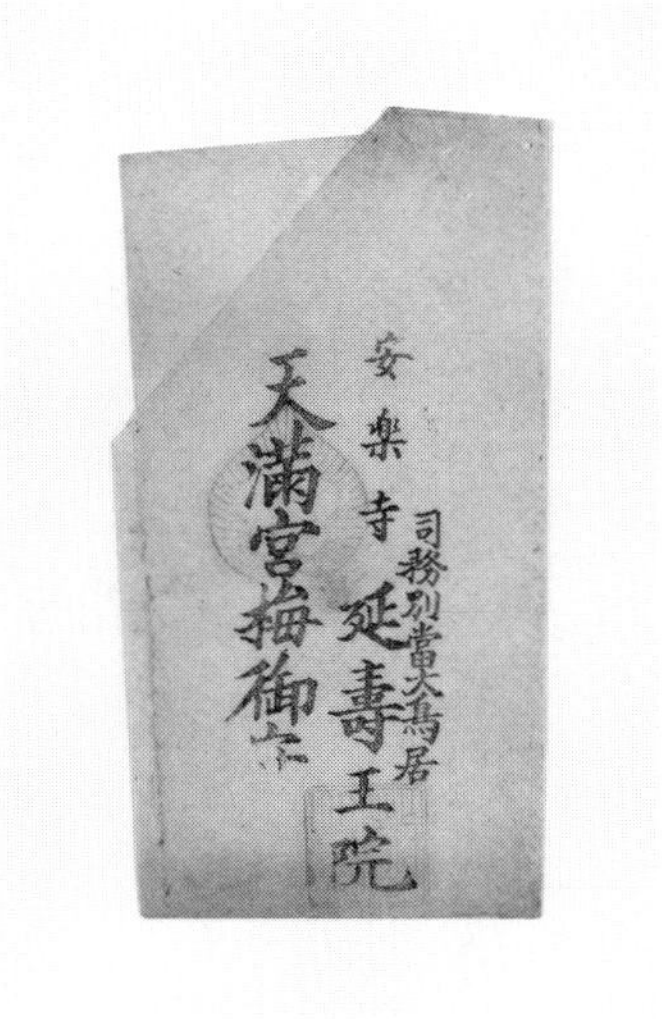

写真9　天満宮梅御守（太宰府天満宮写真提供）

たことにより、格段と増加した。

　中世では荘園によって支えられていた経済が領国支配に転換し、そのほとんどが失われた。当然、寺社経営には別の活路を求めねばならない。そのひとつが社家の「宿坊」化で、天満宮参拝の時の宿となり、天満宮へ様々な取り次ぎなどをした。それらは、特定の檀家を形成する。檀家には、九州各藩の藩主から、京の公家、江戸の武家など、地域に至っては奥州、松前にまで及んでいた。そこへ、神人《じにん》たちが「配札」をし、飛梅の実で奉製した「梅御守」をはじめ、雷除・海上安全・疱瘡御守などとともに「梅ヶ枝餅」を持って行くこともあった。

　また、旧来の荘園領地は、社家すなわち宿坊ごとの「講」という集合体になって、代表が参拝して守札を受けるという精神的な関係となる。そして、「講」は全国津々浦々の庶民にまで広まっていくのである。

五卿と太宰府

　尊王攘夷派の長州藩は、文久三（一八六三）年八月十八日の政変で公武合体派と対立して敗れた。同派の急先鋒の三条実美《さねとみ》ら七人の公卿は、長州の萩へ落ちた。それを追って幕府軍の長州征伐が始まり、結果、三条実美、三条西季知《すえとも》、東久世通禧《みちとみ》、四条隆謌《たかうた》、壬生基《もと》

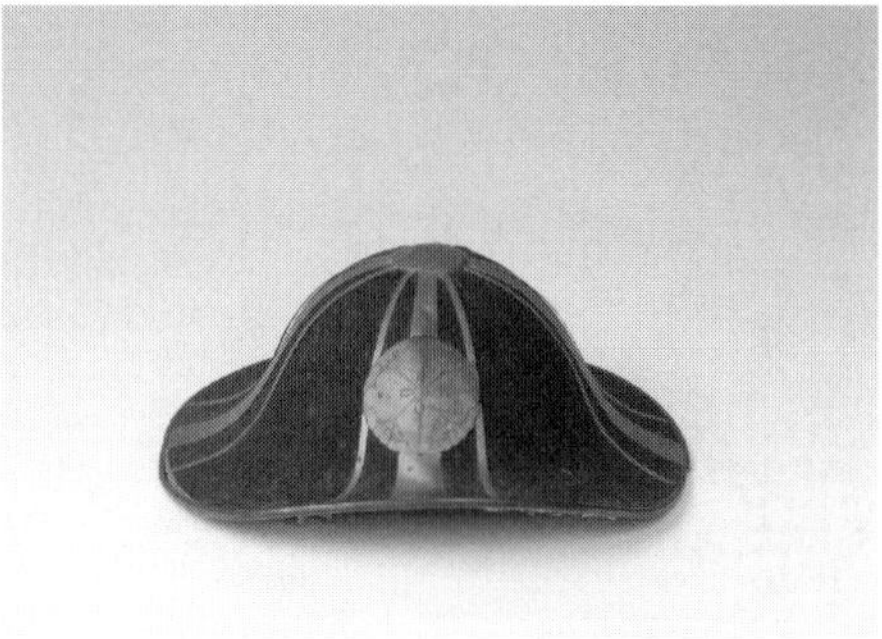

写真10　唐花御紋陣笠（三条公所用、太宰府天満宮所蔵）

修《なが》ら五人は筑前藩お預けとなり、元治二（一八六五）年二月十三日、太宰府延寿王院へ閉居させられたのである。

五卿は、毎日交代で社殿に参籠して、攘夷の遂行と維新の回天を祈願した。別当西高辻信全は、実美の父実萬《さねつむ》と従弟であったということもあって、心からもてなした。倒幕派の象徴的存在であった五卿のもとへは、勤皇の志士が数多く往来した。西郷隆盛・坂本龍馬・高杉晋作・中岡慎太郎・伊藤博文・木戸孝允・土方《ひじかた》久元・大山巌らは、太宰府の延寿王院の五卿のもとに集まり、倒幕の策をねった。

慶応二（一八六六）年十二月、孝明天皇の崩御と共に、征長軍は解散、翌年、五卿に復官の勅命が下った。十二月十九日、五卿は、今まで監視されていた役人たちに土下座されて、延寿王院を出て、天満宮に詣で、信全に礼を述べ、博多より船で帰洛の途についた。その後、まもなく幕府は崩壊する。

明治四（一八七一）年、天満宮は神仏混淆《こんこう》から神社神道への道を進むこととなり、社家は復飾した。そして、社格は国幣小社となり、翌年「太宰府神社」と改称した。さらに、同十五年官幣小社、同二十八年には官幣中社に社格を進められた。

明治三十五（一九〇二）年の菅公御神忌一千年祭は各界から多く参詣者、奉納金を集め盛大に斎行された。しかし、二年後、日露戦争の戦勝祈願に訪れた人々の提灯の火が楼門・回廊に移り焼失するという災難に遭《あ》うが、大正三（一九一四）年に再建された。

昭和二十二（一九四七）年二月、「太宰府天満宮」と正式に改称し、日本全国よりさらに多くの尊崇を集めて行くのである。

column

太宰府天満宮の祈祷連歌

有川 宜博

連歌とは、何人もの連衆が五七五の長句と七七の短句を交互に付け合って季節や事象の移り変わりを詠み込んでいく文芸である。

長く太宰府天満宮の西高辻信貞前宮司を支え名物権宮司と慕われていた小鳥居寛二郎氏（昭和六十年四月没）は、神官たちが中心となって天満宮で行われてきた月次連歌の最後の連衆であった。のちに

「月次は、午前から午後まで、句の都合ではどうかするとよふけまで。句をひねり出すのにウンウン言わんならんもんで。まず困ったことは、膝が痛うなることで、夏でも羽織袴で膝をくずせないので、泣きたいくらいでした。手ほどきをうけて列席するわけですが、なかなか講師の気に入らず、ひや汗を流したもんですよ。その日が来るのが頭痛の種で、楽しみどころではありませんでした。義務的にやらせられるもんですから。」

と当時の様子を語っておられる。昭和九年を最後に太宰府天満宮での月次連歌は途絶え、神官による連歌は消滅してしまった。

現在、学問の神として崇められている菅公＝天神様は、中世には当時の文芸の中心的役割を果たした連歌の守護神でもあった。北野天満宮には連歌会所が設けられ、そこの宗匠は連歌界の指導者として崇敬されたし、太宰府天満宮（当時は安楽寺天満宮）は菅公の縁りの地として連歌を志す者の憧れの場所でもあった。

元禄時代に書かれた天満宮縁起には

「弘安四年、蒙古国より軍兵数万人（中略）宰府天満宮にては、大般若経を転読し、又連歌を興行し奉る時、（中略）

　大般若是も道理はありながら
　　木葉連歌にひくこころかな

と御託宣あり、連歌の席、初めは日本武尊の御影を懸奉りけるが、これより菅神の尊像をかけ奉るとなり」

とあり、連歌の座には正面に天神像を掛けて興行することが常となっていた。連歌を奉納する事は神仏混淆の時代には大般若経を転読することと同じくらい効果のあることであったのである。今で言えば御神前に祝詞をあげるのと同じことだといえよう。従って、中世には合戦に向かう武将たちの戦勝祈願としても天満宮から連歌が届けられ、武将たちも合戦に臨む団結の場として連歌会を実施したのである。

小鳥居寛二郎　権宮司（太宰府天満宮写真提供）

江戸時代になると、芭蕉等による俳諧の連歌が盛んに行われるようになるが、ここ天満宮では神官社僧らによって、本来の連歌形式に基づく祈祷連歌が行われていた。たとえば「酒造願」を依頼した「夜須郡三牟田村金子市郎助　辰歳男」のために

（発句）神のもるしるしや茂る杉の門
（脇句）外面の山の榊取時
（第三）子規声聞岑を近くみて

という連歌が奉納されたし、「船中安全」のために

（発句）浪たたぬ海の幸なる霞かな

と詠まれた記録も残っている。

そのため、神官等はその技量を磨くために、毎月二十四日には月次連歌会を開いていたのであった。

明治になって、俳諧の連歌を含めて全国で連歌が一斉に衰退していくなかで、かろうじて命脈を保っていた天満宮の月次連歌も、ついに終焉の時を迎えた。最後の連衆であった小鳥居寛二郎権宮司、その晩年「天満宮に連歌を復興させたい」と口癖のように言っておられた。

変幻自在の天神さま

森實久美子

はじめに

「苦しいときの神頼み」とはよく言ったもので、私たち日本人は何かと都合良く神仏にすがろうとする。そんな日本人にとって、もっとも身近な神様といえば、学問の神として信仰を集める天神さまだろう。天神さまをお祀りする神社のことを天満宮といい、現在、その数は全国一万二千にもおよぶという。毎年受験シーズンともなると、各地の天満宮に多くの人々が参拝におとずれ、熱心に神頼みをする。受験の総仕上げというように。

いうまでもなく、天神さまの本来の姿は、平安時代に実在した人物、菅原道真である。歴史上の人物が生前の言動や業績によって崇拝の対象となり、やがて絵や彫刻で表されるようになることはしばしばある。その代表的な存在がキリストであり釈迦であり、そして、日本代表といえるのが聖徳太子と菅原道真だろう。共に政治の世界で活躍し、数々の業績を残した。しかし、聖徳太子が比較的安穏にその生涯を終えたのとは異なり、道真の人生は波乱に満ち、特に晩年は不遇だった。そういった違いは、後世における二人の扱われ方にあらわれてくる。聖徳太子が仏教興隆に努めた偉人として崇敬されるようになるのに対して、道真は礼拝の対象、つまり神さまになるのである。

1 神への軌跡

道真の生涯については松川氏の論考（141頁）をご参照いただくとして、ここではとくに、大宰府に左遷されてから亡くなるまで、さらに没後の動向をたどりながら、あらためて道真が神になるまでの過程を見ていくこととする。

宇多天皇に重用され、学者出身としては異例の出世を果たして右大臣にまでなった道真。しかし、その絶頂期の延喜元年（九〇一）正月、道真排斥をねらう藤原時平《ふじわらのときひら》によって、醍醐天皇の廃位を企てたという讒言《ざんげん》を流され、大宰府に左遷されてしまう。幼い子だけを引き連れた大宰府への旅は、食料も馬も支給されない過酷なものだったという。大宰府では物質的にも精神的にも苦しい生活を強いられ、都への思いは募るばかりであった。しかし、冤罪が晴れることはなく、道真は自らの悲運を嘆きながら、延喜三年（九〇三）二月二十五日、大宰府において失意のうちに亡くなる。五十九歳であった。

道真の死後、京の都ではさまざまな異変が起こるようになる。旱魃や疫病が毎年のように流行し、道真をおとしいれた張本人である藤原時平と藤原菅根《ふじわらのすがね》があいついで死に、さらに、醍醐天皇の皇子保明親王《やすあきらしんのう》も薨じる。この不幸続きに、醍醐天皇をはじめとする当時の人々は、道真の祟りと畏れ、その怒りを鎮めるために、道真を生前と同じ右大臣に復し、正二位の位を贈り、その名誉を回復した。

しかし、その後も不幸は止《とど》まらなかった。延長三年（九二五）、保明親王の皇子で、わずか五歳だった皇太子慶頼王《よしよりおう》が死に、追い打ちをかけるように延長八年（九三〇）六月には清涼殿が落雷により火災に遭い、死者が出る惨事となる。落雷のあと、そのショックから醍醐天皇は病となり、同年九月に譲位する。しかし、病は癒えることなく、ついに同月二十九日、四十六歳の若さで崩御する。道真が没して二十七年後のことであった。

道真没後に起こった以上のような異変によって、早い段階から道真に対する畏怖の念は高まり、人々がその慰撫に努めたことが分かる。それはおそらく、生前の道真の記憶が生々しくあるうちのことだったただろう。だからこそなお、人々は、恨みを抱いたまま死んだ道真の怒りをより強く畏れたのかもしれない。

さいしょ、冤罪をうらむ怨霊として鎮魂の対象とされた道真であったが、清涼殿の落雷をきっかけとして雷神と結びつけられるようにもなり、やがて天災や不浄などを鎮静する神として信仰を集めるようになる。一連の異変は人々の記憶にしっかりと刻まれ、その後百年ほどの間、さまざまな災害は道真の祟りと怖れられるほどであった。

さらに時間が経つと、荒ぶる神としての性格はうすれ、学問の神様という現代につながる天神イメージが形成されていくこととなる。もともと道真は、代々つづく学者の家に生まれ、幼いころから漢詩や和歌を良くした。当時の貴族たちにとって漢詩や和歌を上手に詠むことは必須条件であり、彼らが道真の文才にあやかろうとしたことは至極当然のことと言えるだろう。寛和二年（九八六）、慶滋保胤《よししげのやすたね》が道真に捧げた願文のなかで、道真を「文道之祖、詩境之主」（『本朝文粋』巻第十三）と評し、文壇の寵児であった大江匡衡《おおえのまさひら》も「文道之大祖、風月之本主」（『本朝文粋』巻第十三）と称している。道真は畏れるべき存在であったが、それと同時に、貴族たちにとっては憧れの存在だったのだ。

鎌倉時代以降、天神信仰の受容層の拡大とともに、漢詩や和歌のみならず俳諧や連歌などの文芸全般、さらには諸芸道の守護神として信仰を集めるようになった。とりわけ連歌と天神のつながりは深く、室町時代以降、各地の天満宮でたびたび連歌会が催され、天神の画像が本尊として掛けられていたという。また、神格化と並行して、神仏習合の思想にもとづき、天神を十一面観音の化身とする信仰も生まれた。

以上、天神信仰の成り立ちとその広がりを概観してきた。道真の死後、あまり時を隔てずに起こった天神信仰は、道真に対する畏怖の念から生まれ、やがて人々の際限のない願いに応えて、その守護すべき対象が拡大していったことが分かる。つづいては、篤い信仰を集めた天神さまの姿を見ていくことにしたい。

2　変幻自在の天神さま

目に見えるもの（ビジュアルイメージ）の力は強く、それは時に私たちの常識を越えて、見たことのないものや実在し得ないものを「この世に在るもの」と錯覚させる。龍は、その成功例といえるだろう。そして、古今東西を問わず、ビジュアルイメージが大きな力を発揮したのが、信仰の世界である。平安時代初め、唐に渡って最新の密教を持ち帰った空海は、難解な密教を理解するために図画は欠かすことができないとして、数多くの仏像や仏画を持ち帰り、自らの布教活動に積極的に利用した。信仰とビジュアルイメージは分かちがたく結びつき、信仰はビジュアルイメージに支えられて発展してきたと言っても過言ではないだろう。

天神信仰も例外ではない。天神さまの霊威が語られるとき、そこに具体的なイメージ（画像）があるからこそ畏怖の念も湧き、祈りの対象ともなっただろう。天神さまの画像がなければ、天神信仰はここまで浸透しなかったのではないだろうか。

では、天神さまのイメージ（画像）は、一体いつ頃から流布するようになったのだろうか。はっきりとしないが、平安時代の史料によると、没後わりと早い時期に造像が始まっていたことが分かる。たとえば、天慶四年（九四一）撰述とされる『道賢上人冥途記』には、太政天（道真）が道賢に対して「我が形像を作」るように指示するくだりがあるし、実際の作例として、天徳四年（九六〇）、北野天満宮において「御影像」が造り奉られたという記事もある（『北野天満自在天神宮創建山城国葛野上林縁起』）。ここでいう「御影像」が彫刻か絵画かは不明だが、天神の姿をあらわしたものであることに違いはない。

以上のとおり、史料に拠るかぎり、十世紀半ばころ、つまり没後数十年にして既に造像が始まっていたと考えられる。しかし、平安時代にさかのぼる画像は残っておらず、現存するのは十四世紀以降のものに限られる。つづいては、基本的ないくつかのタイプを紹介し、天神の姿がどのように描かれてきたのかを見ていきたい。

まず、基本形といえるのが束帯天神と通称されるタイプで、その名のとおり貴族の正装である束帯姿の道真を描いている（図1、大阪天満宮）。黒の袍《ほう》を着け、纓《えい》を後ろに垂らした冠をかぶり、手には笏を持ち、太刀を佩《は》き、多くの場合、上畳に坐る。その表情は、目を大きく見開き、眉はつりあがり、上歯で下唇を噛む、憤怒の形相をしたものが多い。天神の画像が「怒り天神」とも呼ばれる所以である。いわれのない罪によって左遷された怒

図1　束帯天神像　室町時代・16世紀
大阪・大阪天満宮 所蔵

りや無念さを表しており、その姿は人間的であるとも言えるし、霊威をあらわしているとも捉えられよう。また、笏の持ち方にはいくつかのパターンがあり、とくに両手で上から押さえつけるタイプは、湧きあがる怒りを抑えようとする表現である。

さらに、天神さまの象徴ともいえる梅と松を伴う例も多い。かの有名な「東風吹かば／にほひおこせよ／梅の花／主なしとて／春を忘るな」という和歌は、道真が京を離れる前、自邸に植わっていた梅を詠んだもので、この梅はその後、一晩にして大宰府にいる道真のもとに飛び来たったという。梅と同様、松も天神伝説には欠かせないモチーフである。安楽寺および北野天満宮の創建について記した『天満宮託宣記』のなかで、道真が、かつて自分の身体に松が生えてきて、それを折るという夢を見た。これは配流になる予兆であり、「松は我像の物也（わが姿をあらわすもの）」だと語るくだりがある。また、道真の霊が北野にあらわれ、「松を植えよ」というと、一夜のうちに千本の松が生えたという伝承もあるなど、松も道真を象徴する重要なモチーフなのである。図1の上部に設けられた色紙型には、金泥によって梅と松を描いているし、太宰府天満宮の束帯天神像（図2）も、天神の背後に見事な枝ぶりの松と梅を配している。

図2　束帯天神像（板絵菅公像）　佐脇嵩之筆　江戸時代・延享4年（1747）　福岡・太宰府天満宮 所蔵

図3　束帯天神像　南北朝〜室町時代　14〜15世紀　京都・北野天満宮所蔵

なお、束帯天神像のなかで古様な姿を留めているとされるのが、北野天満宮に伝わる束帯天神像（図3）である。「根本御影」と称され、北野天満宮では最も重んじられている天神像である。この作品の大きな特徴は、平安時代に一般的であった萎装束《なえしょうぞく》を着ている点である。萎装束とは、言葉のとおり柔らかな仕立てにしてある。萎装束に次いで、平安時代末期から流行するのが強装束《こわしょうぞく》で、こちらは糊引きした布地で作られているために硬さがある。その違いは一目瞭然で、図1は衣文が鋭角的で、張りのある質感が見てとれるのに対して、図3の方は衣が柔らかく、体になじんでおり、萎装束であることが分かる。現存する束帯天神像のほとんどが強装束を着けた姿で描かれるが、本来、道真が着ていたのは萎装束だったはずである。時代考証という観点でいえば図3が正しいのであるが、そういった有職故実の知識がないまま、強装束を着けたタイプが定着したのだろう。北野

像である。束帯姿で笏を持ち、怒りの表情を浮かべる点は共通するが、最大の特徴は、綱をぐるぐると巻き、その上に坐る点である。京から大宰府へ下る際、船の艫綱《ともづな》を巻いて座ったという話にもとづいており、敷物にも欠く悲惨な状況にあったことを示している。

図5（常盤山文庫蔵）は、無背景の画面に、綱に座る天神を描いている。ぎょろっとした目に団子鼻と、多くの天神像のなかでもとりわけ怪異な表情をしている。延文五年（一三六〇）の年記がある賛を伴っており、現存最古の年記をもつ綱敷天神像である。賛者である祖参については詳らかでないが、その書体などから禅僧と推測されている。

図6（山口・古熊神社蔵）は、図5とは対照的に落ち着いた表情を浮かべている。ごつごつとした岩やしぶきをあげる波など、背景が豊かに描かれている点が珍しい。臨済宗の僧、惟肖得巌《いしょうとくがん》（一三六〇～一四三七）による賛には、永享元年（一四二九）、大内盛見《おおうちもりみ》が京都

図5　束帯天神像　祖参賛　南北朝時代
14世紀　神奈川・常盤山文庫 所蔵

図6　重要文化財　束帯天神像　惟肖得巌賛　室町時代　15世紀　山口市・古熊神社 所蔵

図7　束帯天神像　室町時代　15世紀
神奈川・荏柄天神社 所蔵

から周防に帰るにあたり、惟肖得巌が秘蔵していた天神像を餞として贈ったことが書かれている。

　このほか、基本的には束帯天神像と共通するが、坐像でなく、立ち姿をとらえたものがある。これは、大宰府近くの天拝山で無実を祈る姿であるとか、神となった道真が影向《ようごう》する姿ともいわれる。このうち雲に乗るタイプ（図7、神奈川・荏柄天神社蔵）があり、これについては、荏柄天神社の草創縁起に、長治元年（一一〇四）、雷雨とともに天から降ってきた天神画像が雲に乗る姿を描いたものだったと伝えられており、それを表したものだと考えられる。草創縁起に語られるとおり、現在、荏柄天神社に伝わる束帯天神像は、ほぼ等身大の大きさをもつ迫力ある作品である。

3　時間と空間を超越する天神さま

これまで紹介してきた画像とは一線を画し、もっとも荒唐無稽と言えるのが、渡唐天神と呼ばれるタイプである。その名のとおり、天神さまが唐（宋）に渡った姿をあらわしており、その画像はかなり具体的な伝説とともに流布し、本家ともいえる束帯天神像以上の広がりを見せることとなる。

伝説の舞台は、鎌倉時代・十三世紀の大宰府。のちに京都・東福寺の開山となる臨済宗の僧、円爾弁円《えんにべんえん》（一二〇二～八〇）は、宋で禅を学んで帰国したばかりのころ、大宰府の崇福寺（現在は博多に位置する）に住していた。ある夜更け、突然、彼のもとに天神があらわれ、弟子にしてほしいと願い出る。そこで、円爾は、自身の師である無準師範《ぶしゅんしばん》のもとで学ぶことを勧める。無準師範（一一七八～一二四九）は南宋時代を代表する禅僧で、当時もっとも高い寺格を与えられていた杭州の径山万寿寺の住持を務めた人物である。はたして翌日、円爾のもとに再び天神があらわれ、無準師範から付与された袈裟を示したという。禅宗において、袈裟は伝法衣《でんぽうえ》とも言われ、伝法つまり師資相承の証として重視されるアイテムである。それを与えられたということは、天神が一夜にして禅の教えを会得したことを示している。なお、道真が無準師範から受け取った袈裟は、円爾の弟子である鉄牛円心（一二五四〜一三二六）に受け継がれ、鉄牛が太宰府に創建した光明寺に伝えられた。今でも光明寺の横には、袈裟を安置したという伝衣塔がひっそりと立っている。

以上のような物語がまことしやかに語られ始めたのは、室町時代初期、十四世紀後半のことと考えられている。現在確認できるもっとも古い文献は、公家出身の禅僧・子晋《ししん》明《みょう》魏《ぎ》（花山院長親、?〜一四二九）が著した『両聖記』（応永元年成立）で、そのほか禅僧・雲《うん》泉太極《せんたいぎょく》（一四二一〜?）の日記『碧山日録』など、南北朝・室町時代の文献にしばしば登場する。

『両聖記』は、先述の伝説とともに、絵の存在も伝えている。『両聖記』によると、明徳（一三九〇〜九三）のころ、月渓源心《げっけいげんしん》という僧が「唐人の如くなる貴人」の姿をした天神さまの夢を見る。その後、応永元年（一三九四）、蔵光庵《ぞうこうあん》の住持であった休翁普寛《きゅうおうふかん》のもとに送られてきた画像を見る機会があった。それは天神が無準師範に参じる姿を描いたもので、かつて自分の夢に出てきた姿に一致することに感歎したという。つまり、『両聖記』が成立した応永元年頃、すでに絵も伝説も共に成立していたことが分かる。

絵をながめてみると、今までに見てきた天神像とは似ても似つかぬ不思議な姿をしている（図8、花園大学禅文化研究所蔵）。こちらをまっすぐに見つめる天神は、一見して中国風である。束帯を脱ぎ捨て、代わりに袖が長くゆったりとした着物を着て、頭には頭巾をかぶり、肩にポシェットをかけている。ポシェットには、無準師範から受け取った袈裟が入っているという。まさに、『両聖記』にいう「唐人の如くなる貴人」の姿である。その表情を見ると、かつての怒りを忘れてしまったかのように穏やかな微笑みを浮かべており、天神さまであることを明らかに示すのは、わずかに手に持った梅の枝だけである。

画面上部には、臨済宗の僧、惟肖得巌《いしょうとくがん》（一三六〇〜一四三七）による賛が書き付けられている。応永二十四年（一四一七）という年記は、渡唐天神像に記された年記としては最も古い。惟肖得巌は、天龍寺や南禅寺を歴住し、若い頃には博多の聖福寺に住していたこともある人物。惟肖得巌が着賛した渡唐天神像は、図8以外にも岡山県立美術館本（図9）などいくつか伝わっており、渡唐天神伝説および画像の流布に一役買っていたと思《おぼ》しい。先に紹介した綱敷天神像（図6）にも着賛しているし、さらに『両聖記』の著者である子晋明魏とも親しかったというから、彼の周辺で積極的な普及活動があったことは確かなようだ。

図8のように、現存する渡唐天神像の多くは絵の上部に賛を伴う。賛者は禅僧が多く、なかでも臨済宗が圧倒的多数を占める。渡唐天神にまつわる伝説のもう一人の主役ともいえる円爾が、臨済宗聖一派の祖であることからも容易に想像される結果である。惟肖得巌のほか、同じく東福寺に縁の深い臨済宗の愚極礼才《ぐきょくれいさい》（一三六三〜一四五二）も、複数の渡唐天神像に着賛している。愚極礼才は、『天満大自在天神宝号記』など天神に関する著作があり、やはり渡唐天神信仰の流布に努めた人物である。

ところで、このような不思議な姿は、一体どこから生まれたのだろうか。それについては、中国古代の伝説的な名医扁鵲《へんじゃく》、あるいは同じく中国・宋代の文人で、梅を愛したという林和靖《りんなせい》の画像を元にしているという説などがあるが、その真偽のほどは分からない。もう一つの謎は、この眉唾ものの伝説がどのような意図をもって語られ、どのように定

図8　渡唐天神像　惟肖得巌賛　室町時代　15世紀　京都・花園大学禅文化研究所 所蔵

図9　渡唐天神像　惟肖得巌賛　室町時代　15世紀　岡山県立美術館 所蔵

着していったのか、ということである。一見、天神の学徳の高さを象徴する伝説のようであるが、実はそうではない。この伝説は、禅から仕掛けられたものである。すでに紹介したように、現存する渡唐天神像の初期作例の多くは、禅僧、とくに臨済宗の僧によって着賛されており、このあたりが発信源になったと推測される。ただし、こういった動きは室町時代に突発的に起こったものではなく、禅と天神を結びつける土壌はすでに鎌倉時代に整っていた。そもそも道真は、入唐こそしなかったものの和漢の文芸に秀でた人物として知られ、一方の禅僧は、日本人が憧れる中国文化の体現者であった。禅僧にとって天神は文雅の象徴であり、和漢の文化を担うという点において、両者は共通するのである。禅宗側としては、その共通性を強調することによって、天神信仰のもつ正統性や普遍性を取り込もうとする意図があったのかもしれない。

図10　渡唐天神像　方蘭坡賛　中国・明時代　15〜16世紀　京都・浄土宗大本山清浄華院 所蔵

さらに面白いことに、渡唐天神像は中国でも描かれた。図10（京都・清浄華院蔵）は、これまで見てきた渡唐天神像とすこし様子が異なる。顔が小さく、細面になり、表情がやや厳しい。しかし、道服、仙冠、ポシェット、梅の枝という基本的なアイテムは備えていて、まぎれもなく渡唐天神なのである。

当然のことながら、渡唐天神の伝説は日本における創作である。日明貿易の拠点となった寧波にやって来た日本人僧が、日中交流を示すエピソードとして、かの地の人々に渡唐天神の伝説と画像を紹介したのだろう。そして、現地の絵師に写しを制作させ、さらに地元の文人に着賛を依頼したものと推測される。図10の賛者・方蘭坡について知る手がかりはないが、寧波周辺で活躍した文人である可能性が高い。寧波は、無準師範が住し、天神が教えを受けたという径山万寿寺にも近い。伝説の舞台となった、まさにその場所で描かれた渡唐天神像は、日本において特別な意味をもって迎えられただろう。

おわりに

以上見てきたとおり、一口に天神さまといってもその姿は多彩で、いくつもの顔を持つことをお分かりいただけたと思う。バリエーションの豊かさが天神画像の特徴であり、平安時代以来、人々のさまざまな願いに応えて、その姿を自在に変化させてきたことの証でもある。そういった懐の深さが天神信仰の大きな魅力であり、現代においても不動の人気をほこる秘密といえるだろう。

column

光明寺

味酒　安則

『菅神入宋授衣記』は次のような話を記している。

仁治《にんじ》二（一二四一）年、京都東福寺を開山した円爾《えんに》（聖一国師）は、宋から帰国して太宰府横岳の崇福寺で起居していたが、そこへ、天神さまが現れて、禅についてたずねられる。円爾は、天神さまを畏《かしこ》み禅宗発祥の地である唐土へ渡ることをすすめた。すると、天神さまはただちに中国の径山の仏鑑禅師（無準師範）に参禅、教えを受け、その場で僧伽梨《そうぎゃり》を授衣されたのである。そして、再び太宰府の円爾のもとに来られて報告された。

さらに、同書には、文永八（一二七一）年、聖一国師の弟子のひとりだった菅家出身の鉄牛円心が、天神さまが禅の奥義を究めたしるしに仏鑑禅師から与えられたという衣を、師の聖一国師から託され、太宰府藍染川の畔に伝衣塔を建て、それをお守りするために寺を建立した。これが臨済宗東福寺派の神護山光明禅寺である。

ここで、禅宗と天神信仰が融和した要因を考えてみよう。

まずは、この渡唐天神伝説の原形はすでに中国にあったという説である。日本の天《あま》つ神《かみ》としての天神が、仏鑑禅師に参禅し、その様子が絵画に残っているという説話が流布されていた。それを中国に留学していた日本の禅僧が、菅公と結び付けたというものである。

次に、この時代は禅林を中核として、神仏儒の三教一致の思想が広く知れ渡っていた。そのことから、八幡神が仏光禅師に参禅したとか、聖徳太子が達磨《だるま》大師に参禅したとか、住吉神と白楽天が出会ったという話が、好んで語られた時代でもあった。すなわち、渡唐天神伝説も同じように生まれたというものである。

さらに、ここで中国の北宗の詩人「林和靖《りんなせい》」と天神さまの関係について考えてみる。本名は林逋、若い時から学問に励み、杭州の西湖の孤山に庵《いおり》を建てて住み、詩作を好み、梅を植えて愛し、そして、その清澄で隠逸《いんいつ》の生涯は、中国の文人の理想であり、留学禅僧たちの憧憬《どうけい》だった。「学問の高さ」「詩人」「愛梅の士」である林和靖と菅原道真公を日本の禅僧たちが同一視できたところに、渡唐天神の伝説は生まれたのではなかろうか。

中世にあって、新興の禅宗が、教義を全国に布教するため天神信仰との融和は必須であった。菅原道真公と仏鑑禅師、太宰府天満宮と崇福寺・光明寺、林和靖と鉄牛円心そして聖一国師の関連に、東福寺系の禅僧の強力な支持と流布がみえてくるのである。

光明寺の前を流れる川は、謡曲「藍染川」の舞台となった場所で、この物語のヒロインで藍染川に身を投げた京女の梅壺侍従《じじゅう》の子梅千代が、実は鉄牛円心その人だったという伝説を生んだ。

光明寺　一滴海庭

白壁の塀の横にある山門を入ると、掃き清められた美しい白砂に、七・五・三の十五の石を「光」という字に配列した、「仏光石庭」がある。中でも、釈迦、文殊、普賢の三仏を三つの石で表現し、限りない仏の慈悲を参拝者に注ぐというものだ。さらに、内庭は、白砂で水そして大海を表し、苔《こけ》で島および大陸を表している。涙《なみだ》の一滴も大洋の海水も、同じ水という禅の奥義がそこにあると伺《うかが》った。「一滴海庭」のコントラストな庭に、樹齢三～四百年という紅葉がさらに見事な調和を作り出している。

太宰府天満宮の結縁寺で、神仏分離以前、住職は、天満宮の社家の一員で上官を務めていた。明治初年、天台宗の安楽寺が廃された時、光明寺は宗派が禅宗で異なるという理由で廃絶を免《まぬが》れたのである。

天満宮の文化財

有川　宣博

文化財とは人々の活動の結果として現在に伝えられたものであり、過去からのタイムカプセルといわれる事もある。文化財の一つ一つは、それを作った人、それを使った人、それを残した人、さらにはそれを伝えた人たちの努力の成果でもある。あたかも、自分の幼い頃のアルバムを見ると、写真に写っている事以上にその時の状況が目に浮かび、さらにはそれを手がかりとして過去の様々な出来事が思い出として蘇ってくる。それがまた現在を生きる自らの活動の原動力ともなる。同様に文化財そのものはただ静かに佇んでいるばかりで、何も我々にその過去を自ら語りかけようとはしないが、文化財に包摂されたそれらの情報を研究することで、過去社会の出来事＝歴史について我々が五感で感知する以上の豊かな認識を導き出す事ができる。

　天満宮においても、ご祭神の菅原道真公が亡くなられた延喜三（九〇三）年以来、その墓所が安楽寺という寺院となり、さらに神格化した菅公を祀る天満宮として発展をしてきたなかで、多くの文化財が蓄積されてきた。寺院・神社としての活動の結果として生み出されたものや、崇敬者の寄進などによって集積されたものもある。多くは神社内の宝物殿に収蔵され管理されているが、社務所などで公開利用されているものもある。また、建造物や境内に散在する石碑石造物は参拝者が一般に目にする機会も多い。いずれにしても、崇敬者からの寄進物も含め行政による指定の有無に関わらず、天満宮の歴史を語る証人としての価値に文化財としての差はないといえよう。

　天満宮における神事で最も重要なのが二十五年に一度行われる御神忌中・大祭である。大祭に際しては御神具・御神宝の新調をはじめ崇敬者によって様々な事物が奉納されてきた。

　管見の限り、記録に残る最も古い御神忌大祭は慶長七（一六〇二）年の七百年祭である。慶安四（一六五一）年の七百五十年御神忌では、二月二十二日より二十四日にかけて黒田公の計らいにより歌会や能七番が実施され、大祭当日は奉行大橋与三左衛門の指揮のもと終日法会が行われた。この功績によってであろうか、司務別当（神仏混淆時代であるから、今の宮司職にあたる）信兼に対して黒田公より大鳥居家の御寝間（＝屋敷）の取立（＝建設）が示され、使用する材木などの下行もあったという。元禄十五（一七〇二）年の八百年御忌では、楼門の左右に座をふたつ設けて連歌三千七百句の披講が行われている。奉納の和歌は京の公家方からも寄せられ、黒田藩のみならず幕府関係者（大学頭林信篤ら）からも漢詩が届けられるなど、諸国に知られる祭礼となっていった。その後も記録に残るもので宝暦二年の八百五十年御神忌、安永六（一七七七）年の八百七十五年御神忌、享和二（一八〇二）年の九百年御神忌、文政十（一八二七）年の九百二十五年御神忌、嘉永五（一八五二）年の九百五十年御神忌と継続して続けられてきた。このうち二十五年単位の御忌は中祭に位置づけられていた。詳細は不明であるが御神忌のたびに境内の整備などが進められたと思われ、境内には御神忌に際して奉納された遺物が数多く残っている。松島茶屋の西側梅林の中と照星館の北側に残る一対の燈籠は宝暦二年八百五十年御神忌に奉納されたもので、筑後久留米や御井郡の人々が宿坊であった御供屋坊の世話で寄進したものである。また、現在関屋の道端に移設されている道標には八百五十年祭の銘があり、祭礼に訪れる参詣者への道標として造成されたことを示している。なお、この道標は享和二年の九百年御神忌にも利用され、天満宮まで「是従二十二丁」と側面に刻まれた。その享和二年に寄進されたものに、①お石茶屋の植え込みの中に建っている燈籠は石見国鹿足郡の藤井氏ら寄進　②本殿東方の山斜面に建つ相輪樘は博多の竹下氏らによる寄進　③浮殿への橋の左側に建つ燈籠は宿坊迎寿院へ献灯されたもの　④曲水の庭の入口付近に建つ燈籠も宿坊執行坊へ伊予国松山の木村氏らが献灯したもの　⑤中神茶屋の梅林の中にも伊予国浮穴郡の森氏らが宿坊執行坊に献灯した燈籠が建っている　⑥余香殿の前にはいくつもの燈籠（常夜灯）が建っているが、そのひとつに福岡の八百屋・米屋が宿坊迎寿院に献灯したものがある　⑦「くすのき千年」の句碑の前にある石牛も享和二年の奉献　などがある。

ついで、嘉永五年の九百五十年御神忌に寄進された境内遺物も多く残っている。①県の指定にもなっている銅製鸑・銅製麒麟（解説別掲）②狛犬　本殿廂の下のある狛犬一対もと宿坊延寿王院に安置されたもので、長門や福岡などの人々が献納　③「未来」の橋を渡ったところに建つ燈籠は讃岐松尾講からの献納で、宿坊である検校坊の世話による④太鼓橋の手前右側にある永代常夜灯は壱岐国の倉光氏が宿坊連歌屋に献納したもので、石工有吉重兵衛の名も残っている。

以上、御神忌の機会として整備された境内遺物を概説してきたが、特筆すべきは明治三十五（一九〇二）年の御神忌一千年にあたり実施された諸事業であろう。一千年祭の準備のため明治三十二年には「菅公会」が結成され、旧黒田藩の当主黒田長成が会長となった。その結果、社殿の修築・文書館の建設・梅園の拡張が行われた。三月二十五日から四月二十五日の大祭期間中、太宰府や博多において寄附相撲や「にわか」大会、市川団十郎を招いた芝居が興行されたし、神社では新設なった文書館において「古器旧物」の展示会が開催されている。これは明治六年に神社境内を会場として開催された太宰府博覧会とも連動していたと言ってよい。太宰府博覧会の目的は文明開化と地域振興にあったが、その出品物は神社の「御神庫宝物」「竈門山宝物」「観世音寺宝物」等であった。この時、神祇官より太宰府神社の宮司に任命されていたのが江藤正澄で四ヶ月あまりの任期であったが、のち正澄は一千年祭に際し自らが収集した古物を展示していた「観古室」を神社に献納している。明治二十六年には、江藤正澄は西高辻信厳・吉嗣拝山らとともに「鎮西博物館」の建設発起人ともなり、これが岡倉天心の「九州博物館設置の必要」（明治三十三年福岡日々新聞談話）を呼び込み、現在の九州国立博物館の設置に繋がっていることは忘れてはならない。

さて、天満宮の文化財のうち、文化的に価値が高いと思われるものは国・県・市の文化財指定を受けている。

その一覧を別掲してみた。

資料名	指定分類	区分	指定日
太宰府天満宮末社志賀社本殿	国重要文化財	建築	明治40年５月27日
太宰府天満宮本殿	国重要文化財	建築	明治40年５月27日
石造鳥居	県	建築	昭和36年10月21日
石造燈籠	県	建築	昭和36年10月21日
相輪樘	市	建築	平成24年５月25日
北野天神縁起	県	絵画	昭和37年７月26日
六座の面　附納入箱	市	彫刻	平成24年５月25日
毛抜形太刀	国重要文化財	工芸	大正12年３月28日
太刀	国重要文化財	工芸	大正元年９月３日
梅月蒔絵文台	国重要文化財	工芸	昭和55年６月６日
銅製鰐口	県	工芸	昭和37年２月20日
鉄製雲板	県	工芸	昭和33年11月13日
鶴亀文懸鏡	県	工芸	昭和37年２月20日
銅製麒麟並に鸞	県	工芸	昭和37年２月20日
銅製神牛	県	工芸	昭和37年２月20日
銅製花瓶	県	工芸	昭和37年２月20日
太宰府天満宮飛梅柵擬宝珠 附釘かくし	県	工芸	昭和37年２月20日
翰苑巻第卅	国宝	書跡	昭和29年３月20日
太宰府天満宮文書	国重要文化財	古文書	昭和54年３月６日
蓮華唐花文塼	国重要文化財	考古	昭和36年６月30日
滑石硯	県	考古	昭和36年１月14日
銅製経筒	県	考古	昭和32年８月13日
石製経筒	県	考古	昭和32年８月13日
瓦経	県	考古	昭和30年３月12日
蒙古碇石	県	考古	昭和44年５月１日
太宰府天満宮の力石	県	有形民俗	昭和37年２月20日
太宰府天満宮神幸行事	県	無形民俗	昭和36年10月21日
竹の曲	県	無形民俗	昭和35年３月19日
鬼すべ	県	無形民俗	昭和30年３月5日

表1　天満宮の指定文化財

〈解説〉

翰苑（国宝）

大正末年西高辻家の蔵から発見された。菅原為長卿の書と伝えられ、平安時代初期の書写本。「翰苑」の名は中国の文献にもしばしば登場しているが、写本・版本を含め中国本土にも残っておらず、長い間幻の書といわれてきた。中国唐代の顕慶五（六六〇）年に張楚金が撰し、雍公叡が注した書物。なかには魏志倭人伝のもとともなった魏略からの引用として邪馬台国に関する記載が含まれ、昭和六年に国宝指定を受けた。当宮に伝えられたものはそのうちの第三十巻にあたる蕃夷部1巻の抄本。

太宰府天満宮末社志賀社本殿（重要文化財）

太宰府天満宮の太鼓橋《たいこばし》横にある境内現存最古の建物で、長禄二（一四五八）年の建立と伝えられている。建物は正面一間、側面一間の入母屋造の檜皮葺で、正面には千鳥破風と向唐破風の向拝（拝礼のための突き出た部分）が一間付いている。祭神は綿津見三神。

太宰府天満宮本殿（重要文化財）

天正十九（一五九一）年に豊臣秀吉の命を受けて小早川隆景が再建したもので、五間社流造の檜皮葺の建物で、正面に大唐破風の向拝が一間、左右両側にも同じような唐破風の車寄せを付けている。本殿下には、菅原道真公の御墓所があると伝えられ、本殿前には道真公を慕って都から飛んできたとされる飛梅が代を重ねて春になるといち早く花を咲かせる。

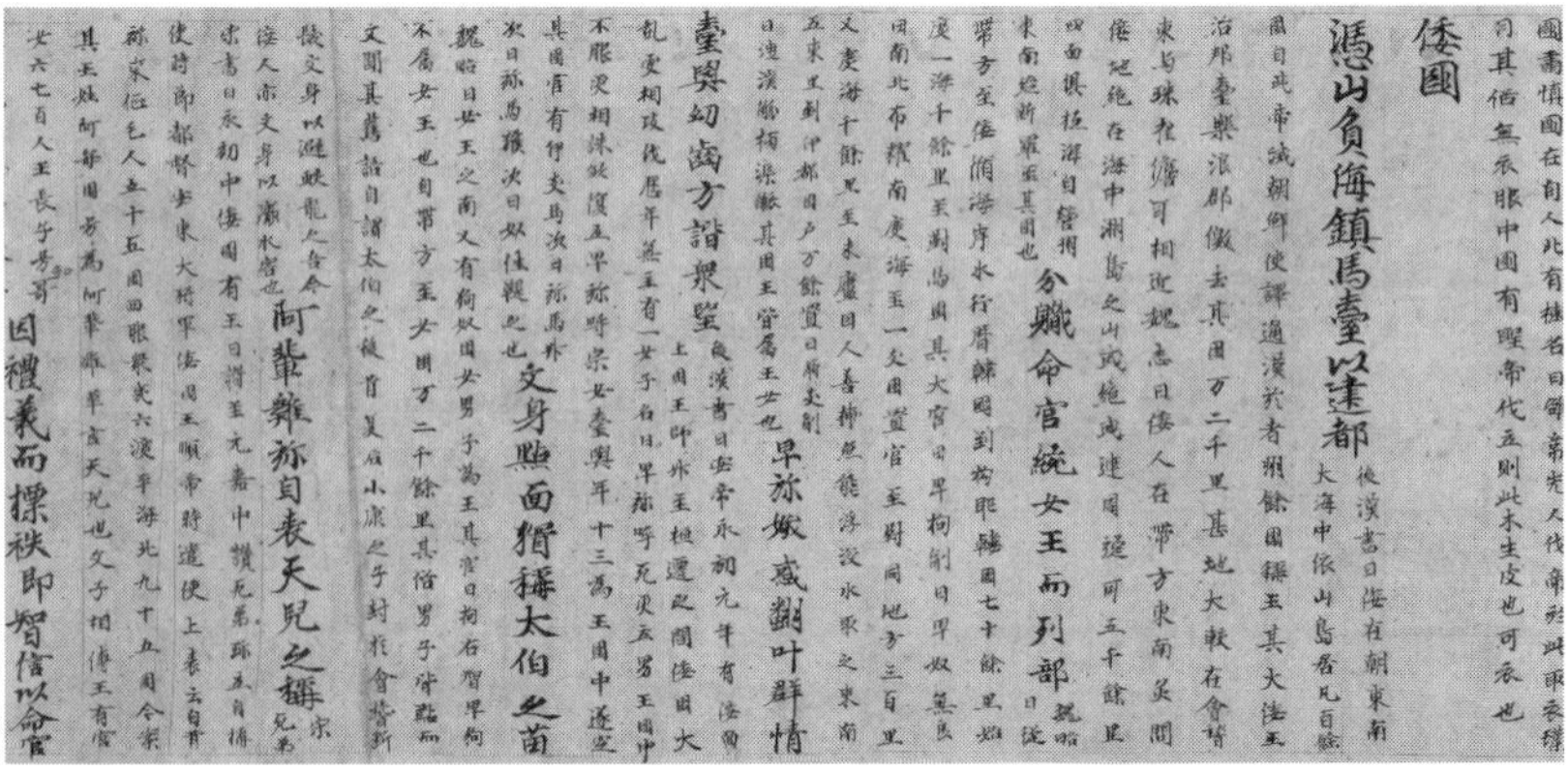

写真1　翰苑（国宝・平安時代、太宰府天満宮所蔵）

毛抜形太刀（重要文化財）

伝菅原道真公佩刀（『今般就御尋指出書一帳控』）

平安時代

昭和二十五年八月二十九日重要文化財指定

焼身、毛抜形と身の鋲が離れる。

柄に毛抜き形の透かし彫りを施す。天正六（一五七八）年に秋月種実の焼き討ちで本殿とともに被災したといわれる。全長八三・三cm、刀身の長さ六六・四cm、反り一・八cm。平安時代中頃の作。

太刀銘俊次（重要文化財）

「明治二十五年天覧」（旧鞘書）

鎌倉時代（初期）承元年間

昭和二十五年八月二十九日重要文化財指定

長さ六〇・一cm、反り二・一cm。茎の中央に大きく「俊次」と刀銘が切られている。青江俊次は、建暦年間の古青江派の刀工。平安末より鎌倉初期を通じ名工は多いが、現存する作品はきわめて少ない。この太刀は保存もよく、鎌倉時代初期の作風を知る上で貴重なものである。

梅月蒔絵文台（重要文化財）

文台とは、冊子や短冊などをのせる刳形をつけた低い脚の長方形の小机。縦三三・九cm、横五八・〇cm、高さ九・四cmで、黒漆地に金泥で梅花などを描いている。裏面の「信元（花押）」銘から、十六世紀中頃天満宮の留守職を務めた小鳥居信元が使っていたことがわかる。

写真２　毛抜形太刀（重要文化財・平安時代、太宰府天満宮所蔵）

数少ない室町時代の蒔絵品として貴重。

太宰府天満宮文書（重要文化財）

天満宮の社家（神仏分離される明治以前は坊家）に伝えられた古文書群。大鳥居文書・小鳥居文書・満盛院文書・御供屋文書・太宰府天満宮文書（狭義）などが昭和五十四年に一括して太宰府天満宮文書として国の指定をうけた。平安時代以降の中世を中心としたもので、総通数千三百七十七通を数え、その内容は中世の九州の政治、文化に重要な地位を占めた当宮の歴史を具体的に伝えるとともに、大宰府、鎮西探題、九州探題、あるいは大内氏など室町・戦国時代の諸大名の文書が数多く含まれており、我が国中世史研究上貴重なものとなっている。その他、指定物件ではないが、近世以降の古文書も多数伝えられており、江戸時代における天神信仰や黒田藩との関係、さらには幕末五卿関係の史料など今後とも大いに活用されるべきものが多く眠っている。

天満宮安楽寺草創日記（重要文化財　太宰府天満宮文書のうち）

安楽寺は道真公の廟所で、延喜十年に味酒安行が建立した。天満宮とは不可分の関係にあり、古くは安楽寺天満宮と呼ばれることが多かった。草創日記は延喜五年に廟殿が建立されて以来、大宰府官人や崇敬者によって整備されてきた伽藍や仏神事、さらにはその維持のために寄進された荘園などの沿革を記載したもので、その基となった資料の多くが失われている現在においては貴重なものとなっている。当初の成立は鎌倉中期ごろと考えられるが、長禄三年、文明六年、永禄二年と書写しつづけられ、天正十五年には九州入りした豊臣秀吉にも供覧され所領安堵にも役立てられた。

蓮華唐花文塼（重要文化財）

写真３　梅月蒔絵文台（重要文化財・室町時代、太宰府天満宮所蔵）

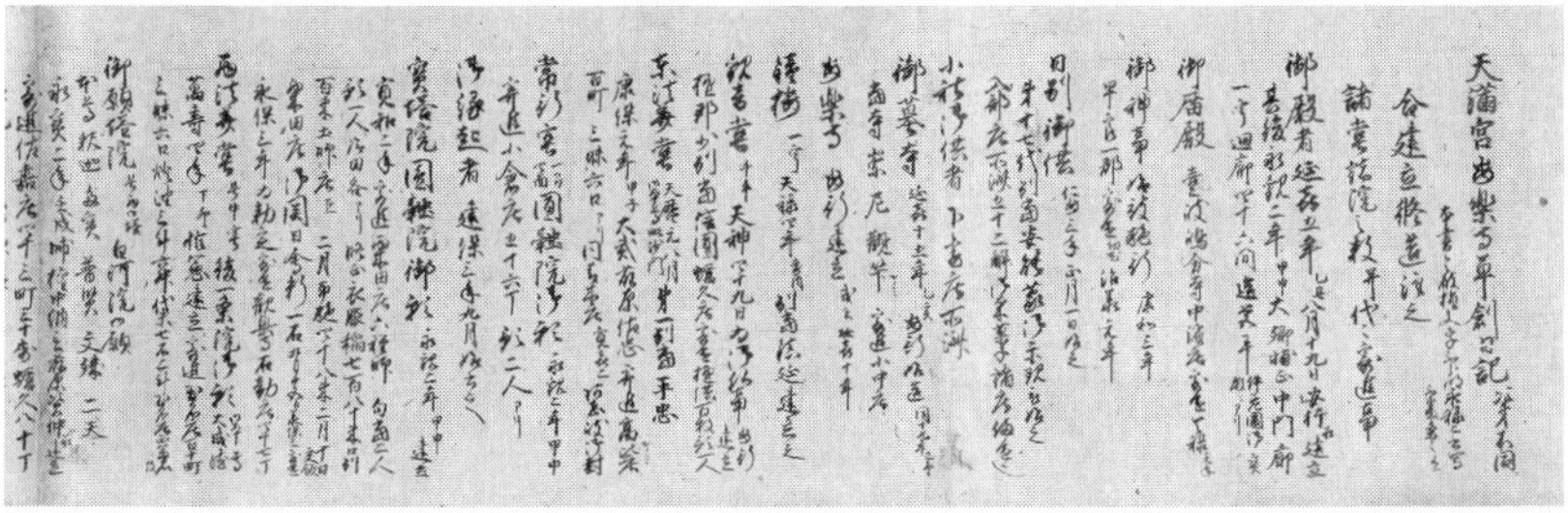

写真４　天満宮安楽寺草創日記（重要文化財・室町時代、太宰府天満宮所蔵）

塼は板状の焼き物で、基壇などに用いられた。これは「都府楼跡」付近から発見されたと伝えられているが、発掘調査ではその大部分が学校院跡から出土している。文様的に新羅の影響を強く受けたものとみられている。奈良時代中頃の作。

石造鳥居（福岡県指定）

太宰府天満宮の太鼓橋の手前に建てられている鳥居。花崗岩で造られた明神鳥居で、建立年月日は不明だが、諸資料から鎌倉時代末期から室町時代に造られたものとされている。

石造燈籠（福岡県指定）

回廊内の池の脇、本殿に向かって右手に位置する。高さ二・四七ｍの凝灰岩製で、慶長十三（一六〇八）年に初代福岡藩主黒田長政の寄進。

北野天神縁起（福岡県指定）

全三巻からなり上巻末尾の奥書に、元和五（一六一九）年、藩主黒田長政の依頼により北野天満宮徳勝院禅昌が逍遙院の真筆本を写したとする。歴史的価値のみならず、天神信仰の中心地である県下最古の縁起。

銅製鰐口（福岡県指定）

社寺の堂の軒下に吊るし、その前に垂らされた鉦の緒という布製の緒を振って打ち鳴らす梵音具（音の出る仏具）。慶長

写真５　蓮華唐花文塼（重要文化財・奈良時代、太宰府天満宮所蔵）

五（一六〇〇）年、大鳥居信寛と勾当坊の政重、筑後の領主筑紫広門によって安楽寺天満宮に寄進されたもの。

鉄製雲板（福岡県指定）

形が雲に似ていることから雲板と呼ぶ。禅宗寺院で座禅や食事の時間を知らせる時などに鳴らして使うといわれる。文治三（一一八七）年に安楽寺に寄進されたもので、製作年が分かる資料では我が国最古のものといわれる。

鶴亀文懸鏡（福岡県指定）

越前敦賀の城主である大谷吉継が、太宰府天満宮に奉納した二面の銅製の鏡。直径は七三・一cmで、背面中央に亀、その頭部に嘴を交え向かいあった二羽の鶴を配している。文禄二（一五九三）年、京都の鋳物師中嶋六郎左衛門尉藤原光重の作。

銅製麒麟並に鷽（福岡県指定）

麒麟は才知・技芸に秀でた菅原道真公をたとえて、鷽は毎年正月七日に行われる鷽替え神事にちなんで作られたもの。これらは嘉永五（一八五二）年、博多鋳物師の山鹿包秋、包信、包春によって製作された。嘉永五年は御神忌九五〇年にあたり、これを記念して奉納されたものと思われる。鳥羽屋七蔵以下二五四名の施主の名前が鷽像の台座に隙間なく刻まれている。取次は社人の小野伊予氏興。太宰府天満宮宝物殿の西側にある。

銅製神牛（福岡県指定）

天満宮境内に牛の像が多いのは、菅原道真公が丑年生まれで、亡くなっ

写真６　銅製麒麟像（太宰府天満宮写真提供）

た日も丑の日であったことによるといわれる。楼門前にある銅製神牛は、十八世紀末から十九世紀初頭にかけて活躍した博多鋳物師の山鹿儀平藤原包賢の作で文化二（一八〇五）年のもの。「撫で牛」と呼ばれ、自分の体の悪いところと同じ部分を撫でるとよくなると信じられている。ほかに儀平が作った手水鉢は戦中時に金属供出のため、失われてしまった。

銅製花瓶　（福岡県指定）

口と底が広く、頸と腰が細くしまり、胴が張るという亜字形花瓶で、高さ五三・三㎝で、五つの部分に分けて鋳出したものを鋲で留める。胴部に鏨彫りされた銘から慶長三（一五九八）年の作とわかる。肥前国の龍造寺家久の母が願主となり寄進したもので、龍造寺氏は隆信が天正十二年に島津氏との合戦に敗死して以来、次第に勢力を失っている。家久の母が何を祈ってこれを奉納したのか興味はつきない。

太宰府天満宮飛梅柵擬宝珠　附釘かくし　（福岡県指定）

太宰府天満宮本殿の前にある飛梅柵の小柱頭につけられていた宝珠（葱坊主）形の装飾具。陰刻された銘文より、天正十七（一五八九）年の製造と考えられている。現在飛梅柵につけられている擬宝珠はこれにならって新造されたもの。

滑石硯　（福岡県指定）

昭和三十四年に天満宮境内で工事中に発見されたもの。形が漢字の「風」に似ていることから風字硯と呼ばれる硯で、長さ一五・八㎝、硯頭幅約一〇㎝。滑石は平安時代に石鍋などに多く用いられるが、滑石製の硯はあまり例がない。

銅製経筒　（福岡県指定）

日本では永承七（一〇五二）年より末法の世に入ると仏教では説かれた。そのため経典が失われるのを恐れ、その当時には経塚を作り経典を埋納する風習が広く行われた。本品は鋳銅製の経筒で、蓋は宝珠形のつまみの付いた六角形の被せ蓋で、蓋を被せた総高は三〇・三cm。筒身には経塚造営の主旨や長治三（一一〇六）年などの銘文が刻まれている。上端に二本、中央に三本、下端に一本の節を施し六角形の蓋が付く円筒形経筒は珍しいもの。太宰府市坂本の善正寺跡から出土した。

石製経筒（福岡県指定）

明治二十二（一八九〇）年に現在の佐賀市大和町で発見され、天満宮に奉納された滑石製の経筒。筒身は円筒形で、経巻を納入するために内側が円柱状に穿たれている。蓋は四角形の屋根形で、蓋を被せた総高は三八・四cm。紀年銘がないが、特徴から平安時代末のものと考えられる。

瓦経（福岡県指定）

お経を粘土板に刻んで焼いたもの。福岡市西区の飯盛山山頂から出土したもののうち七点で、県立糸島高校が所有する共伴品から、平安時代末の永久二（一一一四）年に作られたものと分かる。奉納品。

蒙古碇石（福岡県指定）

蒙古の軍船の碇として使用されたとされる石で、全長二三二cm、碇軸装着部幅一六・五cm、固定軸幅四×深さ一cm、中央部幅三〇×厚さ一七cm、先端部幅二〇×厚さ一四・五cm、重量二六〇kg。花崗岩製で、表面はやや粗いノミ痕を残している。奉納時期、出土地などは不明。

太宰府天満宮の力石（福岡県指定）

力石とは力試しに用いられる大石で、天満宮本殿裏手にある菅原家の祖先野見宿祢の碑の前に置かれている。花崗岩を縦七一〜七八㎝、横四六〜五二㎝の楕円形に加工し、松・竹・梅の文字が陰刻してある。松印にある印刻から博多に来た尾道の船頭・水夫が嘉永七（一八五四）年に奉納したことがわかる。重さは一五三〜二〇二kg。

相輪樘（太宰府市指定）

相輪樘とは塔婆を簡略化したもので、この相輪〈樘〉は、享和二（一八〇二）年、菅公九百年忌にあたり、博多の商人らによって発願奉納された。鋳造は博多鋳物師の山鹿氏による。中央柱は高さ六m、脇柱は高さ二・四m。明治の神仏判然令の影響で、現在境内に所在する天満宮安楽寺の建築物としては唯一のもの。また、全国的にも数少ない建築物として貴重。

六座の面　附納入箱（太宰府市指定）

六座の面は、中世後期の作と考えられ、美術史的には近世になって定形化された能面より古い要素を持っている。かつて宰府や観世音寺にあった祇園社に能が奉納されていた時に用いられたものと推測され、中世太宰府の職能集団である「六座」の活動を知ることのできる歴史的価値を有する点でも貴重。

その他、無形民俗文化財として指定されたものに以下の事案がある。

太宰府天満宮神幸行事（福岡県指定）

大宰府で亡くなった菅原道真公を偲び、康和三（一一〇一）年に大宰権帥大江匡房によって始められた。道真公の神霊を載せた神輿が、道真公在りし日の配所のあとである榎社に二十二日夜半に下り、一晩過ごして二十三日午後再び天満宮へ上る御神幸。鉦太鼓を鳴らしつつ通る道を「ドンカン道」と呼び行路には氏子や見学者がこれを迎えた。

竹の曲（はやし）（福岡県指定）

竹の曲保存会　天満宮に属した商家六座（米屋座・鋳物屋座・鍛冶屋座・染物屋座・小間物屋座・相物屋座）の子孫が代々伝える芸能で、中世の田楽を今に伝えるものとされる。ささら舞と扇舞（稚児一名）と締太鼓・笛（大人七名）で構成される。天満宮の神幸行事の祭中に奉納される。

鬼すべ（福岡県指定）

新暦一月七日夜に行われる悪鬼を祓う除災行事。寛和二（九八六）年に大宰大弐菅原輔正が始めたといわれ、元旦から神職は斎戒沐浴、祓の行事を行い、満願の夜、氏子達が鬼を攻める燻手と鬼を守る鬼警固に分かれ、鬼すべ堂前で火を焚き攻防を繰り返す。

以上、行政機関によって指定された文化財を解説してきた。さらに指定には至らないが重要なものも数多く伝えられている。主立ったものを掲げ解説をしておこう。

絵馬堂

入母屋造　本瓦葺　桁行四間　梁行二間。文化十（一八一三）年十二月、奥村玉蘭の発願により多くの賛同者とともに寄進された。玉蘭は博多の商家の出で太宰府に隠居し絵をよくした。その作『筑前名所図会』は著名。絵馬堂には現在も多くの絵馬が掲げられている。主な絵馬のリストを別掲した（次頁）。

写真７　鬼すべ（太宰府天満宮写真提供）

作品名	銘文	作者
感通	筑前書官横田義民敬書　宿坊延寿王院　諸願成就　寛政六歳秋九月吉辰建之	横田義民
徳高	中山鄭元偉謹書　嘉永五年壬子二月薩州府下及諸邑・市廛同社謹獻　執獻宿坊連歌屋	中山鄭元偉
永錫	文化十一年甲戌年二月吉日　文化十年歳次癸酉冬太宰府書画堂…博多中島　奥村源淵伯謹誌	亀井南冥
聖人作而萬物覩	享和壬戌仲春日　木邨玄蒼謹書　福井嘉納延年謹刻	木邨玄蒼
仰高	長崎　野村玄敬謹書　宝暦十四甲申歳六月吉祥日　宿坊検校坊	野村玄敬
聖徳	宝永元龍飛甲申歳仲秋吉旦　筑陽雲外獨□歩敬拝書　筑陽福岡之住　大仏工佐田□□作	雲外独歩
威明遠応感	亀呈敬書　文化十二乙亥九月念五　大隈驛	亀井昭陽
馬と博多之図	瑞亀斎　文化十一甲戌卯月　願主　福岡魚屋武四郎	
常盤御前図(神功皇后)	文政六癸未仲秋吉良辰　筑後榎津町宿坊十境坊	
袴垂図(笛吹)	文化十二年乙亥年　二月吉日　宿坊六度寺	斎藤秋圃
山姥図（老婆と童児）	文政十丁亥年六月　宿坊満盛院　鳳井	桑原鳳井
騎馬武人図(騎馬)	奉懸御宝前　文政五年午二月吉日　宿坊検校坊　福岡湊町廿五夜連中　鳳井　大工湊町住桑野作右エ門源重清	
弁財天図	天保三年壬辰八月吉日　宿坊安秀院　富士屋武兵衛	
軍船図	天保三年歳次壬辰八月吉旦　蘆屋中　宿坊勾当坊	
十二支方位盤	天保八年八月　御広前　海陸安全家内安全天保八酉年八月吉祥日再興　福岡佐伯次郎吉　絵師松隈与助　大工葉山助次	松隈与助
馬	嘉永五年壬子二月吉日　取次小野伊掾　願主奥村伊八　山口南嶺写	山口南嶺
草摺引の場	文政十年丁亥二月福岡湊町地板再改　年寄葉山武八　助役渕上半平	
旭日竹梅図	文化十一甲戌八月良日　宿坊　検校坊	
西都奇観・孔雀と牡丹	奥村玉蘭　検校坊　奉掲書画　文化十三年歳在丙子三月三日　宿坊検校坊　願主博多中嶋町　奥村源之丞　絵馬堂発願主号玉蘭亭書画　以一筆獻之	奥村玉蘭
馬	文化十五戊寅歳初夏吉辰　福岡材木町　米屋徳次	
曳馬図	画官　上田英図之　大工川上判七　文化十四年八月	上田主英
勧進帳図	明治四十年六月吉祥日　福博連中	
博多の港図		斎藤秋圃
陣中武者図	文化十二年乙亥正月　宿坊延寿王院　博多願主	

表2　絵馬堂の主な絵馬

天神名号および束帯天神像

「南無天満大自在天神」の名号は後陽成院の宸筆と伝えられ、菅公像は黒田藩第四代綱政の描くところ。綱政は狩野安信に絵を学び、日頃から天神に深く帰依していた。一夜の夢に現れた天神の像を潔斎精進ののちに描いたとある。時に元禄四（一六九一）年正月二十五日のことであった。

御神幸式絵巻（嘉永本）

肥前平戸にあった樹光寺の僧円心が描いた天満宮の秋の御神幸式の絵巻。もと天満宮に伝わっていた絵巻を元に模写したものであるが、群青・藍・緑青・胡粉・朱・丹などを使用し、色鮮やかに御神幸の列に連なるたくさんの人々を細やかなタッチで描く優品である。これは嘉永六年に平戸藩主松浦熙（乾斎公）の命を受けて円心が描いたもので、この年松浦乾斎公は天満宮に参詣している。前年の嘉永五年は九百五十年御神忌にあたり、秋の御神幸も盛大に実施されていたに違いない。なお、同じ円心の手になる御神幸絵巻がもう一巻あり、これは元治元（一八六四）年に天満宮正別当延寿王院信全が、安政五（一八五八）年に行列の服装などを改めたことなどを改変した御神幸を描かせたものという。

天満宮境内図

縦一八五・七cm横一七四・三cmの大幅。慶応三（一八六七）年、神仏分離直前の太宰府天満宮の様子を描いたもの。境内の建物群に加えて、社家屋敷や門前町、境内の茶店の様子も知ることができる。これを描いた吉嗣楳僊（文化十四（一八一七）〜明治二十六（一八九六））は天満宮の社家の生まれ。秋月藩の斎藤秋圃に学ぶ。拜山は子息。そのほか、天満宮には境内古図と称する建物の名ばかりを記した配置図が残るほか、この古図を元に泊与一が描いた江戸中期ごろの制作とみられる大幅（縦二一一・二cm横一八四・六cm）の境内図もある。

七卿落之図

文久三（一八六三）年八月十八日公武合体を進める薩摩藩や会津藩のクーデターにより、尊皇攘夷派の三条実美以下の公家たちが京都を追われる事件が起きた。勅命をたてにとる薩摩藩の前に七人の公家たちは尊攘派としてともに活動していた長州へ逃れた。その様子を描いたのが七卿落ちの図。絹本着色、掛幅装。ほかに「七卿都落之図」という巻子仕立ての図もある。本図を絵巻風に写したもので、こちらは図中の人物にそれぞれ名前が記され、尊皇の志士として著名な久留米の真木和泉守や長州の久坂玄瑞が先頭に立って案内している様子が描かれている。

太刀銘行平

伝小松内府平重盛寄進安元元年（『今般就御尋指出書一帳控』）

平安時代―元暦頃

行平は豊後定秀派の刀工で紀新大夫と号し後鳥羽院の承元二十四番にも選ばれた。刃長八〇・五cm

短刀銘村正

三条実美が守り刀としてつねに懐中に納めていたものという。村正は伊勢桑名の刀工。真偽は別として徳川家が何度も村正銘の刀で危難にあったことから妖刀ともいわれ、幕末ごろに書かれた『名将言行録』に真田幸村が家康を討つため村正を身に帯びていたと記す。反幕であった実美が所持していたというのも頷ける。慶長三（一八六七）年、王政復古の大号令により赦免された実美が「剣たち幣と手向て立ちかへる　心のうちは神やてらさん」の和歌を添えて奉納したもの。もはや役目を果たしたということであろうか。

色々縅具足

三条実美所用と伝える。胴は黒漆本札五段で、一段は白、二段紅、三段萠黄、四段五段は紺糸縅。草摺は八間五段下がり。兜は素鉄二十四間筋兜。文久三（一八六三）年の政変で京から長州に下った七卿のうち三条実美以下五名が大宰府に移り住んだ。これを迎えたのが天満宮の司務であった延寿王院信全で実美の父実万とは従兄弟の関係にあり、三年間丁重に彼らの世話をした。現在も宮司邸には「三条公の間」が残されている。のち赦免され帰京した実美が感謝の念を表して奉納した具足。

梨地宝亀文鞍

馬鞍の骨格部分。桑材。居木は素木であるが、人目にもつく前輪・後輪は梨地の上に宝亀を三体金泥で描いている。亀の目には象嵌が施されている。居木の裏面に「永正丙子」（一五〇八）の墨書があり製作年代がわかる。昭和五十年の御神幸まで実際に使用されていた。

孔子および二弟子像

銅製　孔子像高二二・五cm　顔回像高一九・八cm　閔子像二〇・三cm

もと天満宮の御文庫に安置されていたもの。吉備真備が唐より請来したと伝える。大宰府の学業院に安置されていたが、その廃絶とともに失われ、のち延宝八（一六八〇）年天満宮の検校坊快鎮が御文庫を建てた時にこれを祭った。嘉永五（一八五二）年に平山保成は書籍器物と混納されているのを嘆き、厨子を寄進したとある。さらに、聖廟（天満宮）において学校を造立されんことを期待するともある。嘉永五年は御神忌九百五十年祭の時にあたり、延寿王院（のちの大鳥居家）信全のもと天満宮においてもさまざまな事業が実施されていたことは先述した。

連歌新式追加并新式今案

連歌の式目を記したもの。連歌新式は応安新式とも呼ばれ、南北朝時代の公家で関白にもなった二条良基の編。二条良基は『菟玖波集』という連歌書も著し連歌の基礎を作った。その後、連歌を大成した宗祇は文明十二（一四八〇）年に太宰府を訪れ、『筑紫道記』に当時の大宰府の様子を書き残している。式目も時々の宗匠らによって新式追加・新式今案などが加えられ、戦国末期の連歌師牡丹花肖柏によって纏められたのが『連歌新式追加并新式今案』である。納められた箱の裏には「奉納　連歌新式追加并新式今案　肖柏筆」とあって浦上正春の朱印がある。蓋裏には「安政六年己未八月執奏　延寿王院法印信全」とあり、これが安政六（一八五九）年に奉納されたものであることがわかる。信全も連歌に執心した人物。

文和千句

文和四（一三五五）年に二条良基邸において詠まれた連歌千句。連歌は百韻を単位とし、千句といえば百韻を十回詠むこと。天満宮に残るのはそのうちの前半にあたる第一から第五の五百句。周阿・永運・素阿といった当代一流の連歌巧者が名を連ねている。良基が『菟玖波集』を編む前年に詠まれており、ここに登場する連衆はみな『菟玖波集』にも句が採用される人々である点、またこの五百句のうちからも八句が入選しているなど、文和千句の作品としての価値の高さを伺うことができる。巻子仕立てになっており、室町末期の書写本と考えられている。

今川了俊連歌懐紙

今川了俊は足利義満に仕えた武将で九州探題として当地にも下向している。当時大宰府にまで拠点を移していた南朝征西府を追い落とし、武家方の勝利に貢献した。一方では和歌を冷泉為秀に、連歌を二条良基に師事するなど当代一流の文化人でもあった。了俊は和歌・連歌関係の書物を九州に携えてきていたが安楽寺社頭において紛失したという。

永徳二（一三八二）年正月、前年まで肥前・肥後などを転戦し菊地氏らの南朝方と戦っていた了俊は大宰府に引き上げていたと思われ、その月の二十二日をはさむ前後に天満宮奉納の千句連歌を張行している。そのうちの第五の懐紙が現存し、近年三島市の辻一蔵氏から太宰府天満宮へ奉納されたもの。懐紙には紅梅の文様が施されている。

孟子

孟子はいうまでもなく儒教における根本教書で四書五経のひとつ。慶長四（一五九九）年徳川家康が十万個の木活字を新調せしめて足利学校の庠主三要を登用し印行した慶長古活字版。さらに、本書には「金澤文庫」「宗密」「大通」「秋月春風楼磯氏印」「江藤文庫」の印が捺されており、もと金沢文庫に収められていたことがわかる。磯氏は幕末秋月藩の学者で秋月の乱で自刃した磯淳。江藤文庫は同じく秋月の出身で明治初年当宮の宮司にもなった江藤正澄の文庫印。本書が、金沢文庫……磯淳→江藤正澄→当宮と伝来したことを示す。

都督府建按詳図

仁安三（一一六八）年陰陽寮漏刻博士安倍経明が撰じた『扶桑続翰苑』から転写したという大宰府政庁域の建物についての記事と正殿や漏刻・鐘楼などの指図や図面を載せる。正徳三（一七一三）年に天満宮の司務別当大鳥居信仙の転写による。ただし、必ずしも建物の配置が発掘の成果とは一致せず、「建按」の文字通りある種の計画案だったのかもしれない。

大明全図

正式には「大明九辺万国人跡路程全図」という。縦一四〇・六㎝横一二一・三㎝の大部のもので、清の康熙二（一六六三）年に作られたものが江戸時代に日本で模刻された。さらに竹森道悦がそれを筆写し、元禄九（一六九六）年に天満宮に奉納したものである。やはり道悦が筆写して同時に奉納された朝鮮国図もある。

安楽寺銘入瓦

「安楽寺之寺」の銘のある丸瓦が一個、「安楽寺　天承二年歳次壬子」の銘をもつ丸瓦一個および「安楽寺」の銘のある平瓦一個が宝物殿に保存されている。天承二年は一一三一年。いずれも瓦の焼成に施されたもので当寺専属の造瓦所があった可能性が指摘されている。境内地から出土したといわれるが、正式の発掘調査によるものではなく発見の子細は不明である。

滑石製外容器

昭和三十七年に四王寺山の東山腹にある水瓶山の山頂から出土した。滑石製や陶製の経筒四個とともに発見され、そこは水瓶山経塚と名付けられた。筒身は外面一面に鑿または手斧による整形痕があり、飯櫃状に中繰りされたなかに鋳銅製の有節式経筒が納められていたという記録がある。蓋の表裏には隙間なく陰刻の銘文が入っている。水瓶山で行われた雨乞いの祭事に関わるもので、鎌倉時代の弘長三（一二六三）年・永仁三（一二九五）年・嘉暦三（一三二八）年や室町時代の応永二十三（一四一六）年・長禄三（一四五九）年などの年号もみえ、長期にわたって雨乞いが続けられていたことがわかる。

石造燈籠

楼門の前、参道の左右に五基ずつ計十基の端整な石造燈籠が並んでいる。黒田藩二代当主忠之が寛永二（一六二五）年に寄進したもの。黒田家の天神信仰の深さを今に伝えている。

石造燈籠

太鼓橋を渡った先に、ひときわ大きな一対の石燈籠がある。基壇を六段も重ねた上に建つこの燈籠は、明治三十五（一九〇二）年の御神忌一千年祭に際して炭坑王として名高い麻生太吉が奉納したもの。一千年祭では様々な行事が行われていたことは前述した。

如水の井戸

黒田官兵衛は文禄元（一五九二）年出家して如水軒円清と名乗る。慶長五（一六〇〇）年子息長政が筑前五十二万石を賜ると中津より移住してきた。翌慶長六年より二年間天満宮の境内に小庵を建て過ごしている。ここで、隠居の身として茶の湯や連歌を楽しんだ。このとき如水が使った井戸が如水の井戸と呼ばれ、文書館の傍らに残っている。側には如水の霊をまつる如水社もある。

鷽替えの神事

「うそ」はスズメ目アトリ科の鳥で、鳴き声が口笛に似ているところから「嘯」＝うそと呼ばれるようになったといわれる。漢字の「鷽」は学問の学の旧字「學」のカンムリと同じで、「学ぶ鳥」ということから天神の守り神と親しまれている。正月七日には日暮れより境内の一角で、旧年の嘘と天神様の誠を取り換えることで穢れを祓う鷽替えの神事が行われている。

太宰府天満宮御本殿

column

太宰府天満宮のアート活動

西高辻信宏

太宰府天満宮の御祭神 菅原道真公（天神さま）は、「学問の神様」のほか「文化の神様」としても古くから崇められている。このような信仰が広まった背景には、人々の間で重んじられた思想や文化が大きく影響しており、書道、和歌、連歌、芸、手習い、いわゆる文芸・芸能・芸術の神様としての様々な信仰を挙げることができる。この流れの中で天神さまの御画像や縁起絵巻をはじめ、和歌や連歌、歌舞伎、祈願のための絵馬など、その時代を生きる作家たちが渾身の作品を天神さまに奉納してきた。

中でも、奉納絵馬は九州屈指の質量を誇り、それを掲げた絵馬堂は早くからギャラリーとしての役割を果たしてきたと言えよう。この絵馬堂は、文化一〇（一八一三）年に博多の文人 奥村玉蘭の手によって建てられた。これに先立つ文化三（一八〇六）年には、境内にて、筑前の文化人を招いての大規模な書画会「西都雅集展観」が秋月藩主黒田長舒《ながのぶ》によって開催されるなど、当時から天神さまのもとに時代の最先端の文化が集まり、対外的に広く発信してきたのである。

ここに、文化の擁護者としての役割を担う太宰府天満宮の素地が固められ、それを引き継ぐ自然な流れとして、平成一八（二〇〇六）年に太宰府天満宮アートプログラムがスタートした。国籍やジャンルを越えて広く内外からの才能を集めることで、現代文化の多様性を呈示するこのプログラムは、過去と未来が出会う「広場」としての神社の役割と、文化の守り手として、百年、千年先の未来を見据えた太宰府天満宮の姿勢を、アーティストの視点を通して世界へ具体的に示すものとして、美術界においても全国的にもユニークな取り組みとして、認知されている。

また、アートプログラムの発足を語る上で記しておきたいのが九州国立博物館誘致の歴史である。そもそも博物館誘致の起源は、三六代宮司西高辻信厳らにより明治六（一八七三）年、七年、八年の三度にわたって開催された太宰府博覧会まで遡る。従来、神社などの宝物が一般に公開されることは稀で、身近に芸術に触れる機会を提供した先進的な試みとして、非常に注目された。続いて、明治二六（一八九三）年、「鎮西博物館」建設が西高辻信厳・江藤正澄・吉嗣拝山らによって提唱され、内務省より認可される。これは、日清戦争の勃発によって実現には至らなかったとは言え、一般に九州国立博物館設置のきっかけとされている明治三〇（一八九七）年の岡倉天心による提唱より四年も早いものだった。その後の誘致運動は、政官財、また、九州全域に住む多くの市

第6回 太宰府天満宮アートプログラム、平成23年
Ryan Gander「You have my word」より
Really shiny stuff that doesn't mean anything, 2011
©Ryan Gander
Courtesy of Dazaifu Tenmangu Shrine & TARO NASU
Photo by Yasushi Ichikawa

「フィンランド・テキスタイルアート～季節が織りなす光と影」より、
文書館展示風景、平成25年
Photo by Sakiho SAKAI（albus）

民に引き継がれた。昭和四六（一九七一）年には、太宰府天満宮境内地のうち五万坪が博物館用地として、福岡県に寄付され、平成一七（二〇〇五）年遂に九州国立博物館の開館が叶ったのである。

明治以来の西欧化の歴史の中で、博物館はあくまでもアカデミックな場所であり、行きたい人だけ、見たい人だけが訪れる対象であったように思う。一方、東京、奈良、京都の国立博物館の開館から百年以上経った、日本で四番目の国立博物館からは、その誘致の歩みを踏襲し、地域、市民と共生していく存在でありたいというメッセージが新鮮にも打ち出された。同時に、アクセストンネルを介して隣接する太宰府天満宮では、アートプログラムが産声をあげ、古来、アジアの玄関口、文化の交流拠点である太宰府の歴史に新たな一頁が開かれることとなった。

アートプログラム六回目のアーティストであるライアン・ガンダー（イギリス出身）は、自身が太宰府で、初めて触れた神道に対する思索を「大切なものは目に見えない」をテーマに作品化してみせた。アーティストにより、日本人の精神性と神道との密接な関わりが説かれたこの回をきっかけとして、現代のアートを神社が発信していくことの意義を深く問うようになった。さらに、広く神社が取り組むアートとして、神社ならではの表現の可能性にも挑戦すべく、デザインの展覧会にも取り組んでいる。「フィンランド・テキスタイルアート～季節が織りなす光と影」では、フィンランドデザイン・アートの中でも自然との関わりを色濃く感じることができるテキスタイルに焦点を当て、フィンランドと日本／神社そして自然とデザインの関係性について考察した。このように、今後も神社でこそ、取り組むべきアート活動に邁進し、太宰府発の文化を広く世界へと発信していきたい。

第4部

歴史と信仰、そして九州国立博物館

観世音寺と観音信仰

石田　琳彰

1　府大寺観世音寺

九州西国霊場とよばれる寺院があり、福岡県添田町の霊泉寺から始まり、大分・熊本・佐賀・長崎の九州北半の五県を巡礼し、三十三番札所である福岡県太宰府市の観世音寺で結縁する[1]。九州西国霊場は筑紫三十三番札所ともいわれ、観音信仰に根差した三三ヵ所の

（1）菊川春暁「日本最古の巡礼の旅」『九州西国霊場巡礼の旅』山と渓谷社、二〇〇七年によれば、天平三（七三一）年に「筑紫三十三番札所」が確定したとある。ここには札所の寺名は記されていないが、観世音寺は現在三十三番札所の結願寺であり、「確定」の内容が気になるところである。しかし少なくとも天平三年の時点で官寺の観世音寺が札所になることはあり得ない。

観音霊場をめぐる巡礼の旅をさしている。観音信仰とは、「法華経」の観世音菩薩普門品（観音経）などの経典に述べられた、勢至菩薩とともに阿弥陀如来の脇侍とされる観世音菩薩に対する信仰で、その慈悲の功徳にすがり、招福攘災や死者追善を祈り、過去の罪を悔い懺悔する観音悔過などによって現世の利益を願う信仰をいう。ことに民間で信仰され、平安時代以降京都の清水寺や奈良の長谷寺への参詣が流行した。近畿地方を中心とする西国三十三所巡礼も応保元（一一六一）年の園城寺僧覚忠の巡礼を初出として、十二世紀には始まっている。

　観世音寺は九州西国霊場の三十三番札所であり、結縁の寺として重きをなしている。それは寺名に観世音菩薩のお名前をいただいていることの反映であろうが、本来、観音信仰と縁の深い寺院ではなかった。観世音寺は不空羂索観世音菩薩、後には聖観世音菩薩を本尊としている。それは『続日本紀』元明天皇和銅二年条が伝えるように、百済救援のために征西し、筑紫の朝倉橘広庭宮で崩御された母帝斉明天皇の追福を祈って天智天皇が発願されたという経緯からすれば観世音菩薩を本尊とし、寺号を観世音寺とするのは当然のことであった。さらに観世音寺は府大寺とよばれ、西海道（九州）の高僧に授戒する宗教行政的にも法統においても破格の官寺であった[2]。府大寺であり戒壇授戒の官寺であった格式と民間の観音信仰とは結びつかない。

　律令制下において西海道の大宰府管内諸国は、行政的に中央官制に直属せず、直接的には大宰府によって支配されていた。大宰府はいわば半自治的に九州の内政を管轄したが、同時に唐使・新羅使など外国使節の饗応や遣唐使や遣新羅使の派遣などにあたって対外交渉の窓口として事実上の外務省的な機能を有しており、さらに戦争にあたって最前線の軍

（2）　天長十（八三三）年に勅によって観世音寺講師兼筑前国講師に任ぜられた恵運が「以為九国二島之僧統」と述べていることから、観世音寺の大宰府管内諸寺の統括が認められる。『延喜式』巻二十一玄蕃寮に、観世音寺が九州の僧統を掌握していたことを示す、「凡太宰観音寺講読師者、預知管内諸国講読師所申之政」とある。

事拠点としての役割を担っていた。

その半自治的な大宰府は外国からの最新の文化の受容においても重要な役割を果たした。そして文化、ことに仏教文化および宗教行政において大宰府管内の諸寺を統括したのが観世音寺で、府大寺として重きをなした。たとえば、天平十三（七四一）年に発せられた聖武天皇の国分寺建立の詔によって、各国に金光明四天王護国之寺（国分僧寺）と法華滅罪之寺（国分尼寺）が建立され、総国分寺として東大寺、総国分尼寺として法華寺が平城京に置かれたが、大宰府管内は例外で、九州の国分寺・国分尼寺を統括したのは府大寺観世音寺であった[3]。さらに、天平宝字五（七六一）年に下野薬師寺とともに戒壇院が置かれ、管内の高僧の授戒にあたっている。この戒壇授戒のために東大寺から僧が派遣されており、保安元（一一二〇）年に東大寺の末寺となる大きな要因となった。この関係が、行政における中央官制―大宰府―管内諸国の関係と同様に、僧統においても東大寺―観世音寺―管内諸国分寺の系譜をもたらしている[4]。

このように天智天皇勅願の観世音寺は、行政的に九州諸国を統治する大宰府とともに、仏法で日本そして九州を護持する官寺であった[5]。しかし律令制度の衰退は、大宰府の権威に陰りをもたらし、その権威を背景にして活動してきた観世音寺は民衆を背景とする観音信仰の寺への変身が迫られてくることになる。

（3）高倉洋彰「『続日本紀』の筑紫尼寺」『年報太宰府学』七、太宰府市総務課情報・公文書館推進課市史資料室、二〇一三年

（4）角田文衛編『新修国分寺の研究』第六巻「総括」、吉川弘文館、一九九六年に観世音寺（小田富士雄「筑紫観世音寺の沿革」）が収録されている。ただし、小田論文で、観世音寺を大宰府管内における総国分寺とする見解が検討されているわけではない。

（5）貞清世里・高倉洋彰「鎮護国家の伽藍配置」『日本考古学』三〇、日本考古学協会、二〇一〇年

2　造像活動にみられる庶民の動き

観世音寺にはその寺号の示すとおり四体の丈六観世音菩薩像が残されている[6]。丈六とは一丈六尺（仏身はふつう周尺で測られるから、約三七〇センチ）のことで、身長が一丈六尺あったという釈迦の仏身の大きさに造られた仏像をいう。ただ実際には結跏趺坐の坐像に造るので、普通座高八〜九尺の仏像を丈六仏とよんでいる。

観世音寺の丈六観世音菩薩像は、現在宝蔵に移されていて、参詣される方々や観光客の皆様が自由に参拝できるようになっている。いずれも創建当初の仏像ではないが、胎内銘などによって造像活動に寄与した僧俗の姿、そして民間の観音信仰への傾斜が垣間見えてくる。

四体は、偶然ながら、宝蔵の奥壁に沿って制作順に安置されている。このなかでもっとも古い造像は聖観世音菩薩坐像で、坐像であるにもかかわらず像高三二一センチをはかる。五〇〇センチを越える他の立像に比べれば像高が低いが、坐象は丈六立像の半分になることからすればこれもまた丈六の巨像である。それどころか曲尺でみても一丈を越えており、周尺にすれば丈六に近くなる。治暦二（一〇六六）年の造立だが、その胎内に「父母成仏為」に僧とともに藤原重友が墨書しており、そのほかにも貞円・正寿などの僧や平邦氏・紀為延・藤原正国などの大宰府の官人と思われる人名があり、さらに「□吉父あね二人」や「休也」「おまん」といった官人らしからぬ銘が墨書されている。その身分が何であっ

（6）　倉田文作編『観世音寺重要文化財修理報告』福岡県文化財報告書二〇、福岡県教育委員会、一九六〇年、澤村仁・八尋和泉編『太宰府市史』建築・美術工芸資料編、太宰府市、一九九八年による。

図1　宝蔵の内部（林立する丈六観世音菩薩立像）

ても、この聖観世音菩薩坐像が多くの僧俗の結縁によって造像された事情をうかがうことができる。

その右（図1左端）に、延久元（一〇六九）年に造立された像高四九八センチの十一面観世音菩薩像がある。曲尺の丈六仏になる。この造像に際して、造仏のために資金などを提供し、仏縁にあずかろうとして府老王則宗ら数十人が結縁している。この結縁者の名簿にあたるものが菩薩像の胎内に墨書されているが、ほとんどが僧と官人およびその一族（藤原・橘・平・物部・秦・伴・大中臣・清原・安曇など約二〇氏）で、なかには妙令、坂井女などの尼僧の名もみえる。

最近、馬頭観音の人気が高いらしく、観世音寺の馬頭観世音菩薩もその例にもれない（図1中央）。宝蔵への搬入の都合で奥壁の中央に安置されていて、本尊と間違う人も多い。これも像高五〇三センチの巨像で、大治年中（一一二六～一一三〇年）に大宰大弐藤原経忠によって造立されたという伝承をもつ。これまでの尊像と同様に、胎内に上座威儀師暹増や僧長春・僧良寛などの僧名や掃部久・菅野孝交・源貞などの官人層など、僧俗の名前が墨書されている。

承久三（一二二一）年に観世音寺旧本尊の不空羂索観世音菩薩塑像が顛倒破砕する。胎内銘によると、創建以来数多くの災難を乗り越えてきた本像の顛倒破砕は、寺家の滅亡のお告げか大宰府衰退のお知らせかと不安に思い、急ぎ貞応元（一二二二）年に再興している（図1右）。像高五一七センチの巨像に胎内にそうした経緯が墨書されているが、本像の再興に着手してからは一年一ヵ月しかかかっていない。胎内には、再興にあたっての勧進であった上人阿闍梨慈済をはじめ、行事検校威儀師兼執行法橋上人位良慶、大仏師僧琳厳などの僧や山村有永・坂井守道の官人名がみえるだけだが、本像の造立にあたって募金活動とでも言うべき「勧進」をしており、短時間での造像を考えると、多くの民衆の喜捨が背景にあったことを理解できる。

このように、胎内銘から、丈六観世音菩薩像の造立に限っても多くの僧俗の結縁、ことに官人層によってそれが可能になっていることが理解できる。

3　観音信仰の寺へ

平安時代末から鎌倉時代の観世音菩薩像の造立に官人層を中心とした僧俗の結縁があっ

たことをみてきたが、実際には観音信仰の広がりによって多くの庶民の浄財が寄せられていただろうことは想像に難くない。観世音寺がいつから民間に普及していた観音信仰の対象になったかははっきりしないが、丈六観世音菩薩像の造立への結縁からみて十一世紀にはすでに信仰されていることがうかがえる。その様相を文学作品が記録している。

　十一世紀の初頭に完成した紫式部の『源氏物語』玉鬘巻に「大弐の御館の上の、清水の御寺の、観世音寺に詣で給ひしいきほひは、みかどの御幸にやはおとれる」という部分がある。大宰大弐の妻の観世音寺参詣が帝の御幸にも劣らないほどの勢いであったというのだが、これは帝の実際を知らない田舎者の戯言の表現だろう。この大弐の妻の観世音寺参詣の描写は、玉鬘の一行が石清水八幡宮と長谷寺に開運祈念のために参詣する部分に出てくる。それを『源氏物語』の注釈書である『花鳥余情』[7]は「八幡に対して、松浦箱崎といひ、長谷寺に対して清水の御寺の観世音寺といへる、物語の作りざまよしなきにあらざるなり」として、当時の観世音寺に対する信仰の厚さが前提になっているとしている。このように十一世紀に入るころには観音霊場としての寺名が高まっている。

　それは、平安時代末期に後白河上皇が撰んだ今様歌詞集として知られる『梁塵秘抄』[8]によっても知られる。霊験所歌の三一一歌に「筑紫の霊験所は、大山四王寺清水寺、武蔵清滝」とある。ここには筑紫の霊験あらたかな寺院として大山寺・四王寺・清水寺・武蔵寺の四寺と糟屋郡の清滝寺が挙げられている。清水寺は先の『源氏物語』に「清水の御寺」とあったように観世音寺のことを指している[9]。

　『梁塵秘抄』には別に雑の三八三歌があり、「次田の御湯の次第は、一官二丁三安楽寺、四には四王寺五侍、六膳夫、七九八丈九傔杖、十には国分の武蔵寺、夜は過去の諸衆生」

（7）『花鳥余情』は一条兼良の著で、三〇巻からなり、文明四（一四七二）年に初稿が成立している。

（8）川口久雄・志田延義校注『和漢朗詠集　梁塵秘抄』日本古典文学大系七三、岩波書店、一九六五年

（9）貞応元（一二二二）年に再興された観世音寺旧本尊の不空羂索観世音菩薩塑像の胎内墨書銘に「清水寺」とある。なお、観世音寺の寺号は清水山普門院観世音寺である。

と次田湯（二日市温泉）の入浴順を歌っている。一の「官」は大宰府官人、ことに高級官人を指す。それに続く二の「丁」は寺のことで、「寺」の一文字で名称がわかる有力寺院である観世音寺を意味する。「六膳夫、七九八丈九傔杖」の、七の次の「九」の意味が不明だが、これはおそらく「大」の誤字で、霊験所歌三一一歌にある大山寺・四王寺・清水寺（観世音寺）・武蔵寺の中で三八三歌に名のみられない大山寺を略称したと考えられる。したがって、寺院だけでいえば観世音寺、安楽寺、四王寺、大山寺、国分寺・武蔵寺の順で入浴したことになる。この時期であれば、実力的には安楽寺（現在の太宰府天満宮）が観世音寺の上にあるが、しかし過去の権威と観音信仰の霊場としての新たな権威が入浴順を維持させているように思われる。

平安時代から観音霊場として庶民から篤い崇敬を受けるようになった観世音寺の姿を示す写経聖の巡礼木札が、観世音寺南大門跡西南隅部の外側で検出された南北溝ＳＤ三八四〇から、出土している。平安時代末ごろから、法華経信仰の修行者たちの間に日本六六国の国ごとに一ヵ所の寺社を選び、法華経を納経または埋経する信仰（六十六部信仰）が広まり、法華経を納経・埋経する目的で写経聖が諸国を巡礼した[10]。出土した木札は、長さ三三・二センチ×幅四・〇センチほどの薄いもので、その表に、

唵　元亨三年　肥後国臼間野庄西光寺
　　五月七日　六十六部写経聖月阿弥陀仏

と墨書されている[11]（図2）。内容は、元亨三（一三二三）年に、肥後国臼間野荘（現熊本県玉名郡南関町）にある西光寺に止宿する月阿弥陀仏という僧が、法華経を六十六部書写し、六六国の霊場をめぐり、奉納するという内容が記されている。すなわち、この木札の出土

（10）新城常三『新稿社寺参詣の社会経済史的研究』塙書房、一九八二年

（11）栗原和彦・橋口達也ほか『大宰府史跡』平成四年度発掘調査概報、九州歴史資料館、一九九三年

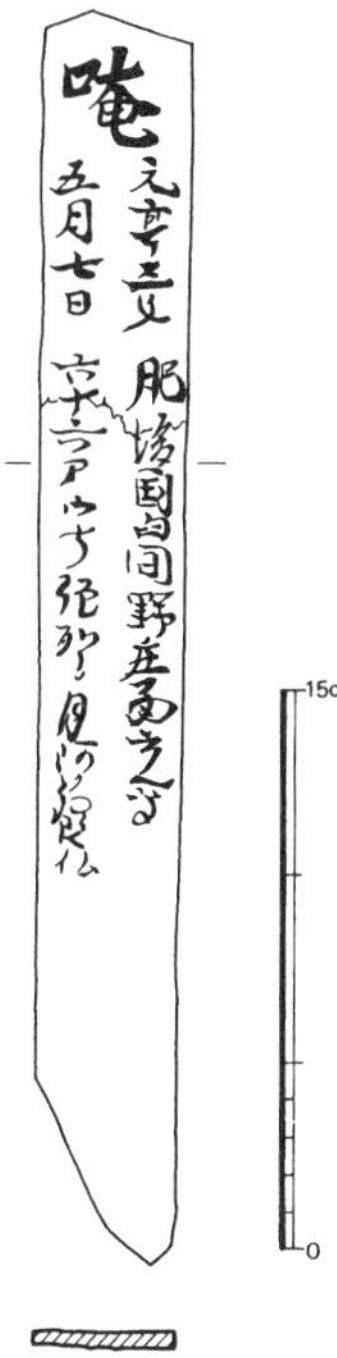

図2　六十六ヵ所廻国木札

は、僧月阿弥陀仏が法華経を奉納する目的とした全国六十六ヵ所の霊場のうち、筑前国の一寺として観世音寺を選び、実際に参詣してそのうちの一部を奉納し供養したことを示している。中世後期に、観世音寺が観音霊場として信仰を集めていたことを物語る格好の資料で、先の『源氏物語』『花鳥余情』や『梁塵秘抄』にあらわれた観世音寺に対する観音信仰の高まりが、鎌倉時代後期にいたっていっそう盛んになっていく実態を示している。実際、東大寺の末寺化後に次第に観世音寺の権威は衰えていくと捉えられがちだが、衰亡する東大寺の建造物の再建の費用を拠出し、中世に四十九院とよばれる一山を形成するなど、中世の観世音寺は古代に劣らぬ勢威を維持していた。[12] それは民衆の観音信仰に支えられたものであった。

　豊臣秀吉によって短期間廃寺になった時期もあったが、創建以来現在まで大宰府の盛衰を見届けてきた観世音寺には、古都の歴史を偲ぼうとしてこられる歴史の愛好家や観光客の姿とともに、観音霊場として数多くの人びとが参詣される。天智天皇が母帝斉明天皇の追福を祈って創建されたこの寺は、今でもその名前の通りに大慈大悲をもって人びとの悩みを救済する観音信仰の寺であり、九州西国三十三番札所の結縁の寺でもあるから、観音

（12）　高倉洋彰「中世観世音寺の隆盛と衰退」『観世音寺』考察編、九州歴史資料館、二〇〇七年

の慈悲を求めて多くの方が来られる。かつて仏法で日本を守られた不空羂索観世音菩薩像は、そのたおやかな尊顔にもかかわらず羂索と剣で人の煩悩を断ち切り道を間違えないように智慧を授けていただけるし、忿怒の形相をされた馬頭観世音菩薩には馬が草を食べるように人の煩悩を解いていただける。車社会の現在では、馬頭観世音菩薩に交通安全を祈念する人や、馬の安産にあやかって安産を願われる人も多い。

心安らぐ古都太宰府にある観世音寺。日本最古の国宝銅鐘や、日本第一といっても過言でない兜跋毘沙門天像や大黒天像など数多くの重要文化財を所蔵する仏教芸術の殿堂でもある寺だが、今では観光バスのほとんどは門前を素通りし、太宰府天満宮や九州国立博物館へと向かわれる。それはそれで結構なことだが、もったいないことでもある。太宰府観光の一日に観世音寺や大宰府政庁跡を加えていただくことを願っている。

観世音寺

column

九州西国霊場巡礼

石田　琳彰

観音霊場を巡礼する西国三十三所観音（西国霊場）はよく知られている。衆生を救済するために三十三体に化身するという観世音菩薩への信仰から、観世音菩薩を本尊とする三十三ヵ所の寺院を巡礼する霊場巡りのことである。三十三所寺院は札所として定められていて、和歌山県那智の青岸渡寺を起点とし、二府五県の寺院を、かつては笈を背負い錫杖をもった白衣姿で行脚していた。巡礼としては南都七大寺巡礼などが古いが、応保元（一一六一）年の園城寺僧覚忠の巡礼を初出として十二世紀から確認できる西国三十三所巡礼を始めとし、坂東三十三所観音や秩父三十四観音など各地でも観音霊場巡りが盛んになっていった。ただ、「巡礼」という用語が承和五（八三八）年に入唐してからの九年間の求法を記録した慈覚大師円仁の『入唐求法巡礼行記』にみられるから、もっと早く始まっていると思われる。

九州にも九州西国霊場とよばれる寺院がある。西国霊場に九州を冠しているところから、西国三十三所観音の九州版であろう。しかし本家意識は強く、『九州西国霊場巡礼の旅』（山と渓谷社）という公式ガイドブックには「日本最古の巡礼の旅」とある。それは、九州西国霊場が「和銅六年（七一三）、宇佐（大分県）の仁聞菩薩と法蓮上人が始められたと伝えられています。（十八ヵ所巡礼）」、さらに「天平三年（七三一）に、同行十六人で十五ヵ所を追加巡礼し、「筑紫三十三番札所」が確定しました。」とあるからである。この説の根拠となる史料の真偽を確認できないが、現在三十三番札所の結願寺となっている観世音寺が含められているとすれば、天平三年のころには官寺として九州の諸寺を管轄していた観世音寺が、庶民が自由に参詣できる札所になることはあり得ないから疑わしい。「筑紫三十三番札所」として記録される天明七（一七八七）年ごろの開始ではなかろうか。

結願証と観世音寺の朱印

九州西国霊場は、福岡県添田町の霊泉寺から始まり、大分県の長谷寺や両子寺など一〇寺を巡って熊本県に入る。熊本では阿蘇山を護持する西巌殿寺など三寺に参詣し、再び福岡県筑後地方の清水寺・観音寺などの五寺を経て、佐賀県の竹崎観世音寺など三寺、長崎県では和銅寺・観音寺などの五寺、さらに佐賀県常安寺、福岡県の千如寺大悲王院・鎮国寺など四寺を巡礼し、結願の観世音寺にいたる九州北半五県の三三の観音霊場の巡礼の旅である。九州西国霊場の札所の順に朱印を捺す集印帳（『九州西国霊場納経帖』）があるが、観世音寺でこれに朱印を捺し、結縁（図）の喜びで満面に笑みをこぼされる参詣者の姿をみるとこちらまで心豊かになる。

同様の霊場に中国観音霊場、四国三十三観音霊場がある。それらと九州西国霊場が二〇一三年四月から連携し、百八観音霊場が誕生した。その際に、三霊場に九州西国霊場が新たに大分県臼杵市の興山寺を加え三四寺院としたように、中国観音霊場三九寺院、四国三十三観音霊場三五寺院と新たに霊場を加えて一〇八寺院としている。人に一〇八あるといわれる人びとのもつ様々な悩みや苦しみである「煩悩」（一〇八煩悩）を除き幸せを導く「一〇八の智慧」を観世音菩薩に授けていただけるよう、数が一致する一〇八寺院としている。そこで観世音寺は、これまでの九州西国霊場に加えて、百八観音霊場の結縁の寺としての新たな役割を担うことになった。そこで結縁の証明書を出すことになるが、これが思いのほか多い。超機械化した現代の、観音信仰を護持され各地の観音霊場を巡礼される数多くの結縁者の笑顔こそが、煩悩から解き放たれるときでもある。

学問の神様―根付いた信仰心―

森　弘子

1　学問の神の成立

現在太宰府天満宮には年間七〇〇万人もの人が参拝に訪れる。太宰府天満宮本殿、そこは右大臣から大宰権帥《だざいのごんのそち》として左遷され、この地で五十八年の生涯を閉じた菅原道真公が永遠に鎮まります御墓所なのである。

没後当初はすさまじい怨霊の活動が怖れられ、御霊神《ごりょうしん》として祀られた道真公であったが、まもなくそういった荒ぶる神としての性格は薄れ、道真公生前の資質から、学問の神、正義の神、慈悲の神としての信仰がおこってくる。寛和二年（九八六）七月二十日、沙彌某は菅丞相廟《かんじょうしょうびょう》に賽している。その時、慶滋保胤《よししげのやすたね》が作った願文に「天満天神廟には文士が会し詩篇を献じている。」とあり、天神を「文道之祖、詩境之主」と称えている。また寛弘九年（一〇一二）大江匡衡《おおえのまさひら》が北野天神に幣帛、種々の供物を捧げた時の文にも「文道之大祖、風月之本主」と見えている。道真公を「学問の神」として尊崇することは、こうした都の文人貴族の間に芽生えた道真公の文才・学才に対する追慕に始まるのである。

安楽寺（太宰府天満宮）を文道の祖の聖廟として大いに称揚したのは、大江匡衡の曾孫大江匡房《おおえのまさふさ》である。匡房は永長二年（一〇九七）三月大宰権帥に任じられ大宰府に赴任した。匡房は菅原家と同じ土師《はじ》氏の末裔であり、また同じ学問の家の者として、菅原道真公を尊崇し、度々安楽寺に詣で、また境内に満願院《まんがんいん》を建てている。菅原道真公そして安楽寺に対する匡房の想いは、彼の作「参安楽寺詩」二千文字に溢れている。

大江匡房は、平安の雅を現在に伝える「神幸式」を始めた人として、今日にその名を伝えている。『古今著聞集《ここんちょもんじゅう》』によると、康和三年（一一〇一）八月、はじめて神幸式を行った匡房は、祭の終わった翌日詩宴を行い「神徳契遐年」という題で詩を作った。その序で「我が聖廟の神徳は限りなく、時を超えて二百年後の今に契りを結んでいる。」と述べ、道真公を「社稷《しゃしょく》之《の》臣《しん》、風月《ふうげつ》之《の》主《あるじ》」と称えている。匡房がこの序を披講した時、このなかの句を御殿の中で詠ずる声が聞こえ、人々は神感のあまり天神が詠吟されたのにちがいないと感嘆したという匡房が平安時代を代表する学者であったこと、道真公終焉の地大宰府に赴任したこと、そして匡房の神秘的志向があいまって、菅原道真公の霊＝天神は文神としての神格を確立した。そして太宰府天満宮は学問の神の聖地になったのである。

この聖地を目指して、中世以来多くの文人が太宰府に杖を引き、中世の学問文化をリードした禅宗の僧侶のうちには「渡唐天神」の信仰がひろがった。江戸期、庶民も読み書き算盤などを習うために寺子屋に通ったが、天神さまは寺子屋の守り神として祭られ、毎月二十五日には天神講があり、子どもたちは天神さまの掛け軸を拝んだ。こうして全国津々浦々、庶民、子どもに至るまで、天神さまを学問の神とする信仰が浸透した。

2　明治変革期の天満宮と菅原道真公

明治維新の神仏分離、神道の国教化政策に伴い、明治四年（一八七一）六月、太宰府天満宮は国幣小社に列せられ、翌五年六月十日には「太宰府神社」と改称された。この重大な決定は太宰府天満宮の神官にとっては甚だ不本意なものであった。天満宮の称号は、永延元年（九八七）、北野社がはじめて官幣に預かったときの一条天皇の宣命に「北野に坐《まし》す天満宮天神」と見え、以後、菅原道真公を祭る神社は、民衆の信仰の中に「天満宮」として息づいてきた。神社名を太宰府天満宮に復することは、第二次世界大戦後の神道指令によって国家神道が廃止されるのを待たねばならなかったが、早くも明治十五年六月十三日には「神号復古願」が出されている。太宰府神社という信仰色のない没個性的な名称に対し、天神信仰を掲げてきた人々が、どうしても馴染めなかった様子が窺えるのである。

明治維新によって、呪術的な信仰やご利益信仰が否定されるなか、祭神菅原道真公の生前の資質である「誠心《まことごころ》」が強調されるようになった。ことに無実の罪に落とされながらも、天皇を恨むことなく忠誠心を貫き通したことは、忠臣の鑑《かがみ》として明治政府のめざす国つくりに最もふさわしい神徳と考えられ、「至誠《しせい》の神」としての信仰が、天満宮からの発信だけでなく、学校教育や出版界などあらゆる局面で宣揚された。

従来、寺子屋や天神講の際掲げられた天神像は、一般的な束帯姿の男神像を基本とし、それに松や梅をあしらったり（束帯天神像）、巻いた綱の上に坐した姿（綱敷天神像）、などに描かれているもの、あるいは渡唐天神像など、読み書きや日々の暮らしを守る「神」として礼拝の対象とされたものであったが、明治期は菅原道真公の「人間性」に注目し、「菅

写真1　菅公恩賜の御衣図（秋湖筆）。（太宰府天満宮所蔵）

公恩賜《おんし》の御衣図《ぎょい》」など人間としての側面を強調した作品が生まれた。そしてそれは尊崇し見習うべきものとされている点が、いかにも新時代的である。

明治五年、学制が布かれて以来菅原道真公は教科書の常連だったが、その取りあげ方には時代による変化があった。当初十年ほどは、道真公の生涯について史実を簡明に述べる程度だったが、その後明治中頃にかけて、道真公が讒言により左遷され、大宰府でなくなった後、文学の神天満天神として諸国に祀られ、尊崇されたという事が加わり、明治の中頃になると、学者の家系より出た道真公は、宇多天皇に高く登用されたが、時平の讒言により大宰府へ流された。しかし公は君を怨まず誠忠の生涯を閉じた。朝廷は道真公の忠義を賞して正一位太政大臣を贈ったこと。後の人はその徳を尊び、天満天神と称し全国に社を建て尊崇していることなど、国家主義の高揚を背景に学問の神としての他、忠誠の臣としての性格が強く打ち出されるようになった。さらに明治三十六年（一九〇三）国定教科書が定められてからは、学者としての道真公と同時に忠臣としての道真公が強調され、死後罪無きことが明らかになって贈位贈官の恩典に浴したこと等が叙述されている。

ちなみに国定教科書『尋常小学読本　巻二』（大正二年）を見てみると、「十七　天ジンサマ」の項には

（上略）天ジン　サマ　ハ　スガハラ　ノ　ミチザネ　ト　イフ　チュウギナ　オカタ　ヲ　マツツタ　ノ　デス。　コノ　オカタ　ハ　ウメ　ノ　ハナ　ガ　オスキデシタ　カラ、　ドコノ　テンジン　サマ　ノ　オヤシロ　ニモ、　ウメ　ノ　木ガ　ウエテ　アリマス

とある。子どもたちが初めて出会う天神さまは「忠義なお方」として登場するのであ

る。人物中心に教えない戦後の歴史教科書では特定の人物が生徒児童の人格形成に大きく関わることはほとんどないといってよいであろう。しかし明治以来第二次世界大戦期までは、忠臣としての菅原道真、学神としての天神が歴史教科書によって国民の精神に深く刻み込まれたのである。

太宰府小学校で特徴的なことは、校区が太宰府神社の氏子区域とほぼ一致するため、天満宮のお膝元の学校として、積極的に教育の中に菅公を取り入れ、太宰府神社の行事への参加を組み込んでいたことである。昭和初期各教室には「礼儀・規律・勤労」という校訓とともに教壇中央上部に「菅公座像」の額が掲げられていた。

年中行事には、高等科は神幸式の際、榎寺から太宰府神社境内の浮殿まで行列に参加した。部伍の子ども組では毎月二十五日夜、「ご神燈」があった。各区小組ごとに最上級生が取り仕切り、家々からローソク代を集め、三角形の台にとりつけた十三個の提灯に灯をつけ、楼門前に立て、神社に詣でた。その他、一月七日のホウゲンギョウ、七月の弁財天（天満宮末社厳島社）やごうれいどん（伝衣塔）の夏祭りなど子どもたちだけで運営する行事も多かった。天満宮界隈は子どもたちにとって遊び場でもあり、一人前の大人になるための修練の場でもあった。

大正末年から昭和初年にかけて、北神苑に鬼木《おにき》忠造《ちゅうぞう》（昭和十七年～二十一年の太宰府町長）が菅公歴史館を建設した。前田甚太郎《まえだじんたろう》が背景を描き、小島与一《こじまよいち》が作った一品ものの博多人形で菅公の生涯をパノラマ風に表現展示した施設で、若い女性のガイドが数人いて、見学者に場面にそって菅公の生涯を語り、多くの子どもたちの見学を集めていた。ことに太宰府小学校ではここを見学することが学年行事に組み込まれていた。のちにこの施設は神社

写真2　社報「飛梅」169号の表紙（太宰府天満宮写真提供）

経営となり、本殿裏に移され、現在の菅公歴史館に引き継がれている。

太宰府で生まれ育った八尋《やひろ》千世《ちせ》さんは太宰府天満宮の社報『飛梅』八十四号掲載の「太宰府むかしかたり③」で「菅公さまと小学校はいつも密接なつながりがありまして、子どもの時から菅公さまは私たちの神さまなのだと思い一体になって成長してきました。男の子はその延長で十五才から若手に入り、二十五才からは引きつづき中老の組織で神社のあらゆる行事、区の行事に必ず参加することを誇りにしていました。」と述べている。

3　菅公御神忌一千年大祭と天神信仰の高揚

明治三十五年（一九〇二）は祭神菅原道真公の没後ちょうど千年目にあたり、菅公御神忌一千年大祭が盛大に挙行された。

二十五年ごとに齋行される御神忌大祭は、天満宮のみならず太宰府の町、あるいは福博の発展を期す契機と捉えられてきた。ことに千年祭は、まさに「千載一遇のチャンス」とばかり世論をもりあげ、様々な人々が、様々な方面から、様々な事業を展開し、多方面に大きな影響を及ぼした。

大祭には教育界の多大なる協賛があった。三月二十五日の大祭奉告式において、菅公会会長黒田《くろだ》長成《ながしげ》（元福岡藩主）の代理として出席した同会会計監督海軍少将肝付《きもつき》兼行《かねゆき》は「本会の目的は公の一千年祭を挙行すると共に満天下の人心をして公の誠忠高徳を追慕敬仰せしめ、世の風教上に永く裨益を与へんと欲するに在り。今や著々其の実行を見るに至りたるは亦神徳の致す所なりとす。本会の事業に対しては全国に於て数万の賛成者を得、殊に教育家の熱心なる賛同に依り予期の事業完成を告げ今日静粛なる祭典を挙ぐるに至りたるは実に本会の栄誉とする所なり」と祝辞を述べた。

写真3　御神忌一千年大祭の時の楼門（菅公1000年祭アルバムより）

大祭を機に菅公の徳を子どもたちに周知させ、教育の糧にしようとする積極的な動きを垣間見ることができる祝辞である。

前項で述べた「至誠の神」としての信仰が盛り上がりをみせ、本格的に教育に取り入れられたのは、一千年大祭が契機となっていると思われる。『福岡日日新聞』に掲載された芝尾《しばお》入眞《にゅうしん》の「菅公《かんこう》」の自序には次のように述べられている。

「江戸時代までは、寺子屋の守り神として、村の鎮守として、また天神講などによって多くの人たちが子どもの時から、菅公は生きながらにして天満大自在天神《てんまだいじざいてんじん》だと信じていたが、明治以来、文明開化によって、物質文明は進んだが、うわべだけの華やかさ軽薄さが蔓延し、今や天神を崇敬する児童も少なく、山間僻地や人情純朴な地でない限りは天神講社も絶えようとしている。また公は有徳の君子であり、忠誠の賢者であることは動かすべからざる事なのに、近時、公の性格について温厚の人ではないとか、我執の人だとか、あるいは私己の栄達に煩悶する人だなどと異説を唱える者もいる。」と嘆じ、菅公一千年祭を機に、菅公の一代記を書くのは、公が如何に徳行の人であったか、如何に忠誠の人であったか、また如何に学問の人であったかを読者に理解して欲しいためであるとしている。

天神信仰のこうした側面、国民の道徳教育に及ぼした大きな影響を考えるとき、忘れてはならないのは太宰府町五条出身で、日本人としてはじめて東大哲学科教授となった井上《いのうえ》哲次郎《てつじろう》であろう。千年大祭を前にして、太宰府町菅公会から菅公についての書物の執筆を依頼された井上は、菅公が没後千年の久しきを経てなお人々の尊敬を受けているのは、ひとえにその徳によるものだと大変感激し、その徳に学ばねばならぬと、心から湧き出すような想いをもって、はじめての菅公に関する著『菅公論』を著したのである。

四月一日の大祭の祭典は、大礼服に威儀を正した菅公会会長黒田長成等も出席し盛大に荘厳に行われた。この祭典には天満宮の倭舞《やまとまい》の他に博多どんたくの松囃子の稚児舞の奉納があり、また帝国教育会が募集した「菅公唱歌」を福岡高等女学校の生徒数百名で合唱するなど、子どもたちを積極的に参加させている。

4　敗戦からの復興――学問の神の定着へ

昭和二十年八月十五日、第二次世界大戦は終わった。九月二日、ミズリー号上の降伏文書調印後、直ちにＧＨＱが設置され、十二月十五日「神道指令」の覚書が日本政府に手渡された。この指令の目的は、明治以来終戦まで、国家神道として国民の精神規範となっていた神道を国家から分離することにあった。これを承けて、翌二十一年二月二日には神祇院官制が廃止され、八十年間にわたる神社に対する国家管理に終止符が打たれ、翌日、神社本庁が開庁し、全国の神社は新しく宗教法人として発足した。

しかし、国家神道が日本を戦争に駆り立てたイデオロギーだと考えられたり、戦時中の戦勝祈願にもかかわらず、戦争に敗けたという事実は、新生をめざす神社にとってはきびしいものだった。太宰府神社もご多分に漏れず、参拝者も数えるほどしかなく、疲弊しきっていた。こうした中、第三十八代宮司となる西高辻信貞《にしたかつじのぶさだ》氏は戦地より復員した。六年後、昭和二十七年の御神忌一千五十年大祭を目前に控えていた。

信貞氏が、まず最初に行った大仕事が「神社名改称」である。二十一年十一月の新嘗祭《にいなめさい》の直会《なおらい》の席で信貞氏が提案、職員や氏子たちのあいだで熱心な討議が繰り返された結果、昭和二十二年二月七日、太宰府神社は太宰府天満宮と改称された。

信貞氏は「神社名改称と氏子指導（理由書）」に次のように述べている。

（上略）変遷ある歴史の中に当社は太宰府天満宮という一貫せる名称を民間信仰の中に

把握し来ったことは明瞭である。明治以後の神道の歩みは神道史の上に輝しき展開と飛躍の年月ではあったが一面において民衆的信仰の根源、信仰の依って来る根源と自らの歓喜と法悦を味う人々の心に一抹の寂寥を感ぜしめ、制度は余りにも形式的なる点がなかったとはいわれないであろう。（中略）

天満宮なる御号への復活こそ氏子、信者の指導上その大いなる宗教的使命を成就する上においても吾人の悲願で無くてなんであろう。（中略）

宗教が個人の宗教的認識と自由によるものならば当社は信者の魂の中に天満宮の名の下に布教と伝道の嶮路を歩み行かねばならぬ。天満宮の名称においてこそ、本源的性格を有する当社の真使命の喜びがある。（下略）

天神信仰がその発生以来、「天満宮」の名の下に民衆の中に息づいてきた歴史的事実に鑑み、神道が国家の手を離れた今こそ、天満宮の名称に復帰し、新しく天神信仰の生命を甦らせようとする意気込みが読みとれるのである。神社界は、まだ戦後の混乱の中にあったが、昭和二十三年四月、二十七歳の若さで宮司に就任した西高辻信貞宮司は、「心のふるさと論」という思潮のもと、「大衆に生きる神道」という命題をかかげ、新しい太宰府天満宮の創造に邁進することとなった。

神社の復興にとって、日頃よりの信者である氏子・崇敬者・講社員をはじめ、大祭のための全国的な募金組織である菅公会、地元太宰府町に組織された奉賛会による募金活動は大きな力となった。その他一千五十年大祭の折には、「富クジ」的手法による「牛クジ」、「奨学資金付クジ」が発行され、「東風ふかば：」の歌を書いた鉛筆の販売が資金源として企画された。これらは、資金獲得とともに、人々に天満宮が学問の神、農業の守護神であるということを広く浸透させる意図もあったという。

天満宮は「学問の神」、さらに特化して「受験の神」であるというのが、現在の一般の認識である。受験シーズンともなると参拝客はひきもきらず、本殿裏の瑞垣や摂末社には受験合格を祈る絵馬が鈴なり、日頃神社には無関心の若者たちでさえ、神前に手を合わせ、真摯な祈りを捧げる。天神さま、菅原道真公が学問の神であるという信仰は、生前の道真公の文才・学識を敬慕する人々の間に道真公没後一世紀を経ないうちにおこり、貴族、知識人ばかりでなく、江戸期には庶民の間でも寺子屋の守り神などとして広く浸透していた。

写真4　太宰府天満宮境内の正月（太宰府天満宮写真提供）

しかし国家神道下にあっては、そういった面もさることながら、「至誠の神」として、道真公の誠心に満ちた人格、徳が学ぶべきものとされ、国民道徳の指標として、あらゆる局面で喧伝された。

戦後いち早く、天神信仰の歴史に鑑み神社名を改称するとともに、民衆に息づく天神信仰を掲げたとき、再び「学問の神」という面が強く押し出された。学業御守・学業祈願・学業講社など、特に「学業」と銘打ったブランドは、戦後のベビーブームとそれに続く受験戦争の激化によって大きな需要を生んだ。近年では秋に行われる大学の推薦入学選抜に対応して、十月に特別受験合格祈願大祭が行われ、登龍門伝説にちなむ水色の絵馬なども特別に頒布されている。

また信貞宮司は、「天神さまの広場は人々の喜びの広場でなければならぬ」という思想から、神苑は梅だけでなく、桜、つつじ、花菖蒲、紫陽花、菊、モミジなど四季折々の花で彩り、そこでくり広げられる行事も、鬼すべ、曲水宴、神幸式などの神事・祭事に加えて、梅祭、ちびっこカーニバル、茶会など、年間を通じての様々なイベントが考えられた。また天神さまは「子どもの神様」という観点から、幼稚園、遊園地だざいふえんなども開設され、歴史・文化を演出するものとして、句碑・歌碑の建立なども積極的に行った。さらには、文化研究所、(財)太宰府顕彰会を設立し、天神信仰の研究とともに太宰府地域の文化財の保護、調査研究にも一翼を担った。

こうしたあらゆる努力が功を奏して天満宮は、多くの人をよび、戦後の荒廃から復興したのである。

写真5　宝物殿の外観(太宰府天満宮写真提供)

5　おわりに―梅の香に包まれて

東風ふかば匂ひおこせよ梅の花あるじなしとて春を忘るな

都を離れるとき、道真公は庭の梅に向かってこう詠まれた。その梅は道真公の後を慕って太宰府まで飛んできたという。その梅、「飛梅」は今も道真公の御墓所の近くにあって、境内をつつむ六千本の梅に魁《さきが》けて、道真公に春を告げている。

安楽寺（太宰府天満宮）を舞台とした神事物の能『老松《おいまつ》』の一節に「唐の帝の御時は、国に文学盛んなれば花の色を増し匂い常より勝りたり、文学廃れば匂いもなく、その色も深からず、さてこそ文を好む木なれとて梅をば好文木《こうぶんぼく》とはつけられたり」とある。梅は学問文化を象徴する花であり、学問の家に生まれ、学問によって身を立てられた菅原道真公が、もっとも愛した花であることも当然のことであろう。

その道真公が永遠に鎮まるこの地を梅の花でいっぱいにしようという運動は、明治三十五年の菅公御神忌一千年大祭に始まるといわれている。この時、博多の高砂連《たかさごれん》が博多囃子を賑やかに奏でながら参道を練り歩き献木した。そのスタイルは引き継がれ、厄除けの「梅あげ」として、毎年、前厄の四十一歳の初老を迎える男子と、還暦を迎える氏子の男女が、それぞれ別の日に、天満宮に梅の木を献梅する行事が続いている。その他、何かの記念などで献木する人が相次ぎ、春ともなれば境内は馥郁とした梅の香に包まれるのである。

学問の神の聖地に、学問をシンボライズする梅の木は、人々の信仰心とともに深く根づいているのである。

【参考文献】

竹居明男『天神信仰編年史料集成―平安時代・鎌倉時代』二〇〇三年　国書刊行会
遠藤泰助『天満天神の教育史的研究』一九六六年　講談社
『菅原大神千年大祭図会・風俗画報増刊第二百五十号』

西高辻信貞『花幻抄』一九七〇年　創言社
森弘子『西高辻信貞・わがいのち火群ともえて』一九八八年　太宰府天満宮

column

飛梅講社

味酒　安則

講と講社は同意義で、同一の信仰をもつ人々による団体のことである。それが、時代とともに参詣する同行者の組織や仏教儀式一般のことや、相互扶助的な団体にも転用され、対象は多岐に渡っている。

太宰府天満宮における講の起源は、「荘園」との関係が深い。荘園とは、平安時代より室町時代にかけての貴族や社寺の私的な領有地のことである。そして、その土地から一定の収穫物を収納するという経済機構でもある。天満宮が創建され、その運営や維持の主《おも》な財源となるのが荘園といえる。安楽寺領は、十世紀以降、朝廷や大宰官人、地方豪族の庇護《ひご》と寄進によって時とともに拡大していく。南北朝の頃には一八〇ヶ所の所領を数え、全体では約三八〇ヶ所が史料で確認されている。しかし、応仁の乱以後、急速に衰退に向かい、豊臣秀吉の太閤検地によって廃止消滅した。

実は、九州各地をはじめとする荘園領内には、その土地や領民の守護神として、本社の御分霊が勧請され、鎮守社や産土神《うぶすなしん》として建立し奉祀されていた。したがって、近世、荘園なき後の時代は、本社としての太宰府天満宮と旧荘園領が、信仰という堅い絆で結ばれる。これが、天満宮の講の原風景である。

しかし、幕藩体制が始動すると、いよいよ旧荘園領による社寺経営はどこも立ち行かなくなる。そこで、太宰府天満宮では、世襲的に奉仕する社家のうち、上官と呼ばれる二十三家が、積極的に信者獲得を行った。そして、各社家は全国各地の檀家へ、家来《けらい》や神人《じにん》の手を借りて「配札」を行う。社家の満盛院のように奥州、羽州にまで配札したものもあった。また、信者団体の関係の人々が太宰府天満宮に参詣してきた時には、「宿坊」ともなり、太宰府天満宮への参拝、祈願の取次、宝物の拝観、周辺名所案内などもした。さらに太宰府天満宮への奉納の取次も行い、現存する石灯籠などには、松園講、梅岡講等々たくさんの講名が見られる。

この時代、信者の参拝や檀家廻りは、個人対象というよりは、「講」をその単位として行なわれた。したがって、太宰府天満宮の場合、講は社家ごとに持たれていたのである。したがって、この講は、社家の檀家組織として、近世紀の太宰府天満宮の社寺経営を支えた。

明治維新となって、講は歴史的に神仏習合的な要素が強かったことと、根本の社家制度の解体、神人、家来の解職とで消滅する運命となる。しかし、神社内外の「旧講再起」の声に応えて、明治七年、各講を統合して、祭神の遺愛木（飛梅）によって「飛梅講社」と改称再編した（太宰府天満宮文書「明治十五年　上申案綴」）。そして、十四年四月、飛梅講社が直轄教会（太宰府本部）として国に許可される。

飛梅講社　提灯（太宰府天満宮写真提供）

ところで、講を再結集して飛梅講社が誕生するにあたって、旧社家の人々が大いに活躍していた。社務日誌には、旧社家十四人の連名と、彼らが全国各地、離島にまで長期出張して、この任にあたったことが記されている。

このように、太宰府天満宮の講や講社は、中世から近世、そして近代へと、大きく変化する歴史の流れのなかで苦心惨憺《さんたん》しながらも、天神信仰を核として強い絆に結ばれ、信仰の上では旧来に近い形で、組織の上でも太宰府天満宮（本部）に直結した形で、現在に続いている。信仰の継続に成功した好例といえるのではないだろうか。そのため、飛梅講社は、天神さまと御縁、さらに、地縁、血縁を中核として和合した団体であり、父祖三代から五代と永年に亘って継続しているのが大きな特色といえる。

平成二十五（二〇一三）年三月一日現在、飛梅講社は全国に一、一九二支部、一二、五九五人の講員、別に太宰府市内二十四支部、八九六人、参拝講三一七支部、六、一六六人、個人講員二、六五八人、終身講員二二九人、大祓講員一三、八一〇人の合計三六、三五四人の講員を擁している。尚、毎月二十五日参拝の飛梅講社二十五日会は、昭和三十二（一九五七）年八月二十五日に結成され、今日にある。

太宰府の戦後の発展

森　弘子

1　新生「太宰府町」の誕生

昭和三十年三月一日、水城村と太宰府町が合併して新生「太宰府町」が誕生した。

現在の太宰府市と同じ地域を占める太宰府町の誕生は、このまちのまちづくりの方針の根幹となる大きな出来事だった。

昭和二十八年十月、町村合併促進法が施行され、それに伴って二十九年五月、二日市町・太宰府町・水城村・山口村・御笠村・筑紫村・山家村の筑紫郡南部七ヵ町村合併の促進協議会が組織された。協議会は各分科会を設け、三十年二月十一日までの間に七十五回にわたって慎重な審議を繰り返した。その間財産処分について難航したが、ようやく調整を終え新町名の選定という段階にはいった。新町名は、現行の町村名は使用しないこと、並びに七ヶ町村にふさわしい新町名を持ち寄り検討するという条件が付けられた。しかし太宰府町が「太宰府」の町名を生命線として考え、あくまでも「新町名を太宰府町」にと主張したため、土壇場になって筑紫郡旧御笠部町村合併促進協議会は決裂した。

太宰府町は孤立もやむなしとの決心をした。しかし、太宰府町議会議員代表が水城村役場を訪れ、二月十二日からの夜を徹する話し合いによって、十三日の太宰府町、水城村双方の議会において二町村合併して「太宰府町」とするという事が議決された。合併祝賀会は天満宮文書館に三百人が集まり、和やかな雰囲気のうちに開かれ、学業院中学校、水城小学校、太宰府小学校の生徒が旗行列をし、楼門前の舞台では祝賀の余興が相ついだ。

写真1　合併の祝賀の模様（『太宰府　合併20周年記念社報特集号』より）

この合併の裏には、九州帝国

大学国史学科初代教授で太宰府町三条に住んでいた長沼賢海や西高辻信貞太宰府天満宮宮司、小鳥居寛二郎権宮司の両町村に対する熱心な説得、働きかけ、調整があった。

「そもそも太宰府の町名の由来は、水城村にある大宰府政庁跡による。その役所の権帥として左遷されてきたのが菅原道真公で、その配所の跡も水城村にある。そして道真公の墓所に建てられた太宰府天満宮の門前町として発達した太宰府町。両者の歴史は不可分であり、将来を展望する上でも両町村の合併は不可欠である。水城村があって太宰府町が生き、また太宰府町があって水城村が生きるのだ」と、太宰府町長、水城村長、議会の有力者、友人、町の人たちに熱心に説いてまわったのである。

菊池寛は「日本の三大古都の一である太宰府」と述べた。この「太宰府」には、当時の太宰府町だけでなく隣村水城村をも当然のこととして含んでいる。歴史的に太宰府を捉えていく場合には、両者は一体のものとして認識されていた。地元でも太宰府町と水城村は、それまでにも史跡や観光面において協力し合っていた。昭和二年太宰府町と水城村は協定して「九州博物館設置に関する建議」を国に提出している。その建議に「福岡県筑紫郡太宰府町水城村ニ於ケル往時鎮西府ノ史跡地ニ九州博物館ヲ設置セラレムコトヲ望ム」とあるなど、その最も顕著な例である。また六・三制教育実施にあたっては、組合立学業院中学校を水城村に設置し、太宰府町長中村久二が組合長を務めるなどの実績もあった。

太宰府町、水城村の合併と「太宰府」という名を捨てなかった事は、「古都大宰府」本来の意義を具現化する出来事であり、その後のまちの発展の基盤となる重要な出来事でもあった。

2　戦後発展の指針を示した人

西高辻信貞宮司は、戦後太宰府の発展に、その指針を示し、実際に率先して行動した人であった。信貞宮司のこうした思想や行動に大きな影響を与えたのは、九州大学教授であった竹岡勝也と長沼賢海だった。長沼は九州大学文学部に国史学科を確立すると共に、九州文化綜合研究所設置の礎をつくった。信貞宮司は九州大学国史学科の出身であり、長沼の教えを直接受け、九州文化綜合研究所の太宰府研究班の調査研究には全面的に協力した。ことに文献班が行った太宰府史料の調査には援助を惜しまず、これが『大宰府・太宰府天満宮史料』全一九巻の発刊につながっている。この史料集は大宰府研究の基礎的文献として重要な役割を果たしているが、単に太宰府天満宮の史料だけにとどまらず、大宰府関係の史料をあわせて収録したところに大きな意義があり、そこには信貞宮司の「大宰府」に対する熱烈な想いが

写真2　西高辻信貞前宮司（太宰府天満宮写真提供）

あるのである。

太宰府天満宮では菅公御神忌千五十年大祭を記念して昭和二十七年に『太宰府小史』を発刊した。第一篇「上代の太宰府」を竹岡勝也、第二篇「中世の太宰府」を長沼賢海、第三篇「史伝と史話」を郷土史家橋詰武生が執筆した。その序文に「思ふに太宰府の起原は我が国のおこりである。古事記、日本紀による伝説的な国史のおこりを知る事だけに満足せず、新に国史の起原の真の意義を検討しようとすれば、まづ手を我等の郷土の歴史に染めなければならぬ。北九州の歴史を明確にする事は、国史のおこりを究明する事を意味する。かうした北九州の重要性に促されて誕生したのが太宰府である。（中略）今、日本が自由にして平和なる社会建設を目標に努力している時、大胆に将来を期して前進しようとする者は、細心に過去を省ることを忘れてはならない。」と述べている。そこには、大宰府の位置、大宰府の担った歴史的・文化的意義に想いを寄せ、将来の町のあり方を考えようとする姿勢が漲っているのである。

長沼賢海以上に信貞宮司や当時の太宰府の町の若者に大きな影響を与えたのは、竹岡勝也だった。竹岡は九大で日本思想史を教授していたが、戦中・戦後の五年間を天満宮宮司の家で過ごし、その間よく、信貞宮司や後に太宰府市長となる有吉林之助等若者で結成した「新生会」のメンバーを政庁跡に連れて行っては、瓦や塼を採取し、大宰府がもつ歴史的意義を話して聞かせた。竹岡は、『三太郎の日記』などで多くの青年に影響を与えた阿部次郎の弟。その視野の広い話には、太宰府の青年も魅せられたという。

「太宰府は日本の中では辺境かも知れない。しかしアジアの地図を広げてごらん。太宰府は扇の要のような重要な位置にある」「太宰府はアジアとの接点」。この言葉は深く信貞宮司の胸に刻まれ、戦後日本人の多くが、まだアジアの国々など相手にしない頃から、アジアとの友好を説き、具体的な行動にも出ている。平成十三年十一月二日、太宰府天満宮崇敬会国際奉仕婦人部が、長年のアジアの留学生との交流功労者として、留学生受入れ制度百周年を記念して、文部科学大臣表彰を受けたことなど、その一例である。

3　九州国立博物館の誘致

九州国立博物館誘致の運動は、明治三十二年岡倉天心が、九州博物館設置の必要性を説いたことに始まるとされている。しかし、地元太宰府では、すでに明治六年から八年までの三年続けて、先駆け的な太宰府博覧会が開催され、明治二十六年十月二日には内務省より鎮西博物館の設立認可がおりた。鎮西とは九州のこと、九州国立博物館と概念的に同質のものと考えられるこの博物館は、西高辻信厳・吉嗣拝山・江藤正澄が発起人となって太宰府神社境内に建設することになっていたが、日清戦争勃発により中止された。その後、大正二年度の水城村予算には九州国立博物館設立斡旋費として一〇〇円が計上された。昭和二年には太宰府町と水城村が協定して九州国立博物館建設運動が再開し、同年三月衆議院本会議で可決し政府に提出された。しかしこの博物館も実現されることはなかった。

昭和三十六年には森田久町長、長沼賢海の要請を受け、信貞宮司は「太宰府博物館」建設の目的と調査のため、文部省関係を歴訪した。これについては、埋蔵文化財を中心とした博物館をつくり、九州考古学会を中心として研究所を併設するという意見も出された。

写真3　九州国立博物館のエントランスの天井
（九州国立博物館写真提供）

折りもおり、明治百年を記念して第四の国立博物館建設の話が持ち上がり、福岡県が名乗りを上げたことを知った信貞宮司は、「是非とも太宰府に」という想いを町長に進言、その用地として社有地一七万平方メートルを福岡県に寄附するとともに、度々上京して陳情活動を続けた。結局この時も、すぐには国立博物館の実現は難しいということで、まず県立の九州歴史資料館が建設された。

信貞宮司悲願の国立博物館が実現したのは、没後十八年、平成十七年十月のことであった。天満宮東南の丘陵上に、アジアから寄せ来る波をイメージした青い屋根、周りの森を映し出す総ガラス張り壁面。一歩入れば巨大なエントランスホールの天井には九州産の材木がふんだんに使われている。この博物館のコンセプトは「日本文化の形成をアジア史的観点から捉える」。まさに古代大宰府が担った歴史的意義を表象する文化の殿堂が出現したのである。

昔から全国にその名を知られた太宰府は、天神さま、菅原道真公が悲惨な晩年を過ごした土地として、またその菅原道真公を祭る天満宮の門前町としての太宰府であった。しかし近年は、国立博物館のあるまち、大宰府という律令制下地方最大の官衙を中心として様々な関連遺跡の点在する史跡のまちとして、認識されるようになり「古都大宰府」という概念も定着した。むろん、ここまでに述べてきた人々の努力の賜物でもあるが、さらに忘れてはならない人物が、大宰府発掘とその後の史跡保存に命を捧げた藤井功である。

4　大宰府史跡を未来へ

昭和三十年代後半、この地が福岡市に近く住宅地に適していることもあって、大規模な宅地開発の計画がもちあがった。開発の波から地下に眠る文化財を守るために、文化財保護委員会（昭和四十三年文化庁文化財保護部に改組）は、指定拡張の方針を示し保存にのりだした。昭和四十一年に、史跡指定地拡大の方針が打ち出されてから四十五年に告示されるまで、行政側、地元住民側を問わず、当事者の苦労には、筆舌に尽くしがたいものがあった。

地元住民は、大宰府史跡が大切な場所であることは百も承知していても、今、この土地が置かれている状況は、自分たちの生活と深く関わる問題である。いろんな意見があることは当然であるし、「よそ者が、いきなり何を‥」という想いも強くあったようだ。

史跡の重要性について地元住民の理解を得、永く後世に遺すには、発掘調査をして、その真実の価値を明らかにしなければならない。その任務を負って奈良国立文化財研究所から赴任して来たのが藤井功であった。しかし、発掘にこぎ着けるまでの藤井功の苦労は並

写真4　大宰府展示館

大抵のものではなかった。地元住民を、丹念にまわり、時には酒を酌み交わし語り明かす。そんな日が毎日毎日続いた。こうして人々の心が少しずつ解きほぐされ、やがて信頼関係さえできていった。

「発掘の作業も地元住民がしてこそ意義がある」。藤井功は敢えて困難な道を選んだ。発掘開始の日「本当に作業員は来てくれるだろうか?」不安でいっぱいの藤井の目に飛び込んだのは、一人、二人と集まる地元の人々の姿だった。厳しい状況のなかで、協力してくれた数人がどんなに有り難かったか。発掘調査が始まって四十余年、地元住民が発掘作業に携わるというシステムは今も続いている。

指定当時文化庁の主任文化財調査官として指定に関わった平野邦雄(のち大宰府史跡調査指導委員会委員長)は、「大宰府―指定・保存の思い出」にこの間の攻撃と応戦の様を述べ、その締めくくりに「文化庁・福岡県・太宰府町、そして町民の四者のうち、どの歯車が欠落しても、大宰府の指定と保存は実現することはできなかったであろう。しかもそれは金銭の支払いで定められたことではない。文化にたいする強靱な連帯感とでもいうべきものが根底にあったと思う[1]」と述べている。幾多の困難を乗り越え、大宰府史跡はしっかりと守られ、後世に遺されることになったのである。

発掘調査が完了すると、発掘の成果に基づいて整備され、史跡地は史跡公園として生まれ変わった。その公有史跡地を管理し、あわせて史跡・文化財の広報普及を主な事業とし

(1)『財団法人古都大宰府を守る会設立二十周年記念　古都大宰府―保存への道―』

て、（財）古都大宰府を守る会が設立された。現在の古都大宰府保存協会である。

この財団の設立にあたっては、藤井功をはじめ当時の川邉善郎町長、有吉林之助助役をはじめとする太宰府町当局の奔走があった。守る会の設立には、太宰府天満宮から基本金の寄附があり、設立発起人には福博の財界人がこぞって名を連ね、九州電力瓦林潔会長が初代理事長に就任した。瓦林理事長は昭和四十三年に結成された国立博物館設置期成会会長を務め、この時、福博の財界人が結集していたためである。

国会では大宰府史跡保存特別委員会が結成されており、大宰府史跡の保存については、後に本格的に官民をあげて取り組んだ九州国立博物館の誘致運動に等しい規模で展開されたことが窺える。これは、一旦潰えたものの、近い将来に太宰府に誘致すべき国立博物館を念頭においてのものだったと思われる。

古都大宰府を守る会における史跡維持管理の作業にも発掘作業同様地元住民が携わった。彼らは、愛着を持って先祖伝来の土地に関わり、史跡としての景観づくりに協力を惜しまなかった。

昭和五十八年、九州歴史資料館は開館十周年を迎え大宰府の調査もかなり成果を上げていた。これを記念して、九州歴史資料館と古都大宰府を守る会の共催で「大宰府アカデミー」が開催され、二年間、全四十八講座を受講した人々の中から二五人のボランティア「大宰府史跡解説員」が誕生した。先駆的な取り組みであったが、現在は六〇余名の史跡解説員が太宰府を訪れる人々に史跡の解説をするばかりでなく、地域での講演活動、学校の史跡見学会、また様々な調査に携わるなど、着実にスキルアップし、まちづくりに活躍している。

5　文化財からはじまるまちづくり

平成八年、文化庁は新構想博物館の設置候補地を太宰府に決定した。

これを承けて太宰府市では、国立博物館を中心とするまちづくり、歴史や文化、景観を生かしたまちづくりの施策が次々に打ち出される。時あたかも国においても、平成十五年文化庁がふるさと文化再興事業を開始し、十六年六月には景観法が公布され、二十年十一月には地域に於ける歴史的風致の維持及び向上に関する法律、いわゆる「歴史まちづくり法」が公布された。開発優先の時代から、歴史や景観を重視した美しい国土の建設へ大きく舵を切ったのである。

昭和五十七年市制施行した時、「歴史とみどり豊かな文化のまち」を市の将来像として掲げた太宰府市。指定史跡地は市域の一五パーセントを占める。周りを宝満山、四王寺山、天拝山などの山々に囲まれ、緑豊かな空間が歴史や文化を語りかける。このような財産をもとにまちの発展を図ろうとする太宰府市にとって、国立博物館の設置決定は、その流れに一層の拍車をかける出来事だった。

平成十年には早くも「国立博物館を生かしたまちづくり基本計画原案」が策定され、平成十四年六月には「太宰府市まるごと博物館基本計画」が打ち出された。その基本的な考え方として、「市全域がまるごと博物館」「歴史が残したものを守り、未来を創る博物館」「市民と来訪者にとって魅力的なまちづくり」「環境づくり・ひとづくり」「ネットワークが支える持続的・発展的な取り組み」などが掲げられている。そして「時たもつ・人みがく・光はなつ」をキャッチフレーズに、文化財の保存活用ばかりでなく、緑づくり・景観づくりの推進、生涯学習・文化振興の推進、産業・観光の活性化、国際化の推進などが図られた。この年には太宰府天満宮御神忌一千百年大祭が盛大に行われ、さまざまな歴史的行事の復興も試みられた。

国立博物館が開館した平成十七年には、「太宰府市文化財保存活用計画　文化遺産からはじまるまちづくり」が策定され、そこで提起された「太宰府市民遺産」という概念を元に、平成二十三年には本格的に「太宰府市民遺産活用推進計画」がうちだされ、「文化遺産を見守る・保護する・育成する取り組み」が、官民一体で構成する「景観・市民遺産会議」によって推進されることとなった。これまでに「太宰府の木うそ」「八朔の千灯明」「かつてあった道「四王寺山の太宰府町道」」「芸術家冨永朝堂」「万葉つくし歌壇」「太宰府における時の記念日の行事」「隈磨公のお墓」「太宰府の絵師　萱島家」の八件が太宰府市民遺産として登録されている。

写真5　太宰府の木うそ（太宰府天満宮写真提供）

また景観法の公布を承けては、平成二十年に景観行政団体となり、二十二年十月に「太宰府の景観と市民遺産を守り育てる条例」が制定され、十二月には「太宰府市景観まちづくり計画」「太宰府市景観計画」が発表された。

歴史まちづくり法を承けては、平成二十二年に策定した「歴史的風致維持向上計画」が国土交通省・農林水産省・文部科学省より認定され、同年十二月から早速事業を開始した。維持向上すべき歴史的風致としては、①太宰府天満宮神幸式における歴史的風致　②さいふまいりにおける歴史的風致　③太宰府天満宮門前の生活にみる歴史的風致　④梅に関する歴史的風致　⑤観世音寺の「除夜の鐘」にみる歴史的風致　⑥農耕に関わる祭事にみる歴史的風致　⑦宝満山における歴史的風致　があげられている。新興住宅地や一部工場地帯を除く、ほぼ市域全般に亘った風致の維持が今後推進されていくことであり、このことは、信貞宮司が戦後いち早く提唱した宗教観光都市という方向性を、さらに豊かに奥深いものとして展開できる計画でもある。

戦後、先人達が方向性を示した太宰府のまちの将来の姿、先人の努力によって守られた歴史遺産は、現在、このまちが個性をもって発展してゆく大きな財産となった。さらに近年の一連のまちづくりの計画は、未来への糧となってゆくことであろう。

column

太宰府銘菓梅ヶ枝餅

味酒 安則

太宰府市の中で全国的知名度が、太宰府天満宮に次いで第二位を占める梅ヶ枝餅。正《まさ》しく太宰府を代表する「味《あじ》」である。天満宮の長い歴史の中で絶えることなく社人・氏子に継承され続けてきたのが梅ヶ枝餅だ。その直径は七・五センチ、厚さは二センチ程度の円形状で、米粉と小豆と砂糖と塩で作られた、極単純な食べものだが、その餅の皮に梅紋の焼き印を押すと太宰府名物「梅ヶ枝餅」となるのである。

その起源は菅公伝説の中にすでにある。失意の日々を送っていた菅公を哀れに思った「老婆」または「もろ尼」あるいは「浄妙尼《じょうみょうに》」と呼ばれた者が、時折、餅を差し入れて慰めた。また菅公が亡くなると、この者が菅公の愛した梅の枝に餅を刺して、その棺《ひつぎ》に添えて死を悼んだ、という伝承である。老婆が菅公に餅を献上する場面が、詳細は不明ながら江戸時代に描かれた太宰府天満宮所蔵の『天満宮縁起画伝』にあるが、約八〇〇年前後の絵画である。

天満宮の経済は、中世までは荘園領地によっていたが、太閤検地によって廃絶し、近世、江戸時代は宿坊、配札、講の時代となる。御本殿に奉献された初穂米を下げ、参拝講で社家の宿坊に泊まった人たちへ、宮下《みやげ》とし、あるいは帰路の携帯食として手渡され始めた。このことは狂歌で有名な大田蜀山人の『小春紀行』にみえる。文化二（一八〇五）年、山家《やまえ》宿に泊まった時、「宰府の検校坊《けんぎょうぼう》より海陸安全御守と梅かえといふ餅一箱もて来たれり」と記している。また、社家やその家来、あるいは神人《じにん》という者たちが、配札のために全国各地を廻檀《かいだん》する時の手《て》土産《みやげ》として配られているのである。

江戸中期頃より、庶民（個人）の寺社参詣が盛んになると、天神さまの縁日二十五日を中心に「店株」を与えられた者が、楼門前、山上町《さんじょう》側境内、仁王門内等に出店や露店を開いたことが『絵本菅原実記』やいくつかの紀行文にみられる。これが、茶屋の起源となり、江戸末期には、梅賀江茶屋をはじめ数店の茶屋が境内に確認され、各茶屋も梅露講という講を組織していた。

十八世紀末まで梅ヶ枝餅も参拝帰路の携帯食が中心で、むしろ主食の類に属していた。したがって、小豆餡の代りに味噌餡や焼き味噌をつけて食べていた資料がある。それが、小豆塩餡となり、薩摩が琉球から砂糖を取り寄せ、船のバラストとして長崎に持ってきた。それが長崎街道を通って博多にきたのである。それより、梅ヶ枝餅が大福餅と同じように、小豆砂糖餡となり甘くなるのである。

太宰府銘菓　梅ヶ枝餅（太宰府天満宮写真提供）

明治初年の神仏分離は門前町の様相を一変させた。天満宮は宮寺から神社となり、社僧の奉仕が禁止され、社家制度の解体と同時に神人、家人の制度も廃止された。一部の旧社家を除いては天満宮を離職せざるをえなくなり、官吏や教師あるいは茶屋を開店した者などさまざまに転職していった。中でも、神人と家人については、望めば境内で餅を焼く許可を得ることができた。そして、馬場参道に軒を連ねていた社家の宿坊もなくなり、敷地が分割されて、民家や商店が徐々に広がる。今のように梅ヶ枝餅店、そして、みやげ屋が占めるのは戦後のことである。

このような歴史を持つ梅ヶ枝餅だが、現在の形に統一されるのは、昭和二十八（一九五三）年に梅ヶ枝餅協同組合が成立してからのことである。それまでは、大きさは「三寸もち」「五寸もち」その他バラバラ、餡も塩餡、味噌餡、小豆餡とあり、餅粉も粳米《うるちまい》と糯米《もちごめ》の含有量がまちまち、それにヨモギ入りとそうでないもの様々あった。それが、協同組合の設立によって、梅ヶ枝餅としての条件が統一された。さらに、昭和三十二（一九五七）年に梅ヶ枝餅は商標と意匠に関しての特許認定を受けた。そのことにより、梅ヶ枝餅自体の均質化と厳正な生産が求められるようになり、その素朴な味《あじ》、適度な甘さ、心地よい温《あたた》かさ、そこに、太宰府天満宮名物の「梅ヶ枝餅」のブランドが生れた。

市民と共生する九州国立博物館

——三輪　嘉六・赤司　善彦

はじめに

九州国立博物館（以下、九博）は、開館したときから、いや開館前より「市民と共生する博物館」を大きな理念に掲げて博物館活動を行ってきた。これを象徴するのが九博のエントランスにはめ込まれた「定礎《ていそ》」のプレートであろう。定礎とは古代の礎石建物のように、その土台となる礎石を定めることから、着工の開始を意味している。現代では建物の完成時に執り行う儀式として定礎の文字と竣工年月を記すことへと変化している。定礎の文字はもっぱら施主が記すことが一般的である。九博では太宰府市内の女子中学生に揮毫してもらった。将来にわたって市民と支え合うことを九博の礎《いしずえ》として定めたのである。

1　博物館と地域社会との関わり

博物館は、社会教育施設であり、地域社会との結びつきなくして存在することはできない。そのため直接・間接的に市民や地域の団体と連携して博物館活動をおこなうことが近年は多くなってきた。その理由の一つは、博物館も展示をして来館者を待っているだけでは立ち行かない時代だからである。博物館の専門的知識や場所を活用し、地域連携の裾野を広げることで集客効果を高めることが求められる。また活動を通じて館への理解と信頼が深まることで、寄託・寄贈の受け入れなど資料の充実にもつながることが期待できるからである。もちろん目論み通りにはいかないだろう。しかし、質の高いサービスと併せて、館の外にどれほど開かれた博物館であるのか、それが館への求心力を産み出すバロメーターであることに異論はなかろう。

さて九博は二一世紀の新しい博物館として、九州における文化施設の中核を担うべく、当初よりその役割が期待されていた。これまでに、さまざまな団体や機関との連携を模索してきた。実績もなく手探りでの始まりである。その中には、パートナーシップが発揮さ

写真1　九州国立博物館エントランスの定礎

れ大きな幹に生長しているものや、芽が出てこれからが楽しみなもの、あるいは、まだ種まきの準備段階にあるものがある。まずはボランティア活動について紹介し、課題を整理してみたい。

2　ボランティアの活動と育成

九州への国立博物館の誘致は、官民挙げての運動によって実を結んだ。太宰府に設置が決定すると、地元では市民による「九州国立博物館を支援する会」が誕生した。特に、九博のPRや博物館運営支援のボランティア育成に力を発揮した。開館前に週二回の館内見学会がこの支援する会というボランティアスタッフによって実施され、そのための受付デスクが館内に置かれるなど、側面からの支援を受けることができた。こうした市民の早い段階からの参加は、「私たちの博物館」という意識を育むことになり、館員との対話も重ねることができ、開館後のボランティア活動につながっていった。

〔九博での位置付け〕　九博のボランティアは、自らの自由意思に基づき、九博のパートナー（協働者）として、博物館活動の支援推進のために、知識・技能を無償で提供していただく方であり、館の業務を補う「無償の労働力」ではなく、博物館環境の中で自己表現できる方と位置付けている。この定義のもとで来館者サービスの充実を図るとともに、生涯学習の推進及び博物館活動を支援することを目的としてボランティア制度を導入している。

つまり、ボランティアがいなくとも館の運営自体は可能である。しかし、ボランティアの存在が自らだけでなく、館の活動を活性化させることで結果的に来館者サービスの向上につながることを期待しているのである。

九博では、定員二五〇名に対して八五二人の方々の応募があった。外部委員によるレポート選考を経てボランティア登録をしていただいた。

〔研修と活動〕 開館前にボランティア発足式を行い、その後の全体研修からボランティア活動が開始された。この全体研修ではボランティア登録者全てを対象に、ボランティア

表1　九州国立博物館のボランティア（平成24年度）

部会		人数	活動内容
展示解説		80	４階文化交流展示室での展示解説 団体の要望に対応したコースでの案内 来館者のさまざまな質問などに対応
教育普及		41	１階体験型展示室「あじっぱ」での資料解説 来館者の体験活動支援
館内案内	日本語	29	来館者に対する館の概要説明 周辺情報等の提供・案内 バックヤードツアー実施 （日・英・中・韓4カ国語対応、それぞれの言語にはそれぞれの部会が対応）
	英語	30	
	中国語	10	
	韓国語	34	
環境		33	博物館内の環境整備に関する支援 館内環境の保全のためのIPM活動
イベント		6	館内外のボランティアイベントの企画・運営
資料整理		19	寄贈コレクション（郷土人形）の調査・展示
サポート		23	ボランティア各部会のサポート活動 ボランティア広報誌の制作・発行 他館ボランティアとのネットワーク構築
学生		9	各種イベント、各部会の活動へのサポート参加

の実践例・接客・一般教養などの研修を実施している。そして、部会ごとに概論研修・専門研修・演習・実習を行い開館に備えた。開館後も館は基本的な研修を行い、自主的なボランティアによる研修を館がサポートすることで行われてきた。

ボランティアの活動は、各部会の活動分野について館から骨格を提示する以外は、ボランティアの自主性に任せることを基本方針としている。活動の目安は週に一回・半日程度というものである。そのほかはボランティアの意志に任せるという方針である。ただし、活動内容や活動シフトの組み方は、部会によって大きく異なる。そのため、活動は館が指導しボランティアの意見を取り入れながら作りあげていくパターンと、活動内容のテキストづくりからそのほとんどを自ら作りあげていく自由度の高いパターンに分けられる。

なお、ボランティア活動を担当する館側の体制は、専任の研究員一名、非常勤のボランティアコーディネイター二名である。現在では表1のように八部会に分かれて活動している。

〔課題〕　九博のボランティア活動は、試行錯誤をしながら続けられてきたが、ここでこれまでの活動を振り返り、かつて、九博のボランティアコーディネイターがまとめた課題を紹介したい。

九博ではボランティアの自主性や自発性を重んじ、活動の場を提供することを第一義としてきた。そのために、ボランティアが希望するやりたいことだけをやると、やらねばならない仕事のうちでやりたくないことは誰がやるのかという問題が生じることになる。また、活動シフトにも偏りがでてきて、誰も対応しない曜日や時間が生じることになる。こうした課題の解決では、館が提供すべきサービスとボランティア活動とのすりあわせが最も重要になる。九博では、仕事の必要性を説明する場を設け、そこでの自由な意見交換を通じて調整することで解決を図ってきた。多様な人が集まっているからこそ、お互いの立場を認め、そして自由に意見が言い合える場をつくることが重要であるが、解決を急がずに問題を共有しあうこともまた大切である。

また、グループの活動は統括するリーダーの知見や資質に左右されることになる。そのためには、ボランティア活動の理念や、意見のとりまとめなどに精通したリーダーの養成も課題である。

さらに、ボランティアの活動への意欲をどのようにして維持するのかも課題である。これは活動が長くなると深刻な課題である。想像していた活動とのギャップを感じたり何らかの事情で活動を休止していた人が、再開の一歩を踏み出せないこともある。グループ内で活動の振り返りや方向性の再確認、あるいはグループ内で長期欠席者に対する理解など、フォローする仕組みが重要となる。

最後に、このボランティア活動を支える館側の職員の仕事が、たんなる事務的な対応であれば当然にして活動に支障が生まれ、さらには離反した人たちによって、館の評判を落とすような口コミの広がりにつながりかねない。そのため、ボランティア活動の課題を把握するだけでなく、常に話を聞いて何が必要なのか客観的に判断しなければならない。場合によっては館の姿勢をきちんと伝えて館の活動に理解を得ることも大事である。また、こうしたボランティア活動の内容を、館内部の職員や外部に情報発信することで、ボランティア活動への支援と理解を広めることも重要となる。

〔ボランティア活動の新しい展開〕　展示に関するボランティア活動といえば、展示解説が思い浮かぶように、館によって展示ができあがった後での関わりが一般的である。そこで新しい試みとして、これまでの活動に加えて、展示と関係する事前調査を実施していただいている。それは百済《くだら》と古代日本の展示に関連した取り組みとして、百済武寧王《ぶねいおう》の生誕伝説の島とされる佐賀県唐津市の加唐島《かからしま》で現地調査を実施してもらい、展示の中でその成果を紹介してもらおうという試みである。島での武寧王をめぐる日韓の交流事業や、島の自然・文化の紹介など、われわれ研究員では手が回らない部分を担当してもらうのである。古代の武寧王が現代にもつながっていることを来館者に知ってもらうには、展示の内容が文化財だけでなく、観覧者の目線に近いところからアプローチした成果が必要であろう。

3　館外の市民との協働と連携

〔手話の会〕　ボランティアは博物館が募集し、その責任の下で市民に活動の場を提供する形態をとっている。したがって、あくまでも館のお手伝いという印象はぬぐえない。もちろんボランティアグループの中には、積極的な活動を提案する自立しようという人達もいらっしゃる。

ところで、館が募集するボランティアではなく、地域のボランティア活動の中で、九博をボランティア活動の場の一つとして位置付ける場合もある。手話の会がその一つである。聴覚障害者が気軽に九博を訪問していただくために、土・日・祝日には必ず手話通訳者が九博に待機する態勢が取られている。利点としては、聴覚障害者の集まりで九博での手話の活動をＰＲしてもらうため、結果として九博のＰＲとなること。また、手話の会の工夫により、聴覚障害者が九博を楽しめることになったことがあげられる。福祉を専門とする市民と協働することで、博物館の学びの幅が広がり、新しい展望を開くことができた。このように、現在館と連携して活動しているグループは、「手話の会」・「ソレソレ（睡蓮）の会」・「ピカ美化隊」がある。

〔ＮＰＯに発展したボランティア活動〕　九博でボランティア活動が開始された後に、さらに活動の場を広げるために、ＮＰＯ法人が立ち上がった例もある。九博では、博物館の文化財を虫やカビなどによる被害から防ぐために、環境や人体への影響を考慮して、薬剤に頼らない日常管理の徹底を中心としたいわゆる総合的有害生物管理（ＩＰＭ）を推進している。そのため開館時から環境ボランティアが発足したが、二年後に「ＮＰＯ法人ミュージアムＩＰＭサポートセンター」が立ち上がった。こうして館外に軸足を置きつつ、九博での活動を主体にして広く社会貢献をおこなう活動がなされている。

〔九州国立博物館を愛する会〕　九博の誘致運動が本格化しようとしていた一九八八年に、「九州アジア国立博物館を誘致する会」として市民レベルでの誘致運動がなされた。その後、太宰府市への博物館設立が決定した一九九七年に「九州国立博物館を支援する会」と名称を変更し、九博の運営支援のための調査研究・広報活動、運営に関する提言などの活動がおこなわれた。博物館の建設中は、建設現場の市民見学会を毎週開催してもらった。建設現場は森の中にあり、立入り禁止であった。早く博物館を見たいという市民の思いにこたえて、その便宜を図ろうと企画された。博物館の職員は開館準備に忙しくとても手が回らないので、市民目線で提案された。博物館側に外部から要求するだ

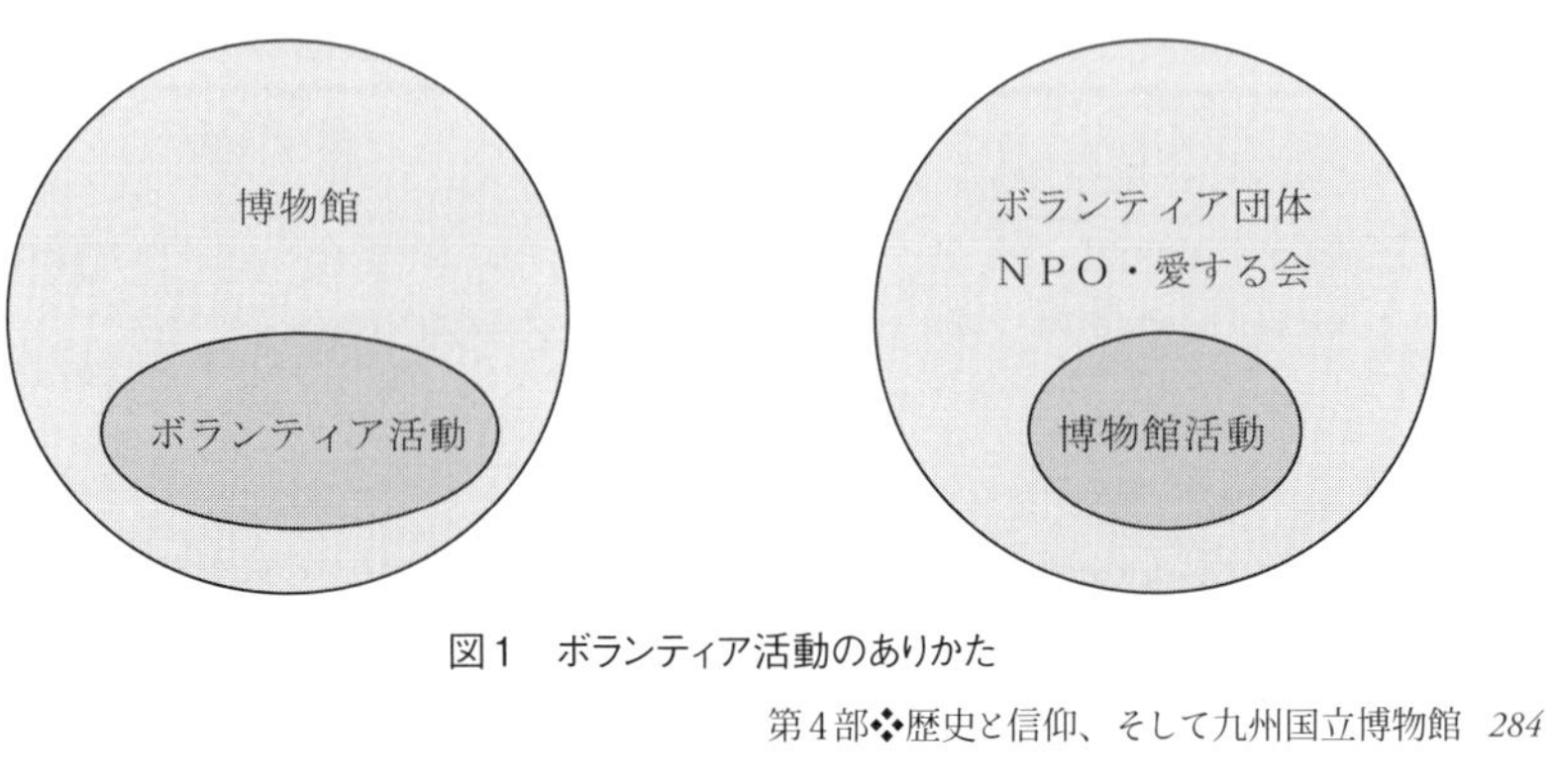

図１　ボランティア活動のありかた

けでなく、自分たちでできることは自分たちでサービスを提供しようという考え方である。九博開館後は、一旦解散し、その後「九州国立博物館を愛する会」（愛する会）の名称で再発足されている。[1] 現在も九博に来られるお客様をおもてなしするための、博物館周辺の美化活動（清掃・花壇維持）をはじめ、さまざまな活動を展開されている。九博にとっては市民との共生を実現するためのよきパートナーとして、日頃から意見交換を重ねている。

〔市民の捉え方の変化〕　これまでの時代のように、博物館が提供するサービスを享受する市民だけではなく、地域の文化遺産や博物館を理解し、そしてこれを支える存在としての市民が登場している。博物館の建設から運営まで、行政が主体となるのではなく、市民も主体となることで、例えば館が提供するサービスも決まるということになる。北海道の伊達市では、博物館の必要性について市民が議論する場をつくり、必要となれば市民が責任を持った主体として行政と協働しながら博物館建設を進めるという取り組みがなされている。博物館に限らず地域の文化遺産は誰のものかという観点から議論が開始されることが保存や活用にとって重要であろう。

写真2　九州国立博物館を愛する会とタイ国立博物館研究員とで行われた九州国立博物館周辺の清掃活動

〔地域との連携〕　一口に地域との連携といっても、実際にはなかなかむずかしい。手を携えてともに歩きましょうと声をかけても、相手との歩幅が合わず、会話も弾まない苦痛なだけの散歩にな

（1）「九州国立博物館を愛する会」は二〇〇七年に活動を開始。博物館と市民との「かけはし」として多彩な取り組みがなされ、二〇〇九年には「ふくおか社会貢献活動表彰」を福岡県より受ける。会員は随時募集されている。会員数約三〇〇名。

る可能性もある。連携が実を結ぶには、そもそもなぜなぜ連携の必要があるのか、そして一番大事なことはお互いにとってどのようなメリットがあるのか、そうした共通理解が不可欠である。そうでなければ、かけ声だけの「連携」に終わるだろう。

〔市民との共生の博物館〕　市民との共生を実現すべく、展示やボランティア活動さらには多彩なイベントを通じて実験的な試みをおこなってきた。特にイベントは年間一五〇件に及ぶ、その多くが地元のみならず広い地域からの市民参加を積極的に推進してきた。イベントは展覧会の添え物ではなく、博物館活動の一環と位置付けている。そのため、単なる場の提供ではなく、イベント参加を契機として、九博への理解を深めてもらうことを重視している。あくまでも九博との協働の事業と考えているのである。

ところで、二〇一一年一月、タイの首都バンコクにあるバンコク国立博物館で、日本とタイとの共同企画による特別展覧会を開催した。両国の歴史と文化をテーマにした展示内容であったが、実はもう一つのテーマが、「博物館と市民との共生」であった。博物館だけでなくその地域に住んでいる市民の相互交流も実施することとなり、開幕式には「九州国立博物館を愛する会」と九州国立博物館のボランティアさんたち一〇〇名に開会式に出席していただいた。式典の合間に「愛する会」の皆さんは、大勢のタイの招待者一人ひとりに梅ヶ枝餅と日本茶を振る舞われ、好評を博した。翌日には、博物館の広場で両国のボランティアさん達が主催して、子供の遊びをテーマにしたワークショップ、そして、ボランティアさん達の交流会が開催された。

博物館と市民との共生という題材は、日本だけでなく国を超えた取り組みとして有益であることを感じた瞬間でもあった。

〔参考文献〕
糸井茂・永田香織・田中馨「九州国立博物館のボランティアの現状と課題」東風西声2　二〇〇六　九州国立博物館
赤司善彦「九州国立博物館と地域連携」『月刊文化財』524　二〇〇七
元永行英「市民共生の博物館におけるイベント事業の意義」東風西声4　二〇〇八　九州国立博物館
永田香織「博物館における市民との協働に関する一考察　九州国立博物館の事例を手掛かりに」『社会教育研究年報』24　名古屋大学大学院　社会・生涯教育学研究室　二〇一〇
赤司善彦「日本とタイの文化交流　九州国立博物館のささやかな試み」『月刊文化財』577　二〇一一

特別寄稿

私と太宰府と九州国立博物館

王　貞治（福岡ソフトバンクホークス株式会社　取締役会長）

九州国立博物館十周年を迎えるにあたり

阿川佐和子（作家）

column

私と太宰府と九州国立博物館

王 貞治

一九九四年（平成六年）十月、福岡ダイエーホークス（現・福岡ソフトバンクホークス）の監督に就任し、一九九五年シーズンからチームの指揮を執るため、福岡市中央区に居を構えました。当初は五年程度で東京に帰るものと思っていましたが、気が付けばもう直ぐ二十年、すっかり福岡の人になってしまいました。

二〇〇八年シーズンを最後にユニフォームを脱ぎ、いまは球団会長職以外にも世界少年野球推進財団の理事長や、コミッショナー特別顧問の仕事などで東京と福岡を行ったり来たりの日々を送っておりますが、福岡では、「お帰りなさい」「ただいま」と言いあえるような会話がしっくりいくような感じがしています。

そのような私に、九州国立博物館の三輪嘉六館長から、「九州国立博物館でも外部の皆さんから助言をいただく評議員会を設けるので、その評議員になって欲しい」との思いがけない依頼がありました。博物館とはあまり縁のない、全く門外漢である私に、何故このような依頼があるのか戸惑いましたが、何かお役に立てるのであればとの思いから、お引き受けしました。

初めて会議に出席したときのこと、早目に到着したら応接室に通していただき、三輪館長とゆっくりお話をする機会をいただきました。館長の思い、それは「九州にはたくさんのミュージアムがある。単発でいろいろなことをやるのではなく、同時多発的に様々な文化を発信していく、うねりのようなものを作っていきたい」と熱く語っていただきました。ちょうどヤフオクドームに「王貞治ベースボールミュージアム」が開設されて直ぐのことでしたので、なにか一緒にできればどんなに素晴らしいことだろうと胸を躍らせたものです。それを実現させるためにも、九州国立博物館のキャッチフレーズでもある、市民とともに「生きている博物館」を築き上げるべく、評議員としてこれからも意見や要望をお伝えしていきたいと考えています。

私にとっての太宰府ですが、たびたび訪れるといったところではありません。しかし、評議員会で国立博物館にお伺いしたり、太宰府天満宮の西高辻信良宮司との交流もあり、身近な存在になったといってもいいのかもしれません。太宰府天満宮は古来より九州における宗教・文化の中心地でした。それを守り、伝承してきた西高辻家が、曾祖父の信厳氏から四代にわたって九州における国立博物館の設立に尽力されてきたことは特筆すべきことであり、特に広大な敷地を、すべて太宰府天満宮から寄付されたことは、大きな決断だったと思います。文化・伝統の継承、そして発信の場所の提供者として、将来にわたって高い評価を受け続けることでしょう。

九州国立博物館では、二〇一四年十月、東京に引き続き、台湾の故宮博物院展が開催されます。福岡の政財界・マスコミの皆さんあげての粘り強い誘致活動で実現する故宮博物院展。アジアで初めての展覧会で、門外不出の収蔵品を見ることができるというだけではなく、福岡との歴史的な絆が強い台湾、さらには日本にとって重要なパートナーである台湾との友好交流関係を象徴する記念すべき事業になるものと思います。これを機会に、できるだけ多くの人たちに、二度三度と九州国立博物館に足を運んでいただけることを願ってやみません。

column

九州国立博物館十周年を迎えるにあたり

阿川佐和子

私が九州国立博物館と関わることになったのは、設立よりはるか以前、たしか一九九〇年代の半ばあたりだったかと記憶する。文化庁の方からお電話をいただき、「九州国立博物館の設立構想委員会に出席してほしい」とのご依頼である。九州に国立博物館？　それだけでもピンとこなかった上、なぜ私なんぞに指名がかかったか理解に苦しむ。「そんな学術的な場に私が役立つとはとうてい思えませんが」と辞意の姿勢を示したら、「スミソニアン博物館の話をしていただきたい」とのこと。

一九九二年二月から一年間、私はワシントンD．C．で過ごした。政治の勉強をしようとか、語学を磨こうとか、そんな崇高な理由からではない。ニュース番組の仕事に能力的についていけず、「なんとか逃げ出す手立てはないものか」と思っていた矢先、たまたまスミソニアン博物館員のアメリカ人女性と知り合いになり、「一度、外国に住んでみたい」などと軽口を叩いたら、「私が面倒みてあげるからワシントンにいらっしゃい！」と言われた。「スミソニアン博物館にはボランティアスタッフの登録枠があるの。サワコ、そこに登録して生活すればきっと楽しいわよ」

実際、私がスミソニアンに通っていた頃で、正規職員がおよそ六〇〇〇人いたのに対し、ボランティアスタッフはほぼ同数にあたる五五〇〇人と言われていた。彼らが具体的に何をしていたかというと、受付係、ミュージアムショップの店員から、裏方の学者や学芸員の助手、事務仕事まで多岐にわたる。期間もさまざまで、長年にわたって務める人もいれば、夏休みを利用して専門分野を学び直したいという学校の歴史の先生もいた。私のような短期滞在の外国人にもそのチャンスは与えられたのである。私がどんな仕事についていたかを詳しく説明する余地はないので割愛するが、驚いたのは、そういうボランティアの力だけでなく、『博物館友の会』に入会している一般人の力をも有効に利用していたことだ。たとえば、会報に「何月何日からの一週間、考古学発掘の旅をしますが、参加したい人?」という、まるで旅行会社のパンフレットのような案内を載せる。参加希望者は自費でその発掘調査旅行に加わることになるのだが、普通の観光旅行とは違う貴重な旅を経験できるというメリットがある。いっぽう博物館側は彼らの協力によって得たデータをその後の展示や研究の資料として活用する。

私自身、民俗学の学者たちが企画した『ネイティブ・アメリカンの祭り調査旅行』というプログラムに参加したが、そのとき(私ではないが)参加者が撮影したビデオや写真、あるいはインタビュー記録は、まもなくアメリカ歴史博物館の『ネイティブ・アメリカン』特別展において実際に展示された。おそらくその特別展を観覧したビデオ撮影者やスチールカメラマンは、「私の撮った写真が使われている!」と驚き、加えて「私もスミソニアン博物館の展示スタッフの一員なんだ」とのちのちまで誇りに思うだろう。スミソニアンはこうして専門家のみが権威と学識を駆使してつくるものではなく、一般の人々とともに少しずつ成長させる場所なのだという意識が育まれていくのである。

博物館は死んだもの、庶民とは距離のある高価な宝物を展示しているところではない。日一日、年々歳々、移り変わり、庶民の力によって再生されているのだということを、私はスミソニアン博物館に教えられた。

そんなささやかな私の経験談を、九州国立博物館は認めてくださった。この十年、常に驚きと感動と親しみを我々に与え続けてくれている。国立といえども自由に意欲的に、なにより面白がって仕事をしたいと願う九州国立博物館の館長以下、スタッフ、ボランティアに至る一人一人のそんな熱意が確実に、博物館を訪れた人々に伝わっていると私は確信する。

●な●

●は●

●ま●

●や●

●ら●

●さ●

●た●

索引

大学的福岡・太宰府ガイド　執筆者紹介

重松敏彦（しげまつ・としひこ）／財団法人古都大宰府保存協会事務局長／日本古代史／『大宰府古代史年表 付官人補任表』（編著、川添昭二監修）吉川弘文館、2007年など

赤司善彦（あかし・よしひこ）／九州国立博物館展示課長／日本考古学／『日朝交流と相克の歴史』（分担執筆）校倉書房、2009年など

酒井芳司（さかい・よしじ）／九州国立博物館展示課主任研究員／日本古代史／「倭王権の九州支配と筑紫大宰の派遣」（『九州歴史資料館研究論集』34、2009年）など

松川博一（まつかわ・ひろかず）／九州歴史資料館学芸員／日本古代史／「菅原道真終焉の地　大宰府」『日本歴史』652号、2002年など。

高倉洋彰（石田琳彰）（たかくら・ひろあき）（いしだ・りんしょう）／西南学院大学国際文化学部教授・観世音寺住職／考古学・博物館学／『交流する弥生人』吉川弘文館、2001年など

森弘子（もり・ひろこ）／福岡県文化財保護審議会委員／環境歴史学／『太宰府発見』海鳥社、2003年など

味酒安則（みさけ・やすのり）／太宰府天満宮禰宜／同文化研究所主管学芸員／福岡女子短期大学客員教授／博物館学／『太宰府百科事典』（共編著）太宰府天満宮文化研究所、2009年など

楠井隆志（くすい・たかし）／九州国立博物館主任研究員／日本彫刻史／「黄檗様彫刻前史—十七世紀長崎の造像界と范道生—」（『禅宗の彫刻』日本の美術第507号、浅見龍介編、至文堂、2008年）など

丸山猶計（まるやま・なおかず）／九州国立博物館主任研究員／日本書道史／「講演小野道風の筆跡の特色と能書像」『京都語文』18、2011年など

井形進（いがた・すすむ）／九州歴史資料館学芸員／仏教美術史／『薩摩塔の時空 異形の石塔をさぐる』花乱社、2012年など

有川宜博（ありかわ・よしひろ）／福岡大学非常勤講師・元太宰府天満宮文化研究所顧問／日本中世史／『北九州の100万年』（分担執筆）海鳥社、1992年

森實久美子（もりざね・くみこ）／九州国立博物館研究員／日本仏教美術史

西高辻信宏（にしたかつじ・のぶひろ）／太宰府天満宮権宮司・同文化研究所所長／美術史

三輪嘉六（みわ・かろく）／九州国立博物館長／日本考古学・文化財学／『日本馬具大観』吉川弘文館、1992年など

王貞治（おう・さだはる）／福岡ソフトバンクホークス株式会社取締役会長

阿川佐和子（あがわ・さわこ）／作家

大学的福岡・太宰府ガイド―こだわりの歩き方

2014年3月31日　初版第1刷発行

編　者　西高辻信宏・赤司善彦・高倉洋彰
発行者　齊藤万壽子

〒606-8224 京都市左京区北白川京大農学部前
発行所　株式会社　昭和堂
振込口座　01060-5-9347
TEL(075)706-8818／FAX(075)706-8878

©西高辻信宏・赤司善彦・高倉洋彰ほか
印刷　亜細亜印刷

ISBN 978-4-8122-1352-0
乱丁・落丁本はお取り替えいたします。
Printed in Japan

本書のコピー、スキャン、デジタル化の無断複製は著作権法上での例外を除き禁じられています。本書を代行業者等の第三者に依頼してスキャンやデジタル化することは、たとえ個人や家庭内での利用でも著作権法違反です。

奈良女子大学文学部なら学プロジェクト編
大学的奈良ガイド
——こだわりの歩き方
A5判・304頁
本体2300円＋税

山口県立大学国際文化学部編・伊藤幸司責任編集
大学的やまぐちガイド
——「歴史と文化」の新視点
A5判・272頁
本体2200円＋税

滋賀県立大学人間文化学部地域文化学科編
大学的滋賀ガイド
——こだわりの歩き方
A5判・244頁
本体2200円＋税

西南学院大学国際文化学部　高倉洋彰・宮崎克則編
大学的福岡・博多ガイド
——こだわりの歩き方
A5判・272頁
本体2200円＋税

川上隆史・木本浩一・西村大志・山中英理子編著
大学的広島ガイド
——こだわりの歩き方
A5判・416頁
本体2400円＋税

同志社大学京都観学研究会編
大学的京都ガイド
——こだわりの歩き方
A5判・336頁
本体2300円＋税

札幌学院大学北海道の魅力向上プロジェクト編
大学的北海道ガイド
——こだわりの歩き方
A5判・336頁
本体2300円＋税

昭和堂刊

昭和堂ホームページ　http://www.showado-kyoto.jp/